ŒUVRES COMPLÈTES
DE
W. SHAKESPEARE

TOME XV

SONNETS — POËMES — TESTAMENT

SAINT-DENIS. — IMPRIMERIE CH. LAMBERT, 17, RUE DE PARIS.

FRANÇOIS-VICTOR HUGO
TRADUCTEUR

ŒUVRES COMPLÈTES
DE
W. SHAKESPEARE
DEUXIÈME ÉDITION

TOME XV

SONNETS — POËMES — TESTAMENT

PARIS
LIBRAIRIE PAGNERRE,
RUE DE SEINE, 18

Traduction et reproduction réservées.

A LA MÈRE PATRIE

Filiale offrande de l'exil.

F.-V. H.

INTRODUCTION.

I

L'Angleterre est, de toutes les nations occidentales, celle qui a subi le plus lentement l'influence de la Renaissance. Dans cette île, peuplée de colonies celtiques, germaniques et scandinaves, la contre-révolution classique du Midi devait trouver la résistance de la géographie et de la langue, de la terre et de la race, de la nature et de l'homme.

Isolée par sa situation même, l'Angleterre le fut encore par les événements. Pendant le seizième siècle, elle ne put prendre qu'une part indirecte aux guerres d'Italie : elle n'assista presque que comme témoin à ce grand duel qui eut lieu dans la Péninsule entre les princes de la maison de Valois et les princes de la maison d'Autriche. L'Angleterre ne fut pas, comme la France, mêlée à l'Italie par des invasions périodiques et par une occupation prolongée. Les armées féodales que Charles VIII, Louis XII, François Ier et Henri II entraînèrent successivement au delà des Alpes n'étaient pas simplement des colonnes en marche; c'était un peuple s'emparant d'un autre peuple; c'était la race franque prenant possession de la race latine dans l'étreinte violente de quatre générations. L'Angleterre, elle, n'eut ni les douleurs ni les joies de cette conquête : elle n'eut avec l'Italie que le point de contact superficiel de la diplomatie et du commerce.

Aussi la Renaissance ne fut-elle pas en Angleterre, comme en France, un mouvement général, populaire, irrésistible, dans lequel une grande individualité nationale risquait d'être engloutie. Là, pendant longtemps, les réformes qu'elle opéra dans les arts, dans les monuments et dans les costumes restèrent le luxe coûteux de l'aristocratie et de la cour. Jaloux de l'intimité de François Ier avec le Primatice et avec Benvenuto, Henri VIII avait invité Raphaël et le Titien : Raphaël et le Titien avaient dédaigné l'invitation. A défaut des maîtres, le roi d'Angleterre dut se contenter des élèves : pour sculpter le tombeau de son père, en 1519, il se résigna, au refus de Michel-Ange, à prendre Pietro Torregiano, le même que Cellini nous représente, dans ses *Mémoires*, arrivant à Florence pour embaucher des praticiens, et se vantant partout des tours qu'il avait joués à ces *imbéciles d'Anglais*. Ce ne fut qu'avec beaucoup de peine, et grâce à l'influence d'Holbein, qu'en 1544, on décida Jean de Padoue à se laisser faire « deviseur des constructions de Sa Majesté. » Tant était grande l'antipathie entre la race artiste du Midi et cette froide race du Nord !

La Renaissance commença par modifier les arts plastiques : elle changea d'abord les habits, puis les meubles, puis les maisons. L'architecture italienne, officielle depuis 1544, ne devint populaire qu'après la destruction de tous les couvents sous Élisabeth. Alors la haute noblesse se mit à copier la royauté ; la petite noblesse, à imiter la haute. Alors, à l'exemple des palais princiers, comme Somerset-House et Nonsuch, on vit, sur les plans de la Renaissance, s'élever les palais seigneuriaux de Buckhurst, de Sussex, de Burleigh, de Hardwick, de Lullworth, de Longford. De même que, dans le costume, le pourpoint s'était substitué à la cotte de mailles, on vit les maisons de plaisance remplacer partout les bastilles féodales ; les chateaux perdirent leur sombre façade du moyen âge et prirent une nouvelle forme ; l'ogive gothique s'arrondit en arcades ; le donjon de Macbeth devint la villa de Juliette. Alors plus de fossés, de pont-levis, de machicoulis, de créneaux, de meurtrières, mais partout de larges escaliers, de longues galeries, de magnifiques perrons, des balcons à tenter les Roméos ; des fenêtres romaines invitant l'ardent soleil, des parcs immenses avec des fontaines et des grottes ; des allées à perte de vue où les déesses et les naïades d'Ovide, transportées tout à coup des chaudes régions, allaient frissonner à jamais dans leur nudité de marbre.

C'était peu d'avoir pris possession de la matière, si la Renaissance ne s'emparait de l'idée. Après avoir renouvelé l'architecture, le mobilier, la mode, elle dut renouveler la littérature. Dès le temps de Henry VIII, les doctrines nouvelles avaient été apportées en Angleterre. « A la fin du règne de Henry VIII, écrivait en 1592 le critique Puttenham, parut une nouvelle société de rimeurs de cour dont sir Thomas Wyat et Henry, comte de Surrey, étaient les chefs. Ayant voyagé en Italie, ils s'étaient initiés au mètre harmonieux et au style majestueux de la poésie italienne. Élèves nouvellement sortis des écoles de Dante, de l'Arioste et de Pétrarque, ils polirent les formes familières et rudes de notre poésie vulgaire, et ils peuvent, pour cette raison, être appelés justement les premiers réformateurs du style et du mètre anglais. »

Les dissensions civiles et religieuses qui troublèrent les règnes d'Édouard et de Marie Tudor firent trêve aux discussions littéraires. Ce ne fut que sous Élisabeth, quand le calme matériel fut rétabli, que la contre-révolution classique se déclara hautement. Alors la Renaissance eut ses enthousiastes en Angleterre comme en France. Pour ces *ultras* littéraires, il ne s'agissait de rien moins que de supprimer le travail de l'esprit humain pendant quinze siècles, de raturer le moyen âge et de dater la civilisation de l'antiquité. Ce n'était pas seulement la littérature qu'il fallait renouveler, c'était la langue ; ce n'était pas seulement le style, c'étaient les mots. Ici le vieil idiome anglo-saxon fut déclaré barbare, comme là le vieil idiome d'oil. A Londres, la langue de Chaucer et de Gower fut condamnée au nom du goût, comme à Paris celle de Marot et de Commines.

Des deux côtés de la Manche, les exaltés de la Renaissance semblaient s'entendre et se donner le mot. En France, la pléiade classique avait, dès 1549, publié son programme littéraire dans le livre de du Bellay, intitulé *Défense et illustration de la langue française*. S'adressant à la nation entière, elle lui disait :

« Là donc, François, marchez courageusement vers cette superbe cité romaine, et de ces serves dépouilles ornez vos temples et vos autels. Ne craignez plus ces oies criardes, ce fier Manlie et ce traître Camille, qui sous ombre de bonne foi vous surprennent tout nuds, comptant la rançon du Capitole. Donnez en cette Grèce menteresse, et y semez encore un coup la fameuse nation des Gallo-Grecs. Pillez-moi sans conscience les sacrés trésors de ce temple Delphique, ainsi que vous avez fait autrefois, et ne craignez plus ce muet Apollo ni ses faux oracles. Vous souvienne de votre ancienne Marseille, seconde Athènes, et de votre Hercules Gallique tirant les peuples après lui par les oreilles avec une chaîne attachée à sa langue. »

Ce pillage de la Grèce et de l'Italie auquel la pléiade conviait les fils de la Gaule, les *Euphuistes* (c'est le nom que la nouvelle école prit en Angleterre) y provoquèrent également les barbares Anglo-Saxons. Les *Euphuistes* pensaient, avec du Bellay, que « *sans l'imitation des Grecs et des Romains*, ils ne pouvaient donner à leur langue l'excellence et lumière des autres plus fameuses. » Aussi tentèrent-ils de substituer à l'idiome vulgaire un jargon nouveau, saturé de mots étrangers, grecs, latins, français, italiens ou espagnols. C'est ce jargon hybride que Shakespeare fait parler, dans *Peines d'amour perdues*, à ce grotesque don Adriano d'Armado. La reine Élisabeth, qui connaissait presque toutes les langues méridionales, accueillit la réforme des Euphuistes avec enthousiasme. A son exemple, toute la cour apprit avec avidité une façon de parler qui l'isolait du peuple. Dans une préface qui parut en 1592, en tête des œuvres dramatiques de Lyly, sir Henry Blount disait, en parlant de l'auteur d'*Euphues* : « C'est à lui que la nation doit une nouvelle langue... Toutes nos ladies ont été ses disciples, et, à la cour, une beauté qui ne pouvait pas parler l'*Euphuisme* était aussi peu considérée que celle qui, maintenant, ne parle pas le français. » La pléiade anglaise eut son Ronsard en diminutif dans Lyly, son du Bellay dans sir Philipp Sidney, son Jodelle dans Gascoigne. Ce Gascoigne publia dans l'argot nouveau plusieurs ouvrages, entre autres une *Jocaste*. Cette tragédie, imitation maniérée d'Euripide, devint si vite incompréhensible, qu'au bout de quelques années on fut obligé d'y ajouter un long glossaire pour la faire comprendre au public : tant avait été rapide la réaction opérée par Shakespeare en faveur de la langue nationale !

Mais ce n'était pas seulement aux mots que les nouveaux réformateurs s'en prenaient, c'était à la pensée. Travestir l'expression ne leur suffisait pas ; ils voulaient cloîtrer l'esprit même. A les entendre, l'antiquité avait tout deviné, tout dit, tout prévu. Il ne restait plus aux générations modernes qu'à admirer et à imiter perpétuellement les générations passées. Selon eux, la religion du beau avait eu son messie dans Aristote. Ce n'était donc pas la nature qu'il fallait étudier; on n'avait plus qu'à épeler le catéchisme grec. L'humanité devait avoir à jamais le même précepteur qu'Alexandre.

N'est-ce pas une chose étrange que le seizième siècle, qui a détruit la scolastique en philosophie, ait voulu la faire revivre en littérature, et que, tandis que la Réforme religieuse chassait Aristote, la Renaissance littéraire le restaurât? Oui, de même que l'école théologique du moyen âge, l'école classique du seizième siècle voulait enfermer la pensée humaine dans certaines formules infranchissables. Celle-ci proscrivait la liberté dans l'art, comme celle-là la liberté dans la foi. La même guerre que le nominalisme avait faite à Abailard, l'Académie l'a faite à Corneille.

Ce sont toujours les règles d'Aristote que les critiques, comme les théologiens, invoquent. Scudéry parle comme Duns Scott, La Harpe prêche comme Ockam.

Unité de temps; unité de lieu; incompatibilité du sublime et du grotesque, du rire et des pleurs; la tragédie, prison des princes et des héros; la comédie, bagne de la bourgeoisie et du peuple : voilà les principes auxquels les scolastiques littéraires prétendaient à jamais soumettre l'art théâtral. Bien peu de personnes savent que les discussions littéraires qui agitèrent tant la grande France évanouie de 1830, divisaient, il y a plus de deux cent soixante ans, l'Angleterre d'Élisabeth. L'insuccès de la tentative euphuiste contre la langue de Shakespeare n'avait pas découragé les classiques. En 1595, ils reparurent triomphalement, tenant à la main un livre intitulé *Défense de la Poésie*.

Ce livre, dirigé contre le théâtre vivant, était exhumé d'une tombe. L'auteur, sir Philipp Sidney, était mort depuis neuf ans. Un ouvrage signé d'un pareil nom dut être à cette époque un événement considérable. Sidney, neveu de Leicester, proclamé par Élisabeth le premier chevalier de son temps, avait été tué dans les Pays-Bas au service de la cause protestante. On citait de lui ce trait touchant qu'au moment de mourir, ayant une soif ardente, il avait tendu sa gourde à un soldat blessé. Toute l'Angleterre avait assisté à ses funérailles. Sa réputation était européenne. Peu de temps avant sa mort, la diète de Varsovie lui avait offert la couronne de Pologne. Généreuse idée qu'avait eue cette nation héroïque de faire de ce simple gentilhomme l'égal des rois les plus hautains !

On devine quel effet dut faire, en ces circonstances, le livre de Philipp Sidney. Les arrêts littéraires qu'il contenait empruntaient une autorité particulière à cette tombe fameuse. Les envieux purent à leur aise exploiter la *Défense de la Poésie* contre le drame shakespearien. En effet, ce livre renfermait des sentences comme celle-ci : « On use beaucoup du *drame* en Angleterre, et on en abuse de la manière la plus pitoyable. Comme une fille grossière qui accuse une mauvaise éducation, le drame met en question l'honneur de la poésie, sa mère. » Comme son collègue de la critique française, Joachim du Bellay, Philipp Sidney ne jurait que par les anciens ; c'était au nom des anciens qu'il accablait les modernes. Shakespeare aurait pu lui dire ce que Corneille disait à Scudéry : *Vous vous êtes fait tout blanc d'Aristote!* Sidney était, en effet, un défenseur acharné de l'unité de temps et de l'unité de lieu, « ces compagnes nécessaires de toutes les actions corporelles. » — « Là, disait-il, où la scène devrait toujours représenter un seul lieu, et où le temps le plus long qu'on puisse supposer devrait être d'un jour au plus, selon le précepte d'Aristote et de la commune raison, on imagine sans aucun goût beaucoup de places et beaucoup de journées. » Mais ce n'est pas le seul reproche que le critique classique faisait au nouveau théâtre.

« Toutes leurs pièces, ajoutait-il, ne sont ni de vraies comédies, ni de vraies tragédies. Elles *mêlent les rois et les paysans*, sans que le sujet le comporte. Elles poussent un paysan sur la scène par la tête et par les épaules, pour lui faire jouer un rôle dans des sujets majestueux, sans décence ni discrétion ; si bien que, ni l'admiration, ni la pitié, ni la vraie gaieté n'est produite par leur tragi-comédie métisse. »

A l'époque où parut le livre posthume de Sidney, Shakespeare avait fait jouer déjà un grand nombre de pièces : *les Deux Gentilshommes de Vérone, Peines d'amour perdues, la Sauvage apprivoisée, le roi Jean, Henry IV, la Comédie des Erreurs, le Songe d'une nuit d'été*, toutes violations éclatantes des lois d'Aristote. En présence de cet anathème jeté de la tombe contre toute son œuvre, que va faire Shakespeare ? Le moment est solennel. Va-t-il faire comme Corneille fera quarante ans plus tard ? Va-t-il se soumettre au formulaire classique, s'agenouiller devant les règles, renier la nature et confesser la *Poétique* ? C'est ici que se manifeste d'une manière frappante la différence des deux génies. Tandis que Corneille accepte le dogme despotique des unités, Shakespeare revendique en dépit de tout la liberté de l'art. Corneille mesure son théâtre au mètre d'Aristote ; Shakespeare donne au sien les proportions de la nature. Corneille emprisonne ses héros ; Shakespeare leur donne le temps et l'espace. Corneille ne veut pas que Cinna sorte de Rome. Quand Othello, éperdu d'amour, veut rejoindre à Chypre sa Desdemona, Shakespeare ne lui marchande pas une barque. A l'arrêt prononcé contre lui par l'Académie, Corneille répond : « Je serais le premier qui condamnerait *le Cid*, s'il péchait contre ces grandes et souveraines maximes que nous tenons d'Aristote. » A la sommation qui lui est faite par les classiques d'avoir à respecter les règles, que répond Shakespeare ? Il évoque, au milieu du *Conte d'hiver*, la figure du *Temps*, et il met dans la bouche de cet interprète de l'éternité la réplique souveraine que voici :

LE TEMPS.

Moi qui plais à quelques-uns et qui éprouve tout le monde, moi qui suis la joie des bons et la terreur des méchants, moi qui fais et découvre l'erreur, je prends maintenant sur moi, en ma qualité de Temps, de déployer mes ailes. Ne m'imputez pas à crime si, dans mon vol rapide, je glisse par-dessus seize années, et si je laisse inexplorée la transition de ce vaste intervalle. Car il est en mon pouvoir de *renverser la loi*, et, dans une heure d'initiative, de faire germer ou de bouleverser une coutume. Laissez-moi passer tel que j'étais avant que *fût établi le système ancien* ou le système aujourd'hui reçu. J'ai été témoin des époques qui ont fait naître ces usages, comme je le serai des modes les plus nouvelles qui désormais régneront.

Telle fut la résistance raisonnée que fit l'auteur d'*Hamlet* aux sommations des classiques, opposant toujours, comme les grands penseurs révolutionnaires, comme Rabelais, comme Descartes, le bon sens au préjugé, la raison au texte écrit, la nature éternelle aux conventions factices. Mais parce que Shakespeare, résistant aux entraînements exagérés de la Renaissance, repoussa les règles antiques, l'unité de temps, l'unité de lieu, la séparation de la comédie et de la tragédie; parce qu'en dépit des goûts aristocratiques, il continua de faire paraître sur la même scène le paysan et le prince, et d'y mêler le peuple et la cour; parce que, malgré l'école euphuiste, qui déclarait barbare le vieil idiome anglo-saxon, il continua de parler la langue nationale; parce que Shakespeare fit tout cela, est-ce à dire qu'il n'ait pas été influencé ni modifié par la Renaissance? Est-ce à dire que Shakspeare soit resté insensible devant cette étonnante apparition d'un monde nouveau, révélé tout à coup par la Grèce proscrite et par l'Italie conquise aux générations du moyen âge?

Eh quoi! il y aurait eu un siècle, ce grand seizième siècle, où l'on aurait vu successivement Homère, Platon,

Sophocle, Eschyle, Euripide, Aristophane, Virgile, Horace, Plaute, Dante, Pétrarque, secouer la poussière funèbre des palimpsestes et ressusciter, dans leur splendeur première, portés à jamais sur les ailes infatigables de l'imprimerie ! et William Shakespeare n'aurait pas été ému de cette prodigieuse Renaissance ! Tandis que les plus humbles têtes en étaient tout illuminées, son front, ce front le plus haut et le plus vaste qui fût, n'aurait pas été éclairé par cette éblouissante aurore ! Quoi ! au milieu de cette froide théogonie chrétienne, l'ardente mythologie antique aurait apparu ; le ciel, rempli jusque-là par le Créateur unique de la Bible, se serait subitement peuplé de mille apparitions nouvelles, essaims de dieux et de déesses que l'humanité avait adorés ; et la muse de Shakespeare n'aurait pas senti à travers les brouillards du Nord les chauds rayons de l'Olympe !

Non, cela n'est pas possible. Pour que le génie de Shakespeare n'eût pas été modifié par la Renaissance, il eût fallu qu'il ne fût pas de son temps. Au seizième siècle, la Renaissance est partout : elle est dans le fauteuil où vous vous asseyez, dans le costume que vous portez, dans la maison où vous demeurez, dans le miroir où vous vous regardez, dans l'assiette où vous mangez. Elle révolutionne l'architecture, la sculpture, la peinture, la musique, la danse, l'escrime et jusqu'à la cuisine. La Renaissance est de tous les bals et de toutes les fêtes. Quand Leicester invite la reine Élisabeth au château de Kenilworth, il croirait manquer aux plus vulgaires convenances s'il n'adressait pas aussi une invitation à quelques divinités mythologiques, comme Orion, Sylvain, Pomone ou Bacchus.

Aussi, ce respect que tous ont pour l'antiquité, Shakespeare ne s'en défend pas. Il admire profondément la Grèce et l'Italie. Seulement cette admiration n'est pas une abdication. Là est la distinction essentielle. Shakespeare glorifie la Renaissance, mais il ne jette pas la pierre au moyen âge. Il ne veut pas que sa race essentiellement septentrionale perde son originalité dans une imitation servile. Le travail de l'humanité pendant les siècles qui ont suivi le Christ lui paraît aussi sacré que le travail de l'humanité pendant les siècles qui l'ont précédé. Pourquoi immoler l'art gothique à l'art antique? Pourquoi sacrifier la cathédrale d'York au Parthénon, Notre-Dame au Colysée, Dante à Homère? Shakespeare ne repousse ni la tradition chrétienne, ni le tradition païenne : au contraire, il les réunit pieusement l'une et l'autre. Il ne détruit ni le moyen âge ni la Renaissance : il les résume.

Voyez son œuvre : ne semble-t-il pas que, par le choix même des sujets dont il a rempli son drame, Shakespeare ait voulu, avec l'impartialité du génie, faire une part égale aux deux époques?

Aux traditions du moyen âge, aux annales scandinaves, écossaises ou saxonnes, à Holinshed, à Hall, à Chaucer, à Saxo-Grammaticus, etc., Shakespeare emprunte le motif de quatorze pièces : *le Roi Jean*, *Richard II*, *Henry IV* (première et deuxième partie), *Henry V*, *Henry VI* (première, deuxième et troisième partie), *Richard III*, *Henry VIII*, *Comme il vous plaira*, *Macbeth*, *le Roi Lear*, *Hamlet*.

Aux traditions de la Renaissance, aux chroniques, au théâtre, à l'histoire de la Grèce et de l'Italie antique, aux romans de l'Italie nouvelle, aux contes espagnols, à Homère qu'il lit dans la traduction de Chapman, à Plutarque qu'il étudie dans la traduction de North et dans les commentaires de Montaigne, à Plaute, à Lucien, à Boccace, à Cynthio, à Straparole, à Bandello, au Masaccio de Naples, à Luigi da Porto, à Lollius d'Urbino, à Belleforest, etc., il emprunte le cadre de dix-huit autres pièces : *les Deux Gentilshommes de Vérone*, *les Joyeuses Épouses de*

Windsor, Mesure pour mesure, le Conte d'hiver, Beaucoup de bruit pour rien, le Marchand de Venise, le Soir des Rois, Tout est bien qui finit bien, la Sauvage apprivoisée, la Comédie des erreurs, la Tempête, Troylus et Cressida, Timon d'Athènes, Coriolan, Jules César, Antoine et Cléopâtre, Roméo et Juliette, Othello.

Parfois Shakespeare confond les deux traditions dans la même création : il lit la chronique *Gesta Romanorum* et un poëme de Gower, et il retouche *Périclès* ; il s'inspire de Holinsbed et de Boccace, et il crée *Cymbeline*.

Chose remarquable que ce mélange dans la même œuvre de deux génies si divers, le génie du moyen âge et le génie de la Renaissance ! Shakespeare accueille avec la même bonne foi dans son drame la religion de l'un et les superstitions de l'autre. Il s'écrierait volontiers, comme Dante au *Purgatoire* : « *O souverain Jupiter, crucifié pour nous sur la terre!* » Dans son œuvre, comme dans celle du poëte florentin, la théogonie païenne semble se confondre avec la théogonie chrétienne en une sorte de panthéisme fantastique. Dans *Peines d'amour perdues*, la princesse prie naïvement saint Denis de la protéger contre saint Cupidon. Dans le *Songe d'une nuit d'été*, le demi-dieu Thésée s'écrie tout naturellement : « Bonjour, mes amis, la Saint-Valentin est passée. »

La mythologie et la féerie peuplent à la fois le monde que rêve Shakespeare. C'est à ce monde merveilleux qu'appartiennent cette île enchantée où *la Tempête* nous jette et cette impossible forêt d'Athènes qu'on voit dans *le Songe d'une nuit d'été*. Là, à l'appel de Prospero-Shakespeare, les divinités du Midi se mêlent sans répugnance aux fées et aux génies du Nord. Là, les feux follets, les sylphes, les gnomes, les elfes, les esprits évadés des contrées boréales, folâtrent amoureusement avec les nymphes et le naïades accourues des bois d'Italie. Là, le Thésée de la Fable se rencontre avec le Titania des légendes. Là un Ariel, un simple lutin, ose appeler pour la danse Junon, la plus superbe des déesses !

Shakespeare ne résume pas seulement son siècle; il résume tous les siècles précédents. Il se sert du travail antérieur de l'humanité, et il le transfigure dans son œuvre. Comme Michel-Ange, qui prend une poignée de terre et en fait une statue, Shakespeare prend des ombres dans l'histoire et dans la légende, et il en fait des vivants. Qu'est-ce qu'Hamlet dans la chronique? Un spectre. Qu'est-il dans le drame? Un homme.

La liberté de l'art, voilà le grand principe que Shakespeare garda du moyen âge. Qui se souvient aujourd'hui de cette farce religieuse, jouée avec tant de succès devant nos pères et qui s'appelait *le Mystère de la Passion?* Ce mystère type, où Satan jouait le rôle de comique, commençait à la chute de l'homme et finissait à sa rédemption par le sacrifice du Christ. Eh bien, cette farce aujourd'hui oubliée, où, en dépit d'Aristote, l'action durait des siècles entiers, où la loi des unités était naïvement violée, où le grotesque se mêlait au sublime, et où le diable coudoyait le bon Dieu, cette farce dont les classiques de la Renaissance se sont tant moqués, Shakespeare la transforme et en fait son drame.

A la Renaissance Shakespeare prend autre chose; il lui prend le langage imagé, riche, coloré, plein de métaphores, que parle tout le seizième siècle avec Ronsard et avec Tasse : ce langage tout méridional, il le transforme en lui donnant l'énergique accent du Nord, et il en fait son style.

C'est dans cette transfiguration qu'éclate l'originalité du poëte; c'est là vraiment qu'il est lui. Shakespeare prend la forme dramatique du moyen âge, et il l'anime de ses créations; il prend le langage figuré de la Renaissance, et il se l'approprie par l'idée. Comme il le dit lui-même dans un des poëmes que nous traduisons plus loin, « tous les mots dont je me sers disent presque mon nom, trahissant leur naissance et leur origine. »

Dans la poésie lyrique, Shakespeare emprunte encore à la Renaissance; il lui emprunte la strophe favorite de Pétrarque, et il verse dans cette strophe, devenue sienne, toutes les émotions intimes de son âme :

> Gli occhi, di ch'io parlai si caldamente,
> E le braccia, e le mani, e i piedi, e'l viso
> Che m'avean si da me stesso diviso,
> E fatto singular da l'altra gente;
>
> Le crespe chiome d'or puro lucente
> E 'l lampeggiar de l'angelico viso,
> Che solean far in terra un paradiso,
> Poca polvere son che nulla sente.
>
> Ed io pur vivo : onde mi dogio e sdegno,
> Rimazo senza'l lume ch'amai tanto,
> In grand fortune, in desarmato legno.
>
> O! sia qui fine al mio amoroso canto :
> Secca è la vena de l'usato ingegno
> E la cetera mia rivolta in pianto [1].

Le sonnet! cette strophe musicale et savante dans laquelle le poëte de Vaucluse a chanté et pleuré Laure, Shakespeare aussi va la remplir de ses joies et de ses douleurs, de ses désespoirs et de ses amours. Ce mètre tout méridional, inventé, dit-on, par les troubadours français, que les exigences de la rime rendent presque impossible aux langues du Nord, Shakespeare va l'imposer au sauvage idiome saxon. L'anglais, ce verbe brut, si

---

[1] « Ces yeux dont je parlais si ardemment, ce bras, cette main, ce pied, ce visage, qui me transportaient hors de moi-même et m'élevaient au-dessus des autres hommes;

» Ces boucles de cheveux d'or à l'éclat si pur, cette face angélique et splendide qui faisait un paradis sur la terre, ne sont plus qu'un peu de poussière insensible.

» Et pourtant je vis! ce dont je pleure et je m'indigne; et je reste sans la lumière que j'aimais tant, exposé à tous les hasards dans ma barque désarmée.

» Oh! que ce soit la fin de mes chants d'amour! Tarie est la veine de mon génie fatigué, et ma lyre se fond dans les pleurs. »

réfractaire aux assonnances, si hérissé de consonnes, Shakespeare va le jeter à la fonte du sonnet, et en retirer une langue chaude, étincelante, harmonieuse, toute ciselée d'antithèses et de concetti, qui sera la langue de Roméo et de Juliette, d'Othello et de Desdemona.

Le sonnet, si nouveau encore pour l'Angleterre au temps de Shakespeare, était déjà depuis trois siècles la forme nationale de l'Italie. Depuis le triomphe de Pétrarque, il n'y avait pas un poëte au delà des Alpes qui se fût permis de soupirer autrement qu'en sonnets; toutes les déclarations se faisaient par sonnets ; le sonnet était le bouquet de vers que tous les cavaliers bien appris offraient à leurs dames. De leur côté, toutes les belles tenaient à être chantées sur le même rhythme que Laure ; et ce qu'il y a de plus singulier, c'est qu'elles prétendaient aussi être aimées comme elle : platoniquement. Le sonnet n'était pas seulement la poésie des amants, il était surtout la poésie des amants malheureux.

Oui, chose bizarre, le sonnet portait généralement malheur aux rimeurs. Il semble que la fatalité, qui avait poursuivi Pétrarque, s'attachât à ses imitateurs. Quelle existence, en effet, que celle du proscrit de Vaucluse ! Aimer éternellement, aimer infiniment une créature toujours invisible, toujours insaisissable, qui fuit sans cesse devant son amant et qui, à force de fuir, finit par tomber aux bras d'un autre ! Quand on pense que Pétrarque, dans les vingt années qu'a duré son amour, n'a jamais eu avec Laure un tête-à-tête, et que la plus grande faveur qu'il ait obtenue d'elle, ç'a été de pouvoir lui parler un jour dans un jardin et devant témoin ! Ramasser une fleur jetée par elle, s'asseoir sur le banc où elle s'était assise, apercevoir de loin son ombre, telles furent les joies les plus vives de Pétrarque. Un matin que le pauvre poëte errait dans la campagne, il rencontre une laveuse qui travaillait penchée sur un ruisseau. Il s'approche

d'elle, et, apercevant ce qu'elle avait à la main, il se trouble, rougit, pâlit, perd presque connaissance : le linge qu'elle tenait était à Laure ! La laveuse, qui venait de tremper le linge, le retire de l'eau et s'apprête à le tordre : « Laissez-moi vous aider, dit l'autre tout trem-
» blant. — Ah ! lui répond la paysanne, vous êtes Pé-
» trarque ! » Ce fut un tel bonheur pour le poëte de presser ce linge de sa bien-aimée, que, le lendemain, il fit planter un laurier au bord de la fontaine pour perpétuer ce souvenir. Mais ce qu'il y avait de plus extraordinaire, et, ajoutons-le, de plus triste dans cette liaison illustre, c'était que, pendant que Pétrarque se consumait ainsi dans un amour immatériel, Laure ne se croyait nullement obligée à la même abstinence. Tandis que son mélancolique amant couchait si consciencieusement à la belle étoile, Laure faisait onze enfants avec son mari.

Soupirer beaucoup, désirer peu, ne rien demander, telles étaient les conditions que les Cours d'amour du Midi, ces premières académies littéraires toutes composées de femmes, avaient imposées aux disciples de Pétrarque. Alors, pour être un faiseur de sonnets accompli, il ne suffisait pas d'observer ces lois *rigoureuses* que rappelle Boileau dans son *Art poétique*. Il ne suffisait pas d'avoir bien soin

> Qu'en deux quatrains de mesure pareille,
> La rime avec deux sons frappât huit fois l'oreille,
> Et qu'ensuite six vers, artistement rangés.
> Fussent en deux tercets par le sens partagés.

Le faiseur de sonnets devait s'imposer, comme amant, des règles plus rigoureuses que comme poëte. Après avoir subi les exigences de la rime, il fallait qu'il subît patiemment les cruautés de la belle ; il fallait qu'il continuât sans relâche de courir après l'une comme après l'autre, avec cette condition de toujours manquer la belle et de ne jamais manquer la rime. Alors il eût mieux valu, pour la réputation d'un auteur, hasarder un enjambement d'un tercet à l'autre qu'un baiser de ses lèvres aux lèvres de sa maîtresse. La continence était la première règle de la prosodie du sonnet. A en croire les belles dames qui tenaient leurs parlements à Avignon, à Toulouse, à Ferrare, à Florence, on eût dit que tous les sonnets à elles adressés devaient finir comme celui d'Oronte :

> Belle Philis, on désespère
> Alors qu'on espère toujours !

Les peines de cœur devaient poursuivre partout les faiseurs de sonnets. Voyez le premier qui, en Angleterre, ait osé imiter Pétrarque, ce fameux lord Surrey que Henry VIII fit décapiter à Londres, le 19 janvier 1547. Surrey avait, comme on dit, tout ce qu'il faut pour plaire : il était beau, il était jeune, il était spirituel, et, ce qui vaut mieux encore, il était riche ; enfin, séduction suprême, il était lord ! Un jour il s'amourache d'une charmante Irlandaise, la jeune Géraldine, fille de Gérard Fitz-Gérald, comte de Kildar. Que fait-il ? l'imprudent ! Il lui fait sa déclaration dans un sonnet. Immédiatement, il perd toute espèce de charme aux yeux de la belle : beauté, jeunesse, noblesse, esprit, tout cela n'est plus rien pour Géraldine. Ce pauvre Surrey n'a plus aucune chance : il a fait un sonnet ! Dès lors il a beau prier, supplier, il ne peut rien obtenir, pas même la main de sa bien-aimée.
— De même que Surrey avait imité Pétrarque, Géraldine tint à imiter Laure. Comme Laure, elle en épousa un autre ; nous nous trompons, elle en épousa trois autres, car elle eut successivement trois maris. Inutile de dire que Surrey ne fut pas un de ces trois-là.

Les femmes mêmes n'étaient pas à l'abri de ces infortunes fatales, quand elles se mêlaient de faire des sonnets.

Alors c'était leur tour de languir et d'aimer *platoniquement*. On n'a pas oublié, au delà des Alpes, l'aventure de cette belle fille du pays Padouan, Gaspara Stampa, « cette Sapho italienne, » qui s'éprit d'un certain comte Collalto. Collalto lui avait promis de l'épouser ; mais, un jour, elle fit la faute de lui rappeler sa promesse en sonnet. Collalto partit pour la France et revint, après trois ans, dire à la malheureuse qu'elle devait renoncer à lui. Gaspara pleura longtemps ; mais, enfin, la nature reprit le dessus. Elle eut alors le bon esprit d'essuyer ses larmes et de se donner à un autre.

A cet insuccès général des faiseurs de sonnets, nous ne prétendons pas dire qu'il n'y eut pas d'exception. Oui, sans doute, il y eut des heureux : comme Bembo, qui put chanter dans la Morosina la mère de ses enfants; comme Bernardino Rota, qui réussit, après seize ans d'attente, à être le mari de Portia Capece ; ou comme Spenser, qui finit aussi, après de longs mois, par achever ses *Amoretti* dans un épithalame. Mais, nous le maintenons, ce furent là des bonheurs exceptionnels. L'amour platonique resta la règle pour presque tous. La plus illustre faiseuse de sonnets du seizième siècle, Élisabeth d'Angleterre, a été surnommée la Reine-Vierge.

Le sonnet n'a donc été presque toujours qu'une variante de l'élégie. Malgré cela, et peut-être à cause de cela, la quantité de sonnets produits depuis la mort de Pétrarque a été immense. D'après le calcul de Crescimboni, dans l'Italie seule, pendant le seizième siècle, il n'y eut pas moins de six cent soixante et un faiseurs de sonnets. Qui se souvient aujourd'hui des plus connus de cette longue liste : Costanzo, Camillo Pellegrini, Baldi, Caro, Francesco Copelta, Claudio Tolomei, Ludovico Paterno ? Qu'est devenue la gloire de Casa, ce poëte si célèbre de son temps, pour avoir osé modifier le sonnet de Pétrarque et risquer un enjambement du premier tercet au second? Audace inouïe qui fit école non-seulement en Italie, mais dans toute l'Europe [1].

Le sonnet, comme tout ce qui venait d'Italie, fut bien vite à la mode en France. Là, la pédanterie de la critique contribua, autant que la coquetterie des femmes, à sa vogue extraordinaire. Dans le livre de du Bellay que nous avons déjà cité, la Pléiade conseillait ainsi aux poëtes futurs de renoncer aux vieilles formes naïves de Villon et de Marot pour prendre les formes plus savantes de la Grèce et de l'Italie :

« Lis donc et relis premièrement, ô poëte futur, les exemplaires grecs et latins; puis, me laisse toutes ces poésies françoises aux jeux Floraux de Toulouse et au Puy de Rouan, comme rondeaux, ballades, chants royaux, chansons et telles autres épiceries qui corrompent le goust de notre langue et ne servent sinon à porter témoignage de notre ignorance. Chante-moi ces odes inconnues encore de la langue françoise, d'un luth bien accordé au ton de la lyre grecque et romaine, et qu'il n'y ait rien où n'apparoissent quelques vestiges de rare et antique érudition..... *Sonne-moi ces beaux sonnets*, non moins docte que plaisante invention italienne, pour laquelle tu as Pétrarque et quelques modernes Italiens. »

En Angleterre comme en France, tous les poëtes se mirent à *sonner ces beaux sonnets* : Surrey, Wyat, Philipp Sydney, Raleigh, Spenser, Daniel, Drayton. Ce fut une rage chez la reine d'Angleterre comme chez le roi de France. Que d'Orontes parmi tous ces courtisans ! Voulez-vous voir la cour d'Élisabeth ? Relisez cette charmante comédie de *Peines d'amour perdues*. Là, tous les amoureux font des sonnets : le prince pour la princesse, Biron pour Rosalinde, Longueville pour Marie, Dumaine pour

---

[1] La modification introduite par Casa dans le sonnet a été adoptée par Shakespeare, par Daniel et par Drayton.

Catherine. Il n'est pas jusqu'à don Adriano d'Armado qui ne s'écrie, dans sa passion pour la paysanne Jacquinette : « Adieu, valeur ! rouille-toi, rapière ! tais-toi, tambour ! car votre maître est amoureux. Oui, il aime ! Que quelque dieu de la rime impromptue m'assiste, car, j'en suis sûr, je vais devenir *faiseur de sonnets.* »

Comme à don Adriano, l'amour à fait faire des sonnets à trois poëtes fameux : à Pétrarque en Italie, à Ronsard en France, à Shakespeare en Angleterre.

II

Les sonnets de Shakespeare sont encore aujourd'hui une énigme pour les historiens et pour les critiques. La dédicace mystérieuse qui les accompagnait dans la première édition, le désordre involontaire ou préconçu dans lequel ils parurent, l'obscurité de certains passages ont donné lieu à mille interprétations diverses. Les uns ont déclaré que ces sonnets étaient uniquement adressés à une femme ; les autres, qu'ils étaient adressés uniquement à un homme ; ceux-ci en ont attribué l'inspiration à un personnage bizarre qui n'aurait été ni homme, ni femme, ou plutôt qui aurait été l'un et l'autre ; ceux-là y ont vu autant de petits poëmes séparés, adressés à diverses personnes ; d'autres enfin, et ce sont les plus nombreux, ont soutenu qu'ils étaient dédiés à des créatures imaginaires, n'ayant jamais existé que dans le cerveau du poëte. Déroutée par tant de contradictions, la postérité, si curieuse pourtant de tout ce qui porte le nom de Shakespeare, a fini par perdre patience : ne pouvant résoudre l'énigme, elle a donné sa langue aux chiens et jeté par dépit ce livre impertinent qu'elle ne comprenait pas. C'est ainsi que les sonnets qui, au temps d'Élisabeth, étaient plus célèbres que les drames même de Shakespeare [1], sont aujourd'hui tombés dans un oubli complet. Un écrivain distingué de l'Angleterre nous disait dernièrement qu'il n'y avait peut-être pas cent de ses compatriotes qui les eussent lus en entier. Quant à la France, nous aurons tout dit sur son indifférence par ce simple fait que, depuis deux cent cinquante ans qu'a paru le texte original, en voici aujourd'hui seulement la première traduction complète.

Nous l'avouons, en lisant ces admirables poésies où le plus grand poëte du moyen âge a, suivant l'expression de Wordsworth, donné la clef de son cœur, nous nous sommes indigné de cet oubli de la postérité, et nous aurions cru manquer à un devoir si nous n'avions pas au moins essayé de réparer ce qui nous semblait presque une ingratitude. D'ailleurs, nous nous sentions attiré vers cette œuvre étrange par le mystère même qui avait rebuté tant d'autres.

A force de relire ces poëmes, en apparence décousus, nous finîmes par y retrouver les traces de je ne sais quelle unité perdue. Il nous sembla que les sonnets avaient été jetés pêle-mêle dans l'édition de 1609, comme ces cartes des jeux de patience dont les enfants s'amusent à remettre en ordre les fragments. Nous fîmes comme les enfants : nous nous mîmes patiemment à rapprocher, dans ces poésies, les morceaux en apparence les plus éloignés, et nous réunîmes ensemble tous ceux que le sens adaptait les uns aux autres. Tel sonnet, par exemple, marqué le xxie dans l'édition de 1609 et dans toutes les éditions modernes, nous parut faire suite à un autre marqué le cxxx^e; tel autre qui, dans ces mêmes éditions, n'avait

---

[1] En 1598, le critique Meres écrivait dans son *Trésor de l'esprit* : « De
» même que l'âme d'Euphorbe passait pour vivre dans Pythagore, de même
» l'âme harmonieuse d'Ovide vit dans Shakespeare à la langue de miel : j'en
» veux pour preuve *Vénus et Adonis*, sa *Lucrèce* et ses sonnets *sucrés* (*sugared*) qui circulent parmi ses amis privés. »

aucun sens après le xxxii° sonnet, devenait parfaitement intelligible après le cxliv°. Nous n'avons pas hésité à faire presque partout ces transpositions nécessaires. Ainsi restitués à leur unité logique et rationnelle, les sonnets, tout en conservant chacun son charme lyrique intrinsèque, auront pour le lecteur un intérêt nouveau, l'intérêt dramatique.

Les sonnets de Shakespeare contiennent en effet tout un drame. Exposition, complications, péripéties, dénoûment, rien ne manque à ce drame intime où figurent trois personnages : le poëte, sa maîtresse et son ami. Là le poëte paraît, non sous le nom que le genre humain lui donne, mais sous celui qu'il recevait dans la vie privée : ce n'est plus William Shakespeare, c'est Will que nous voyons. Ce n'est plus l'auteur dramatique qui parle, c'est l'ami, c'est l'amant. Ce n'est plus l'homme public, c'est l'homme. Quant aux deux autres personnages, ils restent anonymes. Comment s'appelle cette femme, cette brune aux yeux noirs que Shakespeare honore de son amour ? Comment s'appelle ce jeune homme qu'il glorifie de son amitié ? L'auteur n'a pas voulu dire leurs noms.

Dans le premier sonnet, au moment où l'action commence, nous voyons Shakespeare amoureux. Comment l'est-il devenu ? En quel lieu, à quel moment a-t-il vu pour la première fois celle qu'il aime ? Est-ce au bal qu'elle lui est apparue, comme Roméo à Juliette, ou à l'église, comme Laure à Pétrarque ? On l'ignore. Ce que nous savons tout de suite, et ce qui nous rassure un peu pour la patience de notre amoureux, c'est que celle qu'il aime n'a pas de préjugés : elle n'est ni prude, ni cruelle. Dans l'océan de ses caprices, l'amour de Will Shakespeare ne sera qu'une goutte de pluie. « Dans le nombre, un ne se remarque pas, dit-il, à sa bien-aimée ; laisse-moi donc passer inaperçu dans la foule. » On le voit, Will est modeste ; il a pour idéal d'être traité comme tout le monde.

Mais il a beau supplier pendant trois sonnets, la belle fait une exception pour lui, elle lui résiste !

Attristé de cette distinction, Will veut en savoir le motif : « Voyons, demande-t-il, m'aimez-vous ? — Je ne vous hais pas. » — Shakespeare est devenu si humble qu'il regarde cette réponse comme une concession. Au ve sonnet, nous voyons Will assis près de celle qu'il aime, tandis qu'elle joue nonchalamment sur le clavecin quelque nouveau morceau de Dowland, le compositeur en vogue. Oh ! regardez un peu Shakespeare : comme il est heureux en ce moment ! comme il écoute ! comme il oublie tout dans cette double extase de la musique et de l'amour ! tout, les injures de Greene et les attaques de la critique euphuiste, et les jalousies de Burbage, et les huées et les pommes cuites à lui jetées par la cabale des montreurs d'ours ! Regardez ce beau et fier visage où le fard de la dernière farce est à peine essuyé : comme il rayonne à présent ! comme ce front immense s'illumine ! comme les narines de ce nez aquilin se dilatent ! comme ces yeux profonds rayonnent ! Quel bonheur d'entendre la femme aimée faire de la musique ! Shakespeare est tellement ravi que lui, le poëte des harmonies éternelles, il devient jaloux de cette épinette. Il envie « ces touches effrontées » qui sautent ainsi aux mains de son adorée. « Soit ! lui dit-il, donne-leur tes doigts à baiser, mais
» donne-moi tes lèvres. »

Mais Will a beau supplier ; c'est comme s'il chantait. Tandis qu'il soupire après un baiser, la coquette fait des avances à d'autres. Oui, chose triste à dire, tandis que cet homme de rien sublime, qui a fait *Othello* et *Hamlet*, est à ses pieds, cette femme promet tout à un autre, sans doute à quelque beau gentilhomme comme celui que nous apercevons dans *Peines d'amour perdues* : « Un galant qui attache
» les filles avec une épingle sur sa manche, un singe de
» la mode, un monsieur le Charmant ! » Oh ! comme

Shakespeare souffre alors! avec quel désespoir il dit à sa bien-aimée : « Dis-moi que tu aimes ailleurs, mais ne » fais pas les yeux doux à d'autres devant moi ! »

Au viie sonnet, cependant, Will finit par perdre patience. Son humilité tourne visiblement à l'exaspération. « Sois prudente, s'écrie-t-il; ne me réduis pas au désespoir, car je deviendrais fou, et, dans ma folie, je pourrais mal parler de toi. » Ainsi notre amoureux passe brusquement de la supplication à l'intimidation. Mais, elle, elle n'en tient pas compte : elle ne croit pas à la révolte possible de cet homme jusqu'ici agenouillé. Shakespeare insiste : il l'avertit encore du danger qu'elle court : « Prends garde ! tu n'es pas assez belle pour être » si cruelle. » Ceci n'est plus une déclaration d'amour ; c'est presque une déclaration de guerre. Mais l'imprudente persiste dans ses dédains entêtés, et un beau matin, au lieu de l'élégie accoutumée, voici le sonnet qu'elle reçoit : « Les yeux de ma maîtresse n'ont rien de l'éclat » du soleil; le corail est beaucoup plus rouge que le » rouge de ses lèvres; si la neige est blanche, certes, sa » gorge est brune... J'ai vu des roses de Damas rouges » et blanches, mais je n'en ai pas vu de pareilles sur ses » joues ; et certains parfums sont plus délicieux que celui » qui s'exhale de ma maîtresse. » Si nous ne nous trompons, ceci est bel et bien une épigramme. Or, il est des femmes sur qui le sarcasme a plus de prise que la prière, et celle-ci est du nombre. Elle fait une scène à Will : « Vous ne m'aimez pas ! lui crie-t-elle. » — « Cruelle, » lui répond-il malicieusement, peux-tu dire que je ne » t'aime pas, moi qui adore tes défauts même ? » Will s'aperçoit que ce ton railleur réussit plus que l'autre; aussi, il n'en change plus. Tous les sonnets qui suivent offrent un curieux mélange d'adorations et de sarcasmes. Il semble que Shakespeare veuille se venger sur la femme qu'il aime de l'amour qu'elle lui inspire, tant il l'accable

à la fois de tendresses et d'injures. « Mes yeux savent ce
» qu'est la beauté, et pourtant ils prennent ce qu'il y a
» de pire pour ce qu'il y a de meilleur... Ils sont mouil-
» lés dans une baie que sillonnent toutes les proues...
» Mon cœur prend pour un parc réservé ce qu'il sait être
» *le champ commun* ouvert à tous (xv° sonnet). Lorsque
» ma bien-aimée me jure qu'elle est faite de pureté, je
» la crois, bien que je sache qu'elle ment (xvi° sonnet)...
» Celle dont mes yeux prévenus radotent est belle, que
» prétend le monde en affirmant qu'elle ne l'est pas
» (xviii° sonnet)? »

En réalité, cette ironie du poëte marque le désespoir de l'amant. Le rire est sur les lèvres, mais le sanglot est au fond du cœur. « Oh! s'écrie-t-il comme malgré lui, au xx°
» sonnet, de quelle puissance tiens-tu cette faculté toute-
» puissante de dominer mon cœur du haut de ton imper-
» fection? » Dans ce combat extraordinaire qu'il livre à sa passion, Will Shakespeare appelle vainement la vérité à son aide. Il a beau se dire : Cette femme est laide ! il la trouve charmante. Il a beau se dire : Elle ment ! il la croit. Il a beau se dire : Elle a un tas d'amants ! il la trouve chaste. Chose singulière que ces démentis continuels donnés par la passion à l'évidence ! Que de fois n'a-t-on pas ri de ces insensés qui, devant une courtisane, se croient devant une vierge, et qui, épris de Marion de Lorme, se figurent l'être de Jeanne d'Arc? Et pourtant ce sont de nobles erreurs après tout, car elles naissent de l'insatiable besoin d'idéal que l'amour donne à l'âme.

Ces illusions-là ne nous étonnent pas dans un grand cœur comme Shakespeare : c'est en vain qu'il essaie de s'en défendre. Lui, ce misanthrope sublime qui s'est peut-être peint dans *Timon d'Athènes*, il est dominé, lui aussi, par cette passion pour une coquette, et le voilà qui pousse le cri lamentable d'*Alceste* :

> Ah! que si de vos mains je rattrape mon cœur,
> Je bénirai le ciel de ce rare bonheur.
> Je ne le cèle pas, je fais tout mon possible
> A rompre de ce cœur l'attachement terrible.
> Mais mes plus grands efforts n'ont rien fait jusqu'ici,
> Et c'est pour mes péchés que je vous aime ainsi.

La Célimène de Shakespeare a la répartie prompte comme celle de Molière. « N'avez-vous pas de honte de » m'aimer ainsi ! lui dit-elle. Vous oubliez que vous êtes » marié et que vous avez juré fidélité à une autre. Vous » violez votre serment. Ah ! j'ai horreur du parjure ! » Et la voilà qui, dans ce reproche de parjure, rappelle au poëte éperdu tout ce passé disparu, la chaumière de Wilmcote, le lit nuptial de Stratford, et cet intérieur austère où la femme du poëte veille sur trois berceaux !

Mais le doux fantôme de la famille brusquement évoqué n'arrête pas l'amoureux. Mal lui en a pris à cette femme d'accuser Will de parjure — « Ah ! lui réplique-t-il dure- » ment, compare seulement ma vie à la tienne, et tu » verras qu'elle ne mérite pas cette réprobation ; ou, si » elle la mérite, ce n'est pas de tes lèvres qui ont pro- » fané leurs ornements écarlates et scellé de faux en- » gagements d'amour aussi souvent que les miennes » (XXIe sonnet.) »

Après cette foudroyante réplique, la triste créature semble à bout de résistance. Elle est vaincue, sinon convaincue. Sans doute elle a compris le danger qu'il y aurait pour elle à prolonger une lutte où son adversaire a toujours le dernier mot. Elle se donne enfin, et le XXVe sonnet est, dans son équivoque anacréontique, le cri de victoire de Shakespeare.

Mais ce triomphe n'est pas de longue durée. Au moment où Will croit avoir trouvé le bonheur, une effroyable catastrophe se prépare pour lui. En effet, on l'entend tout à coup, au XXVIIe sonnet, jeter une exclamation de

douleur : « Maudit soit le cœur qui fait gémir mon cœur
» de la double blessure faite à mon ami et à moi ! »
N'entrevoyez-vous pas d'ici l'horrible représaille ? Cette
femme, que Shakespeare croit posséder, ne s'est donnée
à lui que pour se venger. A peine l'a-t-il eue qu'elle se
dérobe et se jette aux bras d'un autre. Et savez-vous qui
elle veut pour amant ? Ce n'est pas le premier venu, comme
d'habitude ; ce n'est pas tel petit-maître ou tel gros finan-
cier pris au hasard. Cela serait déjà bien assez cruel,
dites-vous. Non, la vengeance ne serait pas suffisante
ainsi. Celui qu'il faut à cette Célimène, celui qu'elle veut
séduire, c'est ce tout jeune homme que Shakespeare
vient de lui présenter, c'est l'ami intime du poëte !

Pour avoir une idée de la façon dont Shakespeare aime
cet ami, il faut avoir lu les cent et quelques sonnets qu'il
lui adresse plus tard. Qu'on se figure, réunis dans le
même cœur, le dévouement du vassal pour le suzerain,
l'admiration du paria pour le brahmine, l'affection de
l'amant pour la maîtresse, la reconnaissance du protégé
pour le protecteur, la tendresse du père pour le fils, et
l'on pourra à peine se rendre compte du sentiment que
Shakespeare éprouve pour cet ami. Il l'appelle de tous
les noms possibles : son doux enfant, son bien-aimé, le
lord de son amour, son dieu ! Eh bien, c'est justement cet
ami de Shakespeare que la maîtresse de Shakespeare veut
pour amant. « Cruelle, lui dit le poëte au xxviie sonnet,
» ce n'était pas assez de m'avoir enlevé à moi-même,
» tu as accaparé mon autre *moi-même !* » Mais le pauvre
Will ne sait pas encore à quoi s'en tenir sur la double
infidélité de son ami et de sa maîtresse ; il n'a pas encore
cette preuve que le More de Venise réclame d'Iago en lui
serrant la gorge. Le xxixe sonnet est l'expression de cette
anxiété. « J'ai deux amours, l'un, ma consolation, l'autre,
» mon désespoir, qui, comme deux esprits, ne cessent
» de me tenter. Mon bon ange est un homme vraiment

» beau, et mon mauvais est une femme fardée... Mon
» démon femelle tâche de séduire mon bon ange... Mais
» mon bon ange est-il devenu démon ? Je puis le soupçon-
» ner sans l'affirmer directement. » Quelle situation poignante que celle de Shakespeare alors ! Ce qu'il éprouve,
ce n'est pas la douleur d'Alceste, jaloux d'Oronte qu'il
hait, c'est le désespoir d'Othello, jaloux de son cher
Cassio ! Alceste, au moins, peut encore survivre à sa douleur ; il peut encore chercher sur terre un endroit écarté

<blockquote>Où d'être homme d'honneur on ait la liberté.</blockquote>

Mais Othello, jaloux à la fois de sa femme et de son meilleur ami, ne peut pas survivre à tant de tortures ; il faut qu'il tue et qu'il meure !

Ces angoisses intolérables qu'il a si merveilleusement décrites dans son drame, il y eut un moment où l'auteur d'*Othello* les éprouva lui-même. Ces doutes, ces défiances, ces crédulités enfantines, ces soupçons infatigables qui se font cauchemar, la nuit, et vision, le jour, il les a subis !

La jalousie, cet épouvantail des heureux, la jalousie, cette chauve-souris des crépuscules d'amour, Shakespeare l'a vue voler dans l'azur de ses illusions, et il s'est senti prendre aux cheveux par ces griffes hideuses !

Enfin, l'incertitude cesse. L'ami qui l'avait trompé avoue tout en pleurant. Que fait Shakespeare ? Il trouve dans la tendresse infinie de son cœur un dénoûment sublime. Il pardonne.

Il ne fait pas une récrimination, pas un reproche ; il n'a pas une parole amère. « Le chagrin de l'offenseur,
» dit-il tristement à son ami au xxxi° sonnet, n'apporte
» qu'un faible soulagement à celui qui porte la lourde
» croix de l'offense. Ah ! mais les larmes que tu verses
» sont la riche rançon de tous tes torts. » Et il ajoute dans le sonnet suivant : « N'aie plus de chagrin de ce
» que tu as fait. Les roses ont des épines, et les fontaines

» d'argent, la fange... Tous les hommes font des fautes ! » Shakespeare cherche ainsi dans son génie la consolation de son cœur ; il voit toujours les choses de haut : il a cette indulgence souveraine que donne aux grands hommes le spectacle d'un horizon supérieur.

Telle est la générosité du poëte offensé qu'il se fait, comme il le dit lui-même, l'*avocat* de l'offenseur. Quant à la femme qui l'a trompé, Shakespeare a le courage de ne plus la voir ; mais ce n'est pas sans un serrement de cœur qu'il s'y résigne : « Pourtant, s'écrie-t-il au xxxv° » sonnet, on peut dire que je l'ai bien aimée ! » C'est la dernière parole qu'il lui adresse. Dès ce moment, il ne parle plus d'elle. Cette femme adorée est désormais pour lui comme morte. De l'injure qu'il a reçue, le poëte se venge par le silence.

Trompé en amour, Shakespeare se jette éperdu dans l'amitié. C'est à l'amitié qu'il demande ce bonheur impossible qu'il a vainement cherché ailleurs. Il renonce désormais à cette affection matérielle qui a les instincts changeants de la bête : ce qu'il cherche, c'est une affection immuable, inépuisable, idéale. Par un de ces retours soudains, si fréquents chez les natures absolues, il passe tout à coup d'un extrême à l'autre : il était épris d'une courtisane, le voilà qui s'éprend d'une âme ; dans son désespoir d'avoir tant aimé par la chair, il se met à n'aimer que par l'esprit. « Donne ton corps aux femmes, » dit-il à son ami dans le xxxix° sonnet, mais donne-moi » ton âme. *A moi ton amour, à elles les trésors de jouis-* » *sance de ton amour.* » Dans ces termes-là, ce ne sont plus deux amis qui se serrent la main, ce sont deux âmes qui s'épousent. « Oh ! puissé-je, s'écrie le poëte plus loin, ne jamais mettre d'obstacle au *mariage* de nos âmes fidèles [1] ! »

Ce mariage, Shakespeare ne veut pas seulement qu'il

[1] Sonnet CXLIV.

soit heureux; il veut qu'il soit éternel. La grande préoccupation du poëte, celle qu'on retrouve à chaque page dans ses sonnets, c'est la brièveté de cette vie. Vieilli avant l'âge par la misère, la lutte et le chagrin, il n'a qu'une idée, c'est de combattre l'action délétère du temps. « Je déclare la guerre au temps, dit-il fièrement quelque part. » Chose remarquable, cet homme, que tant de critiques ont accusé de ne s'être pas soucié de l'avenir, ne songe qu'à l'avenir. Pour lui, vivre n'est rien, se survivre est tout; et se survivre, non-seulement dans l'autre monde, mais dans celui-ci.

En effet, l'homme ici-bas a deux moyens de prolonger son existence, la procréation physique et la procréation intellectuelle, la famille et la poésie. Par la famille, l'homme reproduit indéfiniment son image; par la poésie, il immortalise sa mémoire. Par la famille, il perpétue sa beauté matérielle; par la poésie, il éternise sa beauté immatérielle. Son corps se survit dans la génération physique; son âme, dans la génération morale. Créer moralement, créer physiquement, voilà donc la double mission de l'homme sur la terre.

C'est cette double perpétuité que Shakespeare veut assurer à son ami. — A toi, lui répète-t-il sous toutes les formes, de perpétuer ton corps; à moi, de perpétuer ton âme. Marie-toi et je te chanterai. Fais des enfants, toi! moi je te ferai des vers. « Ainsi tu vivras deux fois : dans tes fils et dans mes rimes [1]. » Les quarante derniers sonnets sont le développement de cette idée. Rien n'est plus grand, selon nous, que cette confiance du poëte dans sa propre puissance et que la manière toute simple avec laquelle il promet à son ami l'immortalité. Ah! c'est que, pour Shakespeare, la poésie a un caractère auguste et religieux : elle a, comme l'amour, cette faculté mystérieuse d'engendrer. La muse aussi est mère.

[1] Sonnet CXXXVII.

Nous n'avons pas eu la prétention d'analyser ici les sonnets de Shakespeare : on n'analyse pas de pareilles œuvres, on les lit. Nous avons voulu seulement appeler l'attention du public sur la partie dramatique que les sonnets contiennent, et indiquer à grands traits l'enchaînement moral qui les relie les uns aux autres ; nous avons voulu prouver ainsi, en dépit des dénégations de la critique puritaine et doctrinaire, que ces poëmes ne sont pas, malgré leur désordre apparent, des inspirations jetées au hasard, et montrer jusqu'à l'évidence cette unité cachée qui jusqu'ici n'avait été que confusément entrevue.

Mais, nous objectera-t-on, si cette unité a jamais existé réellement, comment se fait-il qu'elle n'ait pas été respectée ? Pourquoi ces mêmes sonnets, que vous nous présentez aujourd'hui dans un ordre logique, ont-ils été livrés tout d'abord au public dans un désordre incompréhensible ?

Pour répondre à cette objectiou, il est nécessaire, en premier lieu, d'éclaircir un point, resté jusqu'ici très-obscur, de l'histoire littéraire du seizième siècle. A qui les sonnets de Shakespeare furent-ils dédiés ? Sur ce point important, les antiquaires, les critiques et les commentateurs ont accumulé les conjectures les plus contradictoires. On sait déjà que les sonnets ont été publiés pour la première fois en 1609. Voici la dédicace énigmatique qui les précédait :

TO
THE ONLY BEGETTER OF THESE ENSUING SONNETS,
M^r. W. H.,
ALL HAPPINESS
AND
THAT ETERNITY PROMISED BY OUR EVER LIVING POET,
WISHETH
THE WELL WISHING ADVENTURER
IN SETTING FORTH.
T. T.

A
L'UNIQUE ACQUÉREUR DE CES SONNETS,
M. W. H.
PUISSE-T-IL AVOIR TOUT LE BONHEUR
ET
CETTE ÉTERNITÉ QUE LUI PROMIT NOTRE POËTE IMMORTEL.
C'EST LE SOUHAIT
BIEN SINCÈRE DE CELUI QUI AVENTURE
CETTE PUBLICATION.
T. T.

Tout le monde est d'accord sur ceci, que les deux T désignent l'éditeur Thomas Thorpe. Mais que signifient ces initiales W. H.? quel est ce W. H. auquel notre poëte a promis l'éternité? Sur ce point quatre hypothèses principales ont été mises en avant. Parlons d'abord des deux moins probables.

Le commentateur Farmer, prenant pour un argument une simple coïncidence d'initiales, a prétendu que ce W. H. était William Harte, le neveu du poëte; d'autres critiques, se fondant sur un vers du XXXIXe sonnet qui prêtait à l'équivoque, ont prétendu que c'était un certain William Hews, parfaitement inconnu d'ailleurs. Mais ces deux opinions ne tiennent pas devant une lecture quelque peu attentive des sonnets. Shakespeare représente en effet l'homme auquel il les dédie comme un personnage puissant, riche, noble, dont il se dit le vassal et qu'il appelle son lord; il le peint, en outre, comme un protecteur des arts que tous les poëtes de son temps se plaisaient à chanter. Or, comment admettre que ce protecteur des arts, célébré par tous les poëtes, soit resté complétement inconnu comme ce William Hews? Comment supposer, d'un autre côté, que Shakespeare se soit déclaré le vassal, le serf, l'adorateur agenouillé de ce William Harte, le fils de sa sœur Jeanne, le même auquel il lègue cinq livres dans son testament?

D'après la troisième hypothèse, soutenue successivement par quatre commentateurs, MM. Bright, Boaden, Brown et Hunter, et adoptée par le célèbre historien Hallam, les initiales W. H. désigneraient William Herbert, comte de Pembroke. Les partisans de cette hypothèse rappellent que la première édition complète des pièces de Shakespeare a été dédiée par Heminge et Condell au comte de Pembroke, et que dans la dédicace, écrite en 1623 (c'est-à-dire sept ans après la mort du poëte), William Herbert est désigné, ainsi que son frère Philippe, comme ayant *poursuivi* Shakespeare vivant *de sa faveur*. Cette conjecture, qui semble plausible au premier abord, est réfutée par un fait bien simple : la date même de la naissance du comte de Pembroke. William Herbert est né en 1580. Or, les sonnets, quoique publiés en 1609, étaient déjà célèbres en Angleterre en 1598, quand Meres en fit l'éloge dans son *Trésor de l'esprit*. En supposant qu'ils aient été tous composés dans la seule année 1597, William n'aurait eu encore que dix-sept ans, ce qui rend déjà l'hypothèse assez invraisemblable. Mais les sonnets n'ont pas été tous écrits dans la même année ; ils ont été composés à diverses époques de la vie du poëte. Shakespeare mentionne lui-même un intervalle de plusieurs années entre ses premiers sonnets et ses derniers. Ainsi il dit au cxiii^e sonnet : « Notre amour était tout nouveau quand j'avais coutume de le fêter de mes chants ; » et il ajoute au cxx^e : « Le parfum de *trois* avrils a été brûlé à la flamme de *trois* juins depuis que je vous ai vu pour la première fois. » Le cxi^e sonnet commence par ce vers : « Où es-tu, Muse, pour avoir oublié *si longtemps* de parler » de celui qui te donne toute ta puissance ? » Conséquemment, en admettant seulement un espace de trois ans entre le premier sonnet et le dernier, c'est en 1594 que Shakespeare aurait commencé à célébrer sa liaison avec William Herbert. Or, en 1594, William Herbert avait treize ou quatorze ans. Est-ce donc un enfant de treize ou quatorze ans qui aurait pu enlever au poëte sa maîtresse? Est-ce un enfant de quatorze ans que Shakespeare aurait adjuré si vivement de se marier? Est-ce un enfant de quatorze ans enfin qui aurait pu être le Mécène de toute une littérature [1] ?

D'après la quatrième conjecture, émise pour la première fois par le commentateur Drake, les lettres W. H. seraient les initiales transposées de Henry Wriothesly, comte de Southampton. A notre avis, toutes les présomptions sont en faveur de cette conjecture. On sait déjà, en effet, que c'est au comte de Southampton que Shakespeare a dédié ses deux poëmes, *Vénus et Adonis* et *Le Viol de Lucrèce*. Le commentateur Drake a déjà appelé l'attention sur l'analogie qui existe entre la dédicace de *Lucrèce* commençant par ces mots : « L'amour que j'ai voué à votre seigneurie est sans fin ; » et le XXXVIe sonnet commençant par ces mots : « Lord de mon amour ! » Nous signalerons deux autres analogies aussi frappantes. Dans la dédicace des sonnets, l'éditeur T. T. parle à M. W. H. du *bonheur* et de l'*éternité* que lui promit le poëte. Or, dans cette même dédicace de *Lucrèce*, Shakespeare souhaite à Southampton une *longue vie*, prolongée à jamais par le *bonheur*. C'est le même vœu exprimé presque dans les mêmes mots. Nous avons noté, en outre, plusieurs passages des sonnets qu'on trouve

---

[1] Un remarquable article, inséré tout récemment dans *la Revue Trimestrielle* de Londres (*Quaterly Review, avril* 1864), confirme notre raisonnement par une preuve décisive, en révélant un fait historique qui jusqu'ici avait échappé à l'attention des critiques : William Herbert arriva *pour la première fois* à Londres dans l'été de 1599, c'est-à-dire quand la célébrité des *Sonnets* de Shakespeare était déjà parfaitement établie. Le courtisan Rowland Whyte écrivait à son ami sir Robert Sydney en 1598 : « Milord Herbert a, à grand'peine, décidé son père à lui permettre de vivre à Londres, mais ce ne sera pas avant le printemps prochain. Mylord Herbert hath, with much adoe, brought his father to consent that he may live in London, yet not before the next spring. — Note de la seconde Édition.

répétés presque littéralement dans *Vénus et Adonis*. Nous sommes donc convaincu, pour notre part, que le poëme de *Vénus et Adonis* n'est que la formule symbolique de l'idée si longuement développée dans les derniers sonnets : la nécessité du mariage. Dans ce poëme, où Shakespeare nous montre Adonis obsédé par les sollicitations de Vénus, c'est-à-dire la beauté tentée par l'amour, Adonis est, selon nous, la personnification de Southampton lui-même. Or, une chose singulière, c'est que Shakespeare dit justement à son mystérieux ami dans le LXVe sonnet :

> *Describe Adonis*, and the counterfeit
> Is poorly imitated after you.

Qu'on décrive Adonis, et le portrait ne sera qu'une pauvre imitation de vous.

Henry Wriothesly, comte de Southampton, naquit le 6 octobre 1573. Il avait donc de vingt à vingt-cinq ans à l'époque où les sonnets furent composés. C'est bien l'âge qu'on doit donner à ce tout jeune homme que Shakespeare appelle parfois paternellement : « *Sweet boy*, mon doux enfant ! » Tout le portrait que le poëte nous fait de son ami concorde parfaitement avec celui que l'histoire nous a laissé de Southampton. Southampton était beau, riche, noble ; son père, ancien partisan de Marie Stuart, mort dès 1581, était de ces seigneurs de vieille roche qui avaient conservé, en dépit de la despotique Élisabeth, les antiques croyances catholiques et les mœurs féodales. « Le comte, dit Markham, avait pour suite, non pas quatre
» laquais, mais une troupe d'au moins cent gentilshommes
» et vassaux bien montés ; il ne se faisait pas précéder
» dans les rues par douze singes en livrée, mais par des
» huissiers à chaînes d'or ; non par des papillons bariolés, toujours courant comme si quelque monstre les
» poursuivait, mais par de grands beaux gaillards, marchant toujours du même pas, qui gardaient sa per-

» sonne. » On retrouve quelque chose de cette fidélité aux vieilles traditions dans cette haine des modes nouvelles dont Shakespeare félicite son ami dans plusieurs de ses sonnets. Le jeune Henry de Southampton, élevé rigidement par sa mère au collége Saint-John, maître ès arts à l'âge de seize ans, avait gardé de ses fortes études un goût passionné pour les lettres. Il était bien, en effet, ce Mécène des poëtes que Shakespeare chante dans ses sonnets. Nashe, le pamphlétaire, lui disait dans la dédicace de ses livres [1] : « Incompréhensible est la hauteur de votre esprit... Il est perdu sans retour le livre qui naufrage sur le rocher de votre jugement. » Le poëte Markham, en lui dédiant une tragédie, l'appelait, dans un sonnet, « la lampe brillante de vertu à la clarté de la- » quelle les hommes mélodieux puisent leur inspiration. » Cambden écrivait de lui qu'il était aussi célèbre par son amour de la littérature que par ses exploits militaires. Sir John Beaumont vantait en vers « cet amour de la science que Southampton exprimait dans sa conversation et par ses égards pour ceux qui avaient un nom dans les arts, en vers et en prose. » Le vieux Florio, dédiant au comte son *Monde des mots*, lui disait en 1598 : « Vraiment » je me reconnais débiteur non-seulement de toute ma » science, mais de tout ce que je suis, et de plus encore, » envers votre généreuse seigneurie à la paye et sous la » protection de laquelle j'ai vécu plusieurs années. Sur » moi et sur beaucoup d'autres, le glorieux et gracieux » rayon de votre honneur a répandu la vie avec la lu- » mière. » Voilà bien ce noble Mécène « sous le patronage duquel toutes les plumes répandaient la poésie. » Ne reconnaît-on pas Henry de Southampton dans ce M. W. H. qui, au dire du poëte des sonnets, *ajoutait des plumes à l'aile de la science* [2] ?

---

[1] The life of Jack Wilton, 1594.
[2] Sonnet CXIX.

Une fois ceci établi, que Henry de Southampton est bien l'homme auquel furent adressés et dédiés les sonnets, le mystère avec lequel ceux-ci furent publiés s'explique aisément. On verra à la fin des sonnets avec quelle insistance Shakespeare presse son jeune ami de se marier. Il lui représente sous toutes les formes et avec une incroyable profusion d'images la nécessité du mariage. Or, on sait qu'en 1598, peu de temps après que ces sonnets furent composés, Southampton épousa, malgré la défense formelle de la reine, une femme dont il était épris depuis plusieurs années [1], la belle mistress Varnon, proche parente du comte d'Essex. La reine Élisabeth qui, pour des raisons diverses, n'avait jamais voulu ou pu se marier, était plus sévère encore pour la virginité d'autrui que pour la sienne. Ainsi que le roi de Navarre, dans *Peines d'amour perdues*, elle avait imposé le célibat comme loi à toute sa cour ; elle voulait, elle aussi, que son palais fût « une petite académie consacrée au repos et à la contemplation. » Comme le roi de la comédie à ses courtisans, Élisabeth avait défendu à Essex et à Southampton d'approcher d'une femme. Le pauvre Southampton se trouvait donc placé, comme Longueville et Dumaine, entre son respect pour la volonté royale et sa passion pour sa belle, entre sa *loyauté* et son amour. La

---

[1] Dès le 3 septembre 1595, Rowland Whyte écrivait confidentiellement à sir Robert Sidney : « Milord Southampton courtise avec une excessive familiarité la belle mistress Varnon, tandis que ses amis, observant l'humeur de la reine envers le comte d'Essex, font ce qu'ils peuvent pour la décider à favoriser ces amours; mais c'est en vain. »
L'hostilité constante de la reine au mariage de Southampton est constatée par ce passage d'une autre lettre du même au même, datée du 1er février 1597 : « Milord de Southampton est fort troublé de l'étrange manière dont le traite Sa Majesté. Quelqu'un lui a joué quelque mauvais tour. M. le secrétaire (Cécil) lui a procuré un permis de voyager. Sa belle maîtresse (Élisabeth Varnon) ne cesse de mouiller de larmes son joli visage. Dieu veuille que le départ du comte ne la frappe pas d'une infirmité (la folie) qui est pour ainsi dire héréditaire dans sa famille. »

poésie venait en aide à la beauté pour entraîner le comte à la rébellion ; Shakespeare plaidait pour le mariage presque aussi éloquemment que mistress Varnon. Dans ses sonnets, dans son poëme allégorique de *Vénus et Adonis*, dans sa comédie de *Peines d'amour perdues*, Shakespeare, montrant à Southampton les charmes de la femme, lui disait : « Marie-toi ! » Mais la reine, lui montrant la Tour de Londres, lui disait : « Ne te marie pas. » Or, c'était une chose grave que de désobéir à la reine-vierge. Walter Scott a admirablement peint, dans *Kenilworth*, la terreur du favori Leicester qui, pour dissimuler jusqu'au bout son union secrète avec Amy Robsart, finit, le misérable ! par la faire tuer dans un guet-apens. C'est sous l'empire de cette même terreur qu'était placé Southampton. Dans une situation aussi critique, le malheureux courtisan résista pendant quatre années aux tentations de l'amour. Mais Shakespeare était là qui lui disait, comme Biron dans la comédie :

Les femmes lancent les étincelles du vrai feu prométhéen, elles sont tous les livres, tous les arts, toutes les académies : elles enseignent, elles élèvent, elles font vivre le monde entier. Sans elles il n'y a personne qui devienne parfait. Fou que vous êtes de renoncer aux femmes !

Ah ! comment résister indéfiniment aux vers éloquents de Shakespeare ? Comment résister toujours aux yeux doux de la belle Varnon ? C'en était trop pour l'infortuné célibataire. Comme dans *Peines d'amour perdues*, la nature finit par l'emporter ; et Southampton finit, comme Longueville, par épouser sa bien-aimée. Toutefois le dénoûment fut beaucoup plus grave dans l'histoire que dans la comédie. Le roi de Navarre, coupable lui-même du crime d'aimer, finit par pardonner à Longueville. Mais la reine d'Angleterre fut impitoyable ; elle envoya Southampton contempler à la Tour de Londres la lune de miel ; et peu s'en fallut, sous prétexte d'un complot imaginaire, que l'ami de Shakespeare n'expiât sur l'échafaud son mariage insurrectionnel.

On comprend maintenant comment les libraires, fort peu audacieux en général, mirent si peu d'empressement à publier les sonnets où cette union téméraire avait été conseillée et où Shakespeare attaquait avec tant de hardiesse le célibat ordonné par la reine. Ce ne fut qu'après la mort d'Élisabeth, quand la terreur inspirée par la fille de Henry VIII fut passée, que les sonnets de Shakespeare trouvèrent un éditeur. Mais alors la haute position qu'occupait Southampton et des considérations de famille durent empêcher qu'on ne livrât sans réserve à la publicité le drame intime où figurait un des premiers personnages de l'Angleterre. Pour dérouter la curiosité des contemporains, l'éditeur imagina la mystérieuse dédicace où les initiales de Henry Wriothesly, comte de Southampton, étaient maintenues, mais interverties; il fit mieux encore : il publia les sonnets dans un désordre prémédité qui en rompait l'unité logique et les rendait presque incompréhensibles, laissant à la postérité patiente le soin d'en deviner l'énigme.

C'est cette énigme que nous avons essayé ici de pénétrer.

III

Placé par sa naissance et par sa profession au niveau de toutes les souffrances, Shakespeare les a toutes connues. Fils d'un artisan sur une terre d'aristocratie, longtemps pauvre dans un pays d'argent, comédien au milieu d'un peuple puritain, il eut à lutter de toutes parts contre des préjugés impitoyables. Il faut lire ses sonnets pour savoir combien lui pesaient cette livrée de bouffon dont le besoin l'avait affublé, et ce métier qui laisse toujours une marque, comme celui du *teinturier* [1]. Le théâtre de Shakespeare, comme celui de Molière, est fait de toutes ces douleurs. Mais Shakespeare ne souffrait pas seulement de ses propres malheurs, il souffrait surtout des malheurs d'autrui ; il trouvait dans son grand cœur une solidarité infinie avec toutes les afflictions ; il se sentait le frère de tous les déshérités, et alors il s'écriait :

> Lassé de tout, j'appelle à grands cris le repos de la mort : lassé de voir le mérite né mendiant, et le dénûment affamé travesti en drôlerie, et la foi la plus pure douloureusement parjurée, et l'honneur d'or honteusement déplacé, et la vertu vierge prostituée à la brutalité, et le juste mérite à tort disgracié, et la force paralysée par le pouvoir boiteux, et l'art bâillonné par l'autorité, et la niaiserie, vêtue en docteur, contrôlant le talent, et le bien captif esclave du capitaine mal [2].

Merci, poëte, de ta douleur ! merci de ces larmes que tu as versées sur tant de plaies vives ! Merci de cette protestation contre la prostitution et la misère ! Merci de ce cri sympathique pour ces vertus vierges que la faim livre à la brutalité, pour ces dénûments que le besoin travestit en drôleries, pour ces mérites nés mendiants qui, travailleurs souvent obscurs, luttent avec tant de courage contre l'iniquité du berceau ! Merci de l'anathème que tu as jeté au pouvoir boiteux paralysant la force, au parjure violant la foi la plus pure, à l'autorité bâillonnant l'art, à la niaiserie pédante contrôlant le génie, au mal triomphant ! Hélas ! à l'aspect de tant d'injustices et d'inégalités, il y a donc eu une heure où tu t'es senti découragé ! En voyant tant de souffrances chez les uns, tant d'indifférence ou de perversité chez les autres, tu t'es donc pris à douter de l'avenir ! L'avenir, de quel côté était-il ? tu le cherchais en vain à tous les coins de l'horizon. Tu invoquais la tolérance, et partout le fanatisme te répondait. Tu jetais du haut de ton théâtre

---

[1] Voyez le c^e sonnet.
[2] Voyez le xlviiie sonnet.

ce grand cri : Humanité! et la moitié de l'Europe se ruait sur l'autre au nom d'un Dieu d'amour; et les catholiques faisaient la Saint-Barthélemy, et les protestants brûlaient Michel Servet, et décapitaient Marie Stuart! Tu faisais ta propagande sublime, et le peuple pour qui tu la faisais courait aux combats de coqs; et les plus avancés te reniaient; et les puritains voulaient fermer ton théâtre, ta chaire, à toi. Alors tu te voilais la face, et tu te sentais désespéré, et tu prenais la vie en dégoût, et tu voulais mourir!

Ah! c'est qu'on n'apercevait pas alors comme aujourd'hui les solutions imminentes. Perdu dans la nuit profonde du moyen âge, tu ne voyais pas poindre encore l'aube sainte du progrès. Les idées dont tu étais épris, les idées de justice, de liberté, de fraternité, ne t'apparaissaient que comme des utopies insaisissables. Tu ne les voyais pas, comme nous, transformées par quatre révolutions en réalités nécessaires. Et voilà pourquoi cet amour de l'humanité, qui fait notre ardeur, faisait ton accablement. Voilà pourquoi tu n'avais pas, comme nous, cette force que donne l'espérance, cette sérénité que donne la foi.

Guernesey, Hauteville house, novembre 1856.

SONNETS

I

A d'autres la satiété! Toi, tu gardes ton désir, désir exubérant qui déborde toujours : moi qui te poursuis sans cesse, je viens par-dessus le marché faire addition à tes tendres caprices.

Toi, dont le désir est si large et si spacieux, ne daigneras-tu pas une fois absorber mon désir dans le tien ? Ton désir sera-t-il toujours si gracieux aux autres sans jeter sur mon désir un rayon de consentement ?

La mer, qui est toute eau, reçoit pourtant la pluie encore, et ajoute abondamment à ses réservoirs : ainsi toi, riche de désir, ajoute à tes désirs la goutte du mien, et élargis ton caprice.

Ne te laisse pas accabler par tant de tentations, bonnes ou mauvaises : confonds-les toutes en une, et aime Will dans ce désir unique (1).

II

Si ton cœur te gronde de me laisser pénétrer ainsi, jure à ton cœur aveugle que Will est ton désir ; et ton cœur sait que le désir est toujours admis chez lui. Donc, ô ma charmante, exauce mon amour au nom de l'amour.

Will remplira toujours le trésor de ton cœur et, en le remplissant de désirs, le remplira de moi. On est à l'aise dans de vastes espaces : dans le nombre, un ne se remarque pas.

Laisse-moi donc passer inaperçu dans la foule, bien que je doive compter pour un au total de tes caprices. Regarde-moi comme rien, pourvu que tu daignes regarder ce rien comme quelque chose qui t'est doux.

N'aimasses-tu de moi que mon nom, aime-le toujours : c'est encore moi que tu aimeras ; car mon nom est Désir.

III

Vois comme la femelle inquiète s'élance pour rattraper un de ses poussins envolés, et, laissant là le nouveau-né, se précipite à tire-d'aile à la poursuite de celui qu'elle voudrait retenir.

Vois comme le petit abandonné la cherche partout et pleure après sa mère, dont l'unique souci est d'atteindre celui qui fuit devant elle, sans s'occuper de la douleur de son pauvre nourrisson.

Tu cours, toi aussi, après celui qui fuit loin de toi, tandis que moi, ton marmot, je te poursuis de loin en arrière. Au moins, si tu attrapes celui que tu espères, retourne vers moi, et fais comme une mère ; embrasse-moi, sois bonne.

Je souhaiterai que tu obtiennes ton désir, si tu reviens calmer les lamentations de Will.

IV

Ces lèvres, que la main même de l'Amour a faites, m'ont dans un murmure jeté ces mots : *je hais*, à moi qui languissais près d'elle ; mais quand elle a vu mon déplorable état,

Vite du fond de son cœur la compassion est venue pour gronder cette langue qui, suave toujours, était en train de prononcer un doux arrêt, et lui en a fait changer la teneur.

Elle a modifié ce *je hais* par une conclusion qui l'a suivi comme un beau jour suit la nuit chassée, ainsi qu'un démon du ciel dans l'enfer.

« Je hais, » avait-elle dit ; mais, reprenant ces mots à la haine, elle m'a sauvé la vie en ajoutant : — Pas vous !

V

Que de fois, ô ma vivante musique, quand tu joues de la musique sur ce bois bienheureux dont la vibration résonne sous tes doigs harmonieux, quand tu règles si doucement l'accord métallique qui ravit mon oreille,

J'envie les touches (2) qui, dans leurs bonds agiles, baisent le tendre creux de ta main, tandis que mes pauvres lèvres, qui devraient recueillir cette récolte, restent près de toi toutes rouges de la hardiesse du bois !

Pour être ainsi caressées, elles changeraient bien d'état

et de place avec les touches dansantes sur lesquelles tes doigts se promènent d'une si douce allure, rendant le bois mort plus heureux que des lèvres vivantes.

Puisque ces petites effrontées en sont si joyeuses, donne-leur tes doigts à baiser, mais donne-moi tes lèvres.

VI (3)

Si musique et douce poésie s'accordent comme le doivent deux sœurs, alors nous devons bien nous aimer, toi et moi, car tu aimes l'une et j'aime l'autre.

Ton goût est pour Dowland (4), dont la touche céleste sur le luth ravit les sens humains; le mien est pour Spenser (5), dont la pensée est si profonde que, dépassant toute pensée, elle échappe à l'éloge.

Tu aimes entendre le doux son mélodieux que Phébus tire de son luth, ce roi de la musique, et moi je suis surtout noyé dans des délices profondes quand il se met à chanter.

Poésie et musique ont le même Dieu, dit la Fable: toutes deux ont le même amoureux, car toutes deux vivent en toi.

VII

Oh ! ne me demande pas d'excuser le mal que ta cruauté fait subir à mon cœur. Blesse-moi, non avec tes yeux, mais avec ta langue : use puissamment de ta puissance, mais ne mets pas d'art à me tuer.

Dis-moi que tu aimes ailleurs, mais, devant moi, cher cœur, abstiens-toi de jeter de côté tes œillades. Qu'as-tu besoin de ruse pour me blesser, quand ton pouvoir excède déjà mes trop faibles moyens de défense?

Faut-il pour t'excuser que je dise : Ah! elle sait, ma bien-aimée, que ses jolis regards sont mes pires ennemis; aussi les détourne-t-elle de ma face pour en diriger les coups ailleurs?

Va, n'en fais rien; mais, puisque tu m'as presque tué, achève-moi sous tes regards et termine ma souffrance.

VIII

Sois prudente dans ta cruauté : n'accable pas ma patience jusqu'ici muette de trop de dédains, de peur que le désespoir ne me prête des paroles, et que ces paroles n'expriment le ressentiment de ma douleur méprisée.

Si je pouvais t'enseigner la prudence, mieux vaudrait, vois-tu, amour, quand tu ne m'aimerais pas, me dire que tu m'aimes; de même qu'aux malades moroses, dont la mort est proche, les médecins ne parlent que de guérison.

Car, si je désespérais, je deviendrais fou, et dans ma folie je pourrais mal parler de toi. Maintenant le monde perverti est devenu si méchant que de folles médisances sont crues par ses folles oreilles.

Oh! pour qu'il n'en soit pas ainsi et que tu ne sois pas calomniée, regarde-moi en face, quand même la coquetterie égarerait ton cœur.

IX

Dans le vieux temps, la brune n'était pas trouvée belle, ou, si elle l'était, elle ne portait pas le nom de la beauté (6). Mais aujourd'hui la brune hérite de la beauté par succession, et la calomnie par des attraits bâtards.

Depuis que la main humaine a usurpé le pouvoir de la nature, en embellissant la laideur par un masque mensonger, la beauté idéale n'a plus de nom, plus de moment sacré, mais elle est profanée, si elle ne vit pas en disgrâce.

Les yeux de ma maîtresse sont noirs comme le corbeau, et cette couleur leur sied; car ils semblent porter le deuil de toutes ces beautés qui, n'étant pas nées blondes, calomnient la création par une fausse apparence.

Mais la couleur du deuil va si bien à ses yeux chagrins que tout le monde dit : « La beauté devrait être brune. »

X

Telle que tu es, tu es aussi tyrannique que celles que rend cruelles l'orgueil de leur beauté : car tu sais bien que, pour mon pauvre cœur qui radote, tu es le plus charmant et le plus précieux bijou.

Pourtant, il faut l'avouer, il en est qui disent en te voyant que ton visage n'a pas le pouvoir de faire soupirer l'amour ; je n'ose pas dire qu'ils se trompent, bien que je me le jure à moi-même.

Et, pour prouver que je jure la vérité, mille soupirs, à la seule pensée de ta personne, viennent, les uns à la suite des autres, témoigner que tes yeux noirs sont pour moi les plus beaux.

Tu n'es noire en rien, si ce n'est en tes actions : et ce sont elles, à mon avis, qui donnent lieu à la calomnie.

XI

J'aime tes yeux, et eux, comme s'ils sympathisaient avec moi, en voyant ton cœur m'accabler de dédains, ils ont pris le noir, et, sous ce deuil adorable, ils jettent sur ma peine leur joli regard attendri.

Et vraiment le rayon de soleil du matin ne sied pas mieux aux joues grises de l'Orient, et l'astre épanoui, qui annonce le soir, ne donne pas autant d'éclat à l'austère couchant

Que ces deux yeux en deuil à ton visage. Oh! puisse ton cœur aussi se mettre en deuil pour moi, puisque le deuil te va si bien! Et puisse la pitié te parer tout entière!

Alors je jurerai qu'il n'y a de beauté que la brune, et qu'elles sont toutes laides celles qui n'ont pas ton teint.

XII

Les yeux de ma maîtresse n'ont rien de l'éclat du soleil. Le corail est beaucoup plus rouge que le rouge de ses lèvres; si la neige est blanche, certes sa gorge est brune. S'il faut pour cheveux des fils d'or, des fils noirs poussent sur sa tête.

J'ai vu des roses de Damas, rouges et blanches, mais je n'ai pas vu sur ses joues de roses pareilles : et certains parfums ont plus de charme que l'haleine qui s'exhale de ma maîtresse.

J'aime à l'entendre parler, et pourtant je sais bien que la musique est beaucoup mieux harmonieuse. J'accorde que je n'ai jamais vu marcher une déesse : ma maîtresse, en se promenant, reste pied à terre.

Et cependant, par le ciel ! je trouve ma bien-aimée aussi gracieuse que toutes les donzelles calomniées par une fausse comparaison.

XIII

Ainsi, il n'en est pas de moi comme de cette muse dont une beauté peinte exalte le vers, qui emploie le ciel même comme ornement, et rapproche les plus charmantes choses des charmes de l'objet aimé ;

L'accouplant dans une comparaison ambitieuse avec le soleil et la lune, avec les pierres précieuses de la terre et de la mer, avec les fleurs premières-nées d'avril et toutes les choses rares que l'air du ciel enserre sur ce globe immense.

Oh ! que du moins, vrai en amour, je n'écrive que la vérité ; et crois-moi alors, l'être que j'aime est aussi charmant que peut l'être une créature née d'une mère, bien que moins splendide que les flambeaux d'or fixés dans le ciel éthéré.

Que ceux-là en disent plus qui se plaisent aux belles paroles; moi, je ne veux pas tant vanter ce que je n'entends pas vendre.

XIV

Peux-tu dire, ô cruelle, que je ne t'aime pas, quand contre moi-même je prends ton parti? Est-ce que je ne pense pas à toi quand je m'oublie tout entier pour toi, ô despote?

Quel ennemi as-tu que j'appelle mon ami? Quel est celui auquel tu montres un front sévère que je flatte? Si tu me menaces d'un orage, ne fais-je pas tomber ce châtiment sur moi-même en larmes subites?

Quel mérite estimé-je en moi, qui soit assez superbe pour dédaigner ton service, lorsque ce que j'ai de plus noble adore tes défauts même, obéissant à un mouvement de tes yeux?

Mais non, hais-moi, amour! je connais maintenant ton goût; tu aimes ceux qui voient clair, et je suis aveugle.

XV

O toi, aveugle fou, Amour, que fais-tu à mes yeux, pour qu'ils regardent ainsi sans voir ce qu'ils voient? Ils savent ce qu'est la beauté, ils voient où elle se trouve;

pourtant pour ce qu'il y a de meilleur ils prennent ce qu'il y a de pire.

Si mes yeux, corrompus par un regard plus que partial, sont ainsi mouillés dans une baie que sillonnent toutes les proues, pourquoi as-tu forgé d'illusions l'ancre où est lié le jugement de mon cœur?

Pourquoi mon cœur considère-t-il comme un parc réservé ce qu'il sait bien être la place publique de l'univers? Pourquoi mes yeux voyant cela disent-ils : Cela n'est pas, et revêtent-ils d'éclatante pureté une face si noire?

C'est que mon cœur et mes yeux ont perdu le chemin du vrai et sont maintenant égarés par une fausseté fatale.

XVI

Quand ma bien-aimée me jure qu'elle est faite de pureté, je la crois, bien que je sache qu'elle ment, afin qu'elle puisse me prendre pour quelque jeune novice, ignorant les fausses subtilités du monde.

Ainsi, me figurant vainement qu'elle se figure que je suis jeune, bien qu'elle sache que mes plus beaux jours sont passés, je me fie simplement à sa parole menteuse : des deux côtés ainsi la simple vérité est bannie.

Mais pourquoi ne dit-elle pas qu'elle est impure, et pourquoi ne dis-je pas que je ne suis plus jeune? Ah! c'est que la meilleure habitude en amour est la confiance apparente, et que l'âge amoureux n'aime pas qu'on lui dise ses années.

Aussi je mens avec elle, et elle ment avec moi, et nous nous leurons sur nos défauts par des mensonges.

XVII

Mon amour est comme une fièvre toujours altérée de ce qui l'alimente incessamment : il se nourrit de ce qui perpétue sa souffrance pour satisfaire son appétit troublé et morbide.

Ma raison, médecin de mon amour, fâchée de ce que ses prescriptions ne sont pas suivies, m'a abandonné, et moi, désormais désespéré, je reconnais que l'affection que combattait la science est mortelle.

Ma raison étant impuissante, je suis désormais incurable, et je délire frénétiquement dans une incessante agitation. Mes pensées et mes paroles sont, comme celles des fous, de vaines et fausses divagations.

Car j'ai juré que tu es blanche et cru que tu es radieuse, toi qui es noire comme l'enfer et ténébreuse comme la nuit.

XVIII

Hélas! comment l'amour m'a-t-il mis en tête ces yeux qui ne sont pas en rapport avec la réalité? Ou, s'ils y sont, où mon jugement s'égare-t-il pour apprécier si faussement ce qu'ils voient juste?

Si celle dont mes yeux prévenus radotent est belle,

que prétend le monde en déclarant qu'elle ne l'est pas ? Si elle ne l'est pas, alors l'amour prouve bien que son oui est loin d'être aussi juste que le non de tous les hommes.

Comment le serait-il ? Oh ! comment l'amour verrait-il juste, lorsque ses yeux sont ainsi fatigués par l'insomnie et par les pleurs ? Rien d'étonnant alors que je me méprenne sur ce que je vois : le soleil même ne voit pas jusqu'à ce que le ciel s'éclaircisse.

O rusée bien-aimée ! tu m'aveugles de larmes, de peur que mes yeux clairvoyants ne découvrent tes noirs défauts.

XIX

En vérité, je ne t'aime pas avec mes yeux, car ils remarquent en toi mille défauts : mais c'est mon cœur qui, aimant ce que mes yeux méprisent, se plaît à radoter en dépit de ma vue.

Mes oreilles ne sont pas non plus charmées par le son de ta voix ; chez moi, ni le tact délicat, sensible aux attouchements grossiers, ni le goût, ni l'odorat ne désirent être invités à une orgie sensuelle en tête-à-tête avec toi.

Ni mes cinq esprits, ni mes cinq sens ne peuvent dissuader de te servir ce cœur imbécile qui, laissant libre en moi l'homme extérieur, se fait l'esclave et le vassal misérable de ton cœur hautain.

Tout ce que je gagne à mon mal est que celle qui me fait pécher m'inflige aussi la peine.

XX

Oh! de quelle puissance tiens-tu cette faculté toute-puissante de dominer mon cœur du haut de ton insuffisance, de me forcer à donner un démenti à l'évidence et à jurer que le jour brille de moins d'éclat que toi?

D'où tires-tu le charme que tu prêtes aux choses mauvaises? Comment, dans le rebut même de tes actions, y a-t-il tant de force et tant de prestige qu'à mes yeux tes défauts sont supérieurs à toutes les perfections?

Par quel art te fais-tu aimer de moi d'autant plus que j'apprends et que je vois en toi de nouveaux sujets de haine? Oh! quoique j'aime ce que d'autres abhorrent, tu ne devrais pas comme d'autres voir ma condition avec horreur.

Si ton indignité m'a inspiré l'amour, je n'en suis que plus digne d'être aimé de toi.

XXI

L'amour est mon péché, et ta vertu profonde est la haine, haine de mon péché fondé sur un amour pécheur. Oh! compare seulement ma situation à la tienne, et tu verras qu'elle ne mérite pas cette réprobation;

Ou, si elle la mérite, ce n'est pas de tes lèvres qui ont profané leurs ornements écarlates, et scellé de faux engagements d'amour aussi souvent que les miennes, volant aux lits des autres leur légitime revenu.

Sache-le, mon amour pour toi est aussi justifiable que ton amour pour ceux que tes yeux courtisent, comme les miens t'importunent. Enracine la pitié dans ton cœur afin que, lorsqu'elle y croîtra, ta pitié puisse te valoir la pitié des autres.

Autrement, quand tu chercheras ce bonheur que tu me dérobes, puisses-tu, d'après ton exemple, n'essuyer que refus !

XXII

En t'aimant tu sais que je suis parjure ; mais toi, en me jurant ton amour, tu es parjure deux fois ; déloyale envers le lit d'un autre, tu as déchiré ta foi nouvelle, en me vouant ta haine après m'avoir promis ton amour.

Mais pourquoi t'accuserais-je de deux serments violés, quand j'en viole vingt ? C'est moi qui suis le plus parjure : car je jure par tous les vœux de te réprouver, et tu me fais oublier toutes mes paroles d'honneur ;

Car j'ai attesté par des serments profonds ta profonde tendresse, ton amour, ta sincérité, ta constance, et, pour te faire lumineuse, j'ai aveuglé mes yeux, ou je leur ai fait jurer le contraire de ce qu'ils voyaient.

Car j'ai juré que tu es belle, me parjurant encore pour jurer contre la vérité une fausseté si noire !

XXIII

Cupidon, ayant posé près de lui sa torche, s'endormit : une des vierges de Diane saisit cette occasion et plongea vite la torche de l'amour dans la froide fontaine d'une vallée du pays.

La source emprunta à ce feu sacré de l'amour une chaleur vitale inépuisable, éternelle, et devint un bain bouillant où les hommes trouvent encore un remède souverain contre d'étranges maladies.

Mais l'enfant a rallumé sa torche aux yeux de ma maîtresse et a voulu absolument, pour l'essayer, toucher mon cœur. Pris d'un mal intérieur, j'ai voulu recourir à ce bain, et j'y suis vite allé, hôte triste et fiévreux,

Mais je n'y ai pas trouvé la guérison ; le bain qu'il me faut se trouve là même où Cupidon a rallumé sa torche : — dans les yeux de ma maîtresse.

XXIV

Le petit dieu d'amour, gisant un jour endormi, déposa à son côté sa torche qui enflamme les cœurs. Cependant une foule de nymphes, qui avaient juré de garder chaste vie, vinrent à pas légers près de lui : puis, de sa main virginale,

La plus belle vestale enleva ce flambeau qui avait embrasé des légions de cœurs innocents, et ainsi le général du chaud désir dormait désarmé par une main de vierge.

Elle éteignit ce flambeau dans une source glacée d'alentour, qui reçut du feu de l'amour une perpétuelle chaleur et devint un bain fort salutaire pour les hommes malades : moi pourtant, esclave de ma maîtresse,

J'y suis allé pour me guérir, et j'ai trouvé que le feu

de l'amour échauffe l'eau, et que l'eau ne refroidit pas l'amour.

XXV

L'Amour est trop jeune pour savoir ce que c'est que le remords, et qui ne sait pourtant que le remords est né de l'amour? Alors, gentille délatrice, ne me reproche pas ma faiblesse, de peur que tu ne sois toi-même reconnue coupable de mes fautes.

Car c'est parce que tu m'entraînes que j'entraîne la plus noble partie de moi-même aux trahisons de mon corps grossier ; mon âme dit à mon corps qu'il peut triompher en amour ; ma chair n'attend pas d'autre raison ;

Mais, se dressant à ton nom, elle te vise comme sa prise triomphante. Dans la fierté de cette ardeur, elle se contente d'être ton humble manœuvre, debout pour ton service, puis retombant à ton côté.

Ne me reproche donc pas un manque de conscience, si j'appelle ma bien-aimée celle pour qui je suis prêt ainsi à l'élévation comme à la chute.

XXVI

La satisfaction de la luxure, c'est l'épuisement de l'âme en prodigalité de honte : jusqu'à ce qu'elle soit satisfaite, la luxure est parjure, meurtrière, sanguinaire, infâme, sauvage, extrême, brutale, cruelle, déloyale.

Aussitôt assouvie, aussitôt méprisée. Poursuivi hors de raison, à peine son désir est-il atteint qu'il est maudit hors de raison, comme une fatale amorce mise exprès pour rendre fou celui qui l'avale.

Folle dans la poursuite, elle l'est aussi dans la possession : ayant eu, elle veut encore, extrême dans son exigence : béatitude à l'épreuve; après l'épreuve, vraie douleur; d'abord, joyeux projet, rêve ensuite!

Le monde sait tout cela, et pourtant nul ne sait éviter le ciel qui mène les hommes à cet enfer.

*

XXVII

Maudit soit le cœur qui fait gémir mon cœur de la double blessure faite à mon ami et à moi! N'était-ce pas assez de me torturer seul, sans que mon meilleur ami fût asservi à cette servitude?

Tes yeux cruels m'ont enlevé à moi-même; mais, ce qui est plus dur, tu as accaparé mon autre moi-même. Je suis abandonné de lui, de moi-même et de toi, — triple tourment à subir.

Emprisonne mon cœur dans le cachot de ton cœur d'acier, mais qu'alors mon pauvre cœur serve de caution au cœur de mon ami! Si je suis captif, que, lui, du moins mon cœur le garde; tu ne pourras plus alors rendre ma prison si rigoureuse.

Et pourtant tu le feras toujours; car, puisque je suis enfermé en toi, tu me possèdes forcément, moi et tout ce qui est en moi.

XXVIII

Ainsi, je viens de l'avouer, mon ami t'appartient, et je me suis moi-même hypothéqué à ton caprice. Je m'abandonne à toi tout entier, si tu veux me restituer mon autre moi-même pour ma perpétuelle consolation.

Mais tu ne veux pas, toi, le laisser libre, et il ne veut pas l'être, car tu es cupide, et il est généreux. Il n'a voulu que me prêter sa garantie en souscrivant l'engagement qui le lie ainsi envers toi.

Tu veux toucher le billet passé à l'ordre de ta beauté, ô usurière qui places tout à intérêt, et tu poursuis mon ami qui ne s'est endetté que pour moi : ainsi je le perds par ma cruelle indiscrétion.

C'est moi qui l'ai perdu : nous t'appartenons tous deux : et il a beau tout payer, je n'en suis pas plus libre.

XXIX

J'ai deux amours : l'un, ma consolation ; l'autre, mon désespoir, qui comme deux esprits ne cessent de me tenter. Mon bon ange est un homme vraiment beau, et mon mauvais est une femme fardée.

Pour m'attirer vite en enfer, mon démon femelle entraîne loin de moi mon bon ange, et tâche de séduire mon saint pour en faire un diable, poursuivant sa pureté de sa ténébreuse ardeur.

Mon bon ange est-il devenu démon? Je puis le soupçonner sans l'affirmer directement. Mais, tous deux s'étant éloignés de moi et tous deux étant amis, j'imagine que le bon ange est dans l'enfer de l'autre.

Pourtant je n'en serai jamais sûr, et je vivrai dans le doute, jusqu'à ce que mon mauvais ange ait embrasé le bon.

XXX

J'ai bien vu maintes fois l'aurore glorieuse caresser le sommet des monts d'un regard souverain, effleurant de se face d'or les prairies vertes et dorant les pâles rivières par une céleste alchimie;

Puis tout à coup laisser les plus infimes nuages écraser de leur roue hideuse sa figure céleste, et, cachant son visage au monde désolé, s'enfuir, inaperçue, dans l'ouest avec cet affront.

Ainsi, à l'aube d'une matinée, mon soleil a jeté sur mon front sa triomphante splendeur. Mais c'est fini, hélas! je ne l'ai eu qu'une heure; les nuages me l'ont masqué désormais.

Pourtant mon amour ne le dédaigne nullement pour cela; les soleils de ce monde peuvent s'éclipser quand le soleil du ciel s'éclipse.

XXXI

Pourquoi, ami, m'as-tu promis un si beau jour et m'as-tu fait sortir sans mon manteau, si c'est pour laisser d'infimes nuages me surprendre en route et cacher ta splendeur dans leur fumée corrompue?

Il ne suffit pas que tu perces à travers le nuage pour sécher la pluie sur ma face battue des tempêtes : car nul ne peut bénir le baume qui cicatrise la blessure sans guérir la souffrance.

Ton remords n'est pas un remède à ma douleur; tous tes regrets ne réparent pas ma perte. Le chagrin de l'offenseur ne cause qu'un faible soulagement à celui qui porte la lourde croix de l'offense.

Ah! mais ces larmes sont des perles que ton affection répand, et ces riches perles sont la rançon de tous tes torts.

XXXII

N'aie plus de chagrin de ce que tu as fait : les roses ont l'épine, et les sources d'argent la boue ; les nuages et les éclipses cachent le soleil et la lune ; et le chancre répugnant vit dans le plus suave bourgeon.

Tout homme fait des fautes, et j'en fais une moi-même en autorisant tes torts de mes comparaisons, me corrompant moi-même pour panser tes coups et trouvant à tes méfaits une excuse qui les dépasse.

Car je donne une explication à ta faute sensuelle, ton adversaire se fait ton avocat, et je commence contre moi-même une plaidoirie en forme. La guerre civile est entre mon affection et ma rancune.

Si bien que je ne puis m'empêcher d'être l'auxiliaire de ce doux fripon qui me vole amèrement.

XXXIII

Prends toutes mes amours, mon amour, va, prends-les toutes : qu'auras-tu donc de plus que ce que tu avais d'abord ? Il n'est pas d'amour, mon amour, qui m'appartienne réellement. Tout ce qui est à moi était à toi, avant que tu me prisses cela encore.

Si tu comprends mes affections dans mon affection, je ne puis te blâmer, car tu disposes de mon affection; mais sois blâmé si tu te trahis toi-même en goûtant complaisamment de ce que toi-même tu réprouves.

Je te pardonne ton larcin, gentil voleur, bien que tu fasses main basse sur tout mon pauvre avoir; et pourtant l'affection sait que c'est une plus grande douleur de subir l'outrage de l'affection que l'injure prévue de la haine.

O grâce lascive qui donnes du charme au mal même ! Va, tue-moi de dépit; nous ne pouvons pas être ennemis.

XXXIV

Que ton caprice commette tous ces péchés mignons, quand parfois je suis absent de ton cœur, c'est chose naturelle à ton âge et à ta beauté : car la tentation te suit partout où tu es.

Tu es tendre, donc fait pour être séduit; tu es beau,

donc fait pour être assailli (7). Et, quand une femme le courtise, quel est le fils de femme assez revêche pour la quitter avant qu'elle ait prévalu?

Hélas! pourtant tu aurais pu respecter mon domaine et gronder ta beauté et ta jeunesse vagabonde de t'entraîner dans leur débauche là où tu es forcé de violer une double foi :

Celle qu'elle me doit, par la tentation où ta beauté l'entraîne; celle que tu me dois, par ton infidélité.

XXXV

Qu'elle soit à toi, ce n'est pas là tout mon chagrin; et cependant on peut dire que je l'ai bien aimée; mais que tu sois à elle, voilà ma suprême douleur : cette perte d'amour-là m touche de bien plus près.

O mes offenseurs chéris, voici comment je vous excuse; toi, tu l'aimes, parce que tu sais que je l'aime; elle, c'est encore pour moi qu'elle me trompe en permettant à mon ami de l'apprécier à cause de moi.

Si je te perds, ma perte fait le gain de ma bien-aimée; et, si je la perds, c'est mon ami qui profite de la perte; si je vous perds tous deux, tous deux vous vous trouvez ensemble, et c'est encore pour mon bénéfice que vous me faites porter cette croix.

Ce qui me console, c'est que mon ami et moi, nous ne faisons qu'un : douce flatterie! il n'y a donc que moi qu'elle aime.

XXXVI

Lord de mon amour (8), toi dont le mérite a impérieusement réduit mon dévouement en vasselage, je t'envoie cette ambassade écrite, comme hommage de mon attachement, non comme preuve de mon esprit ;

Attachement si grand qu'un pauvre esprit comme le mien peut le faire paraître nu, manquant de mots pour le présenter. Mais j'espère que quelque bonne pensée l'abritera, tout nu qu'il est, au fond de ton âme,

Jusqu'au jour où l'étoile inconnue, dont les mouvements me guident, jettera gracieusement sur moi quelque brillant rayon, et parera mon amour déguenillé de façon à le rendre digne de ton ineffable attention.

Alors j'oserai te dire hautement comme je t'aime ; jusque-là je ne m'exposerai pas à ce que tu me mettes à l'épreuve.

XXXVII

Semblable à un acteur imparfait qui en scène est jeté par sa timidité hors de son rôle, ou à un être en délire qui, emporté par trop de frénésie, sent son cœur s'affaiblir par l'excès de la force,

J'oublie, par manque de confiance, de parler exactement suivant les formes prescrites par le rite d'amour, et je semble défaillir sous la force de mon amour, accablé de tout le poids de sa puissance.

Oh! que mes écrits soient donc les éloquents et muets interprètes de mon cœur qui te parle : ils plaident mieux pour mon amour et méritent plus d'égards que cette langue qui en a déjà trop dit.

Oh! apprends à lire ce que mon amour silencieux a écrit : il appartient à l'esprit sublime de l'amour d'entendre avec les yeux.

XXXVIII

Que ceux qui sont en faveur auprès de leur étoile se parent des honneurs publics et des titres superbes, tandis que moi, que la fortune prive de tels triomphes, je jouis d'un bonheur inespéré qui est pour moi l'honneur suprême.

Les favoris des grands princes n'étalent leurs belles feuilles que comme le souci sous l'œil du soleil ; leur orgueil gît enseveli en eux-mêmes, car ils meurent à leur gloire sur un froncement de sourcil.

Le guerrier éprouvé, fameux dans les batailles, s'il est vaincu une fois après mille victoires, voit son nom rayé du livre de l'honneur et tous ses travaux oubliés.

Heureux suis-je donc, moi qui aime et suis aimé, sans pouvoir infliger la disgrâce ni la subir !

XXXIX

Tu as une figure de femme, peinte de la main même de la nature, ô toi, maître-maîtresse de ma passion (9) ! Tu as un tendre cœur de femme, mais ne connaissant pas l'humeur changeante à la mode chez ces trompeuses ;

Tu as des yeux plus brillants que les leurs, et moins faux dans leurs œillades, qui dorent l'objet sur lequel ils se fixent : homme, tu domines tout éclat de ton éclat suprême, ravissant les yeux des hommes, fascinant l'âme des femmes.

Tu fus d'abord créé pour être femme. Puis, quand la nature t'eut fait, elle raffola, et par une addition elle me dérouta de toi, en t'ajoutant une chose qui ne me sert de rien.

Mais, puisqu'elle t'a armé pour le plaisir des femmes, à moi ton amour, à elles les trésors de jouissances de ton amour !

XL

Mon œil s'est fait peintre et a fait resplendir la forme de ta beauté sur le tableau de mon cœur ; ma personne est le cadre qui l'enferme ; et c'est un chef-d'œuvre de perspective :

Car, habileté suprême, c'est dans le peintre même qu'il faut regarder pour trouver ton vivant portrait, pendu dans l'échoppe de mon cœur, dont les fenêtres ont tes yeux pour vitres.

Vois donc comme tes yeux et les miens s'aident réciproquement! Mes yeux ont dessiné tes traits, et tes yeux sont les fenêtres de mon cœur, à travers lesquelles le soleil aime à se glisser pour t'y contempler.

Pourtant il manque à mes yeux une science pour embellir leur art. Ils ne dessinent que ce qui se voit; ils ne connaissent pas mon cœur.

XLI

Mes yeux et mon cœur se font une guerre à mort pour se disputer la conquête de ton image. Mes yeux refusent à mon cœur la vue de tes traits, et mon cœur refuse ce privilége à mes yeux.

Mon cœur allègue que tu l'as pris à demeure, retraite où n'ont jamais pénétré des yeux de cristal. Mais les défendants repoussent cette plaidoirie en disant que ta charmante image est fixée en eux.

Un jury de pensers, tous tenanciers de mon cœur, s'est assemblé pour décider le cas, et a adjugé par son verdict une moitié à mes yeux limpides, l'autre à mon tendre cœur.

En vertu de quoi, ta beauté extérieure revient à mes yeux, et mon cœur a droit à l'affection intime de ton cœur.

XLII

Mes yeux et mon cœur ont conclu une ligue et se rendent maintenant de mutuels services : quand mes yeux ont faim d'un regard, ou que mon cœur épris étouffe sous les soupirs,

Alors mes yeux se repaissent de ton image bien-aimée et invitent mon cœur à ce banquet en effigie ; une autre fois, mes yeux sont les convives de mon cœur et prennent leur part de ses pensées d'amour.

Ainsi, grâce à ma vue ou grâce à mon affection, tu ne cesses, même absent, d'être présent pour moi. Car tu ne peux aller plus loin que mes pensées, et je suis toujours avec elles, et elles sont toujours avec toi ;

Ou, si elles sommeillent, ton image, en m'apparaissant, réveille mon cœur pour la joie de mon cœur et de mes yeux.

XLIII

Lorsque, en disgrâce auprès de la fortune et des hommes, je pleure tout seul sur ma destinée proscrite ; lorsque, troublant le ciel sourd de mes cris stériles, je me regarde et maudis mon sort ;

Quand, jaloux d'un autre plus riche d'espérance, je lui envie ses traits et les amis qui l'entourent, me souhaitant le talent de celui-ci et la puissance de celui-là, satisfait le moins de ce dont je suis le plus doué ;

Si, au milieu de ces pensées où je vais me mépriser moi-même, je pense par hasard à toi, — alors, comme l'alouette s'envolant au lever du jour de la sombre terre, ma vie chante un hymne à la porte du ciel.

Car le souvenir de ton doux amour m'apporte une telle richesse que je dédaignerais de changer avec les rois.

XLIV

Quand aux assises de ma pensée doucement recueillie j'assigne le souvenir des choses passées, je soupire au défaut de plus d'un être aimé, et je pleure de nouveau, avec mes vieilles douleurs, ces doux moments disparus.

Alors je sens se noyer mes yeux inhabitués aux larmes, en songeant aux précieux amis perdus dans la nuit sans fin de la mort. Je donne de fraîches larmes à des chagrins de cœur dès longtemps effacés, et je gémis sur l'absence de plus d'une image évanouie.

Alors je me lamente sur les lamentations passées, et je refais péniblement de douleur en douleur le triste compte des souffrances déjà souffertes, et je le solde de nouveau comme s'il n'était pas déjà soldé.

Mais si pendant ce temps je pense à toi, cher ami, toutes mes pertes sont réparées et tous mes chagrins finis.

XLV

Ton sein s'est enrichi de tous ces cœurs que je supposais morts parce qu'ils me manquaient ; en toi je retrouve mes amours, et toutes les tendres effusions de ma tendresse, et toutes ces affections que je croyais ensevelies.

Que de larmes saintes et funèbres a dérobées à mes yeux un tendre et religieux attachement, intérêt payé à des morts qui ne sont maintenant pour moi que des êtres lointains qui gisent cachés en toi !

Tu es la tombe où vit mon amour enseveli, décorée du trophée de mes affections passées qui t'ont rendu chacune la part qu'elles avaient de moi. Le bien de tant d'autres est désormais tout à toi.

Je vois en toi les images que j'ai aimées, et toi, les réunissant toutes, tu me possèdes tout entier.

XLVI

Mieux vaut ici-bas être vil que de passer pour vil, alors que, ne l'étant pas, on subit le reproche de l'être. Le bonheur le plus légitime est condamné, quand il est jugé, non par notre conscience, mais par l'opinion d'autrui.

Pourquoi faut-il que les regards faux et viciés du monde s'inclinent sur ma fantaisie, ou que dans mes faiblesses j'aie des espions plus faibles que moi qui, selon leur caprice, jugent mauvais ce que je trouve bon?

Non, je suis ce que je suis : et ceux qui s'attaquent à mes fautes ne font que me prêter les leurs. Je puis encore être droit, bien qu'eux-mêmes soient tortueux, et mes actions ne doivent pas être jugées sur leurs pensées grossières.

A moins qu'ils n'affirment cette loi universelle du mal :
L'humanité est pécheresse et règne dans son péché.

XLVII

Laisse-moi te dire que tous deux nous devons rester deux, bien que nos cœurs indivis ne fassent qu'un : ainsi les flétrissures qui s'attachent à moi, je les supporterai seul et sans ton aide.

Dans nos deux amours nous n'avons qu'une dignité, malgré la fatalité qui sépare nos deux vies et qui, sans altérer en rien l'effet unique de l'affection, dérobe à ses jouissances tant de douces heures.

Je dois désormais cesser de te reconnaître, de peur que mon ignominie pleurée ne te fasse honte. Et tu ne peux plus m'honorer d'une bienveillance publique sans retirer cet honneur à ton nom.

Ne fais pas cela : je t'aime de telle sorte que, comme tu es à moi, à moi est ta réputation.

XLVIII

Lassé de tout, j'invoque le repos de la mort : lassé de voir le mérite né mendiant, et la pénurie besogneuse affublée en drôlerie, et la foi la plus pure douloureusement violée,

Et l'honneur d'or honteusement déplacé, et la vertu vierge brutalement prostituée, et le juste mérite à tort disgracié, et la force paralysée par un pouvoir boiteux,

Et l'art bâillonné par l'autorité, et la folie, vêtue en docteur, contrôlant le talent, et la simple loyauté traitée de simplicité, et le Bien captif serviteur du capitaine Mal...

Lassé de tout cela, je voudrais m'y soustraire, si pour mourir je ne devais laisser seul mon amour.

XLIX

Oh ! comment pourrais-je chanter tes mérites avec convenance, quand tu es la meilleure partie de moi-même? Que me servirait de faire mon propre éloge, et ne fais-je pas mon éloge en faisant le tien?

Ne fût-ce que pour cela, vivons donc séparés ; que notre tendre affection ne soit plus l'identité ; et, grâce à cette séparation, je pourrai te payer le tribut que toi seul mérites.

O absence ! quelle torture tu serais, si tes loisirs amers ne me permettaient pas de charmer le temps par la pensée de mon amour, et de tromper dans cette douce rêverie le temps et ma pensée,

Si tu ne savais faire deux êtres d'un seul pour faire louer celui qui reste par celui qui s'en va !

L

Comme j'avance péniblement sur la route, quand le lieu où je vais, but de mon pénible voyage, fait dire à mon repos, fait dire à mon bonheur : « Tous les milles que tu mesures t'éloignent d'autant de ton ami. »

La bête qui me porte, accablée de ma douleur, se traîne tristement pour porter ce poids en moi ; comme si, par quelque instinct, la malheureuse savait que son cavalier n'aime pas la vitesse qui l'éloigne de toi.

L'éperon sanglant ne peut plus l'exciter, quand parfois ma colère l'enfonce dans sa peau ; elle y répond par un gémissement pénible, plus douloureux pour moi que l'éperon pour son côté.

Car ce gémissement me rappelle que mon ennui est en avant, et ma joie en arrière.

LI

Ainsi mon affection sait excuser la fastidieuse lenteur de ma triste monture, quand je m'éloigne de toi : car pourquoi m'enfuirais-je en hâte des lieux où tu es ? Avant que je revienne, il n'est pas besoin d'un train de poste.

Oh ! quelle excuse ma pauvre bête trouvera-t-elle à cette heure du retour, où la vitesse extrême ne pourra que me sembler lente ? Alors j'emploierais l'éperon, fussé-je monté sur le vent, car sa course ailée me paraîtrait immobile.

Alors, pas de cheval qui puisse emboîter le pas avec mon désir ; aussi mon désir, fait du plus pur amour, hennira-t-il, coursier idéal, dans toute l'ardeur de son élan ; et mon amour, trouvant en lui-même l'excuse de mon haridelle, dira :

« Puisqu'en quittant l'être aimé elle allait si volontiers

tout doucement, moi, je cours vers lui : qu'elle aille comme elle voudra ! »

LII

Quel soin j'ai eu, quand je me suis mis en voyage, de serrer sous les plus solides verrous la moindre bagatelle, afin qu'elle restât intacte pour mon usage dans un dépôt sûr, à l'abri du larcin !

Mais toi, près de qui mes bijoux sont bagatelles, toi, ma plus précieuse joie, maintenant mon plus grand souci, toi, le meilleur de mon trésor et mon unique préoccupation, je t'ai laissé en proie au plus vulgaire voleur.

Je ne t'ai serré dans aucun coffre-fort, sinon en un où tu n'es pas, bien que je sente que tu y es, dans le doux écrin de mon cœur, que tu peux quitter à ton gré.

Encore ai-je bien peur qu'on ne t'enlève de là, car la probité se fait voleuse pour une si chère prise.

LIII

Je suis comme le riche qu'une clef bénie peut mettre en présence du doux trésor qu'il cache, et qui ne veut pas le contempler à toute heure, de peur d'émousser le piquant aiguillon du plaisir rare.

Aussi bien les fêtes sont d'autant plus solennelles et recherchées qu'elles sont placées dans l'étendue de l'année à de lointains intervalles ; elles sont espacées comme des pierres précieuses, ou comme les joyaux à effet dans un collier.

Ainsi le temps où je vous possède est comme ma cassette, à moi ; il est comme la garde-robe où est cachée ma robe d'apparat, et je réserve pour quelque instant spécial le spécial bonheur de dévoiler de nouveau ces splendeurs emprisonnées.

Vous êtes béni, vous dont la perfection donne la béatitude à qui vous a, et l'espérance à qui ne vous a plus.

LIV

Ainsi, vous êtes pour ma pensée ce qu'est la nourriture pour la vie, ou la pluie bien distribuée pour la terre ; et je me débats pour la pacifique possession de vous-même comme un avare avec ses richesses :

Tantôt ayant la fierté de la jouissance, et tantôt ayant peur que le monde fripon ne vole mon trésor ; aimant mieux parfois être avec vous seul, parfois préférant que l'univers puisse voir mon bonheur ;

Tantôt tout enivré de votre vue, tantôt tout affamé d'un regard ; ne possédant ou ne cherchant d'autres joies que celles que je tiens ou dois recevoir de vous.

Ainsi je suis tour à tour languissant ou rassasié, ou dévorant tout, ou privé de tout.

LV

Doux amour, renouvelle ta force ; qu'il ne soit pas dit

que tu t'émousses plus vite que l'appétit qui aujourd'hui est amorti par la nourriture, mais qui demain reprend son premier aiguillon.

Sois ainsi, toi, amour ! Quand tu rassasierais aujourd'hui tes yeux affamés jusqu'à ce que la satiété les ferme, regarde demain encore, et n'éteins pas l'ardeur de l'amour par un incessant refroidissement.

Que ce triste intérim soit comme l'Océan qui sépare les rives où deux nouveaux fiancés viennent chaque jour, en sorte qu'au moment où ils doivent se rapprocher, l'entrevue soit plus délicieuse encore !

Ou comparons-le à l'hiver qui, plein d'ennui, donne à la bienvenue de l'été trois fois plus d'attrait et de prix.

LVI

Épuisé de fatigue, je me mets vite au lit, reposoir cher à mes membres harassés ; mais alors commence un voyage dans ma tête qui fait travailler mon esprit, quand expire le travail de mon corps ;

Car alors mes pensées, loin du lieu où je suis, entreprennent vers toi un pieux pèlerinage et tiennent mes paupières languissantes toutes grandes ouvertes, fixées sur les ténèbres que les aveugles voient.

Là, la vision imaginaire de mon âme présente ton ombre à ma vue sans yeux, et ton ombre, comme un bijou pendu à la nuit spectrale, fait belle cette nuit noire et en rajeunit la vieille face.

Ainsi, le jour, mon esprit, la nuit, mon âme, à cause de toi, pour moi ne trouvent pas de repos.

LVII

Comment puis-je revenir en heureuse santé, quand le bienfait du repos m'est refusé, quand l'accablement du jour n'est pas réparé par la nuit, quand mes jours accablent mes nuits, et mes nuits mes jours ?

Le jour et la nuit, quoique puissances ennemies, se tendent mutuellement la main pour me torturer, l'un en me fatiguant, l'autre en me faisant regretter que cette fatigue n'ait servi qu'à m'éloigner de toi.

Je dis au jour, pour lui plaire, que tu brilles et que tu l'embellis, quand les nuages ternissent le ciel : je flatte de même la nuit au teint sombre en lui disant que, quand les astres ne scintillent pas, tu dores la soirée.

Mais, chaque jour, le jour allonge mes chagrins; et, chaque nuit, la nuit fait paraître plus grande l'étendue de ma douleur.

LVIII

Est-ce ta volonté que ton image tienne mes lourdes paupières ouvertes à la nuit fastidieuse ? Désires-tu rompre mon sommeil, quand des ombres qui te ressemblent viennent se jouer de ma vue ?

Est-ce ton esprit même que tu envoies hors de toi pour

épier mes actes, pour me surprendre en de honteux et frivoles passe-temps, dans un élan impérieux de ta jalousie ?

Oh ! non, ton amour, quel qu'il soit, n'est pas si grand ; c'est mon amour qui tient mes yeux éveillés ; oui, c'est mon amour profond qui ruine mon repos en se faisant sans cesse pour toi guetteur de nuit :

Tu me fais faire le guet, tandis que tu veilles ailleurs; loin de moi et trop près de bien d'autres.

LIX

C'est surtout quand mes yeux se ferment qu'ils voient le mieux, car tout le jour ils tombent sur des choses indifférentes ; mais, quand je dors, ils te contemplent en rêve et, s'éclairant des ténèbres, deviennent lucides dans la nuit:

O toi, dont l'ombre rend si lumineuses les ombres, quelle apparition splendide formerait ta forme réelle à la clarté du jour agrandie de ta propre clarté, puisque ton ombre brille ainsi aux yeux qui ne voient pas !

Oui, quel éblouissement pour mes yeux de te regarder à lumière vive du jour, puisque dans la nuit sépulcrale l'ombre imparfaite de ta beauté apparaît ainsi à travers le sommeil accablant à mes yeux aveuglés !

Tous les jours sont nuits pour moi tant que je ne te vois pas ; et ce sont de brillants jours que les nuits où le rêve te montre à moi.

LX

Si mon être grossier n'était fait que de pensée, la distance injurieuse n'arrêterait pas ma marche; car alors, en dépit de l'espace, je me transporterais des limites les plus reculées au lieu où tu résides.

Qu'importerait alors que mon pied reposât sur la terre la plus éloignée de toi? ma pensée agile franchirait la terre et la mer aussi vite qu'elle penserait au lieu souhaité.

Mais hélas! cette pensée me tue que je ne suis pas fait de pensée pour traverser d'un bond les longs milles qui nous séparent, et qu'au contraire, si lourdement composé de terre et d'eau, je dois attendre dans ma douleur le bon plaisir du temps;

Ne tirant rien de ces éléments inertes (10) que des larmes pesantes, insigne de ma double servitude.

LXI

Les deux autres éléments, l'air subtil et le feu purifiant, sont avec toi partout où tu résides : le premier, ma pensée! le second, mon désir! présents-absents, ils filent d'un mouvement rapide.

Aussi, quand, plus prompt que les autres, ils sont partis vers toi en tendre ambassade d'amour, mon être, formé de quatre éléments, n'en ayant plus que deux, reste mortellement affaissé sous le poids de la mélancolie.

Jusqu'à ce qu'il recouvre toutes ses forces vives au retour de ces messagers rapides qui reviennent, dès qu'ils sont sûrs que tu vas bien, aussitôt me le raconter.

Cela dit, je suis heureux ; mais, à peine satisfait, je les renvoie encore, et vite me voilà triste.

LXII

Quel hiver a été pour moi ton absence, ô toi, joie de l'année fugitive ! quels froids glacés j'ai sentis ! quels sombres jours j'ai vus ! partout quel désert gris de décembre !

Et pourtant le temps de notre séparation était le plein été ; c'était l'époque où l'automne féconde, chargée de riches moissons, portait dans son sein le gage d'amour du printemps, comme une veuve restée grosse après son mari mort.

Mais moi je ne voyais dans cet abondant enfantement qu'une génération orpheline et des fruits sans parents, car c'est près de toi qu'est l'été avec ses plaisirs, et, toi absent, les oiseaux même sont muets,

Ou, s'ils chantent, c'est d'un ton si triste que les feuilles pâlissent, craignant que l'hiver ne soit proche.

LXIII

C'est au printemps que j'étais éloigné de vous, alors qu'Avril aux éclatantes couleurs, paré de tous ses atours, animait toute chose d'un tel esprit de jeunesse que le lourd Saturne riait et dansait avec lui.

Et pourtant, ni les chants des oiseaux, ni les suaves parfums des fleurs les plus diverses en odeur et en nuance, ne pouvaient me faire dire un conte d'été, ou cueillir un seul bouton au giron coquet qui l'offrait ;

Je ne m'extasiais pas sur la blancheur des lis, et je n'admirais pas le vermillon profond des roses ; je ne les aimais que comme des formes charmantes dessinées d'après vous, leur modèle à toutes.

Mais je me croyais toujours en hiver, et, vous absent, j'ai joué avec elles comme avec votre ombre.

LXIV

J'ai grondé ainsi la violette précoce : « Suave friponne, où as-tu volé le parfum que tu exhales, si ce n'est au souffle de mon amour ? Cet éclat empourpré, qui fait le teint de ta joue si douce, tu l'as pris trop grossièrement à ses veines. »

J'ai condamné le lis au nom de ta main, et le bourgeon de la marjolaine comme plagiaire de tes cheveux. Deux roses effarées se dressaient sur leurs épines, l'une, rouge de honte, l'autre, blanche de désespoir :

Une troisième, ni rouge ni blanche, les avait volées toutes deux, et à cette dépouille avait ajouté ton parfum ; mais, pour punition, dans tout l'éclat de son épanouissement, elle est dévorée à mort par un ver vengeur.

J'ai remarqué d'autres fleurs encore, mais je n'en ai vu aucune qui ne t'ait volé son parfum ou sa couleur.

LXV

De quelle substance êtes-vous donc fait, vous qu'escortent des millions d'ombres étranges? Chaque être n'a qu'une ombre unique, et vous, qui n'êtes qu'un pourtant, vous prêtez votre ombre à tout.

Qu'on décrive Adonis, et le portrait n'est qu'une pauvre imitation de vous-même ; qu'on déploie toutes les beautés de l'art sur la joue d'Hélène, et vous voilà peint à nouveau sous le costume grec ;

Qu'on parle du printemps et de la saison féconde : l'un n'est qu'une ombre de votre beauté, l'autre que le reflet de votre bonté ; et nous vous reconnaissons sous toute forme bénie.

Il n'est pas de grâce extérieure où vous n'ayez quelque part ; mais nul ne vous ressemble et vous ne ressemblez à nul par la constance du cœur.

LXVI

Oh! ne dis jamais que mon cœur t'a trahi, bien que l'absence ait semblé modérer ma flamme! Je ne puis pas plus facilement me séparer de moi-même que de mon âme, qui vit dans ton sein.

En toi est mon logis d'amour ; et, si j'ai vagabondé comme le voyageur, j'y reviens de nouveau, me détournant à temps sans que le temps m'ait détourné, et rapportant avec moi l'eau amère qui doit laver ma faute.

Ne crois pas, quoique ma nature soit sujette aux faiblesses qui assiégent toutes les créatures de chair, qu'elle fasse jamais la faute extravagante de quitter pour néant tous tes trésors.

Car je tiens pour néant ce vaste univers, hormis toi, ma rose ; en lui, tu es tout pour moi.

LXVII

Hélas ! c'est vrai, je suis allé de côté et d'autre, et je me suis travesti comme un paillasse ; j'ai blessé mes propres sentiments, fait bon marché de ce qu'il y a de plus cher, commis de vieux péchés avec de nouvelles affections.

Cela n'est que trop vrai : j'ai jeté à la bonne foi un regard oblique et étranger ; mais, après tout, ces écarts ont donné à mon cœur une jeunesse nouvelle, et les essais du pire ont prouvé ta supériorité.

C'est fini maintenant. A toi désormais mon dévouement sans terme. Jamais je ne forcerai plus mon cœur à une expérience nouvelle pour éprouver cette vieille amitié. Tu es le dieu d'amour à qui je me consacre.

Donne-moi donc la bienvenue au seuil de mon ciel idéal, à la place la plus pure et la plus aimante de ton cœur.

LXVIII

Oh ! grondez à mon sujet la Fortune, cette déesse coupable de tous mes torts, qui ne m'a laissé d'autre moyen d'existence que la ressource publique qui nourrit une vie publique.

C'est là ce qui fait que mon nom porte un stigmate, et que ma nature est, pour ainsi dire, marquée du métier qu'elle fait, comme la main du teinturier. Ayez donc pitié de moi et souhaitez que je sois régénéré,

Alors que, patient soumis, je boirai la potion de vinaigre prescrite à mon infection. Car il n'est pas d'amertume que je trouve amère, pas de pénitence trop redoublée pour la juste correction de mon mal.

Ayez donc pitié de moi, cher ami, et, je vous assure, ce sera assez de votre pitié pour me guérir.

LXIX

Votre amour et votre pitié couvrent la marque que le scandale vulgaire a imprimée sur mon front. Pourquoi m'inquiéterais-je que d'autres me traitent bien ou mal, si vous jetez l'ombre sur mon imperfection et si vous reconnaissez ma valeur ?

Vous êtes pour moi tout le monde, et je dois m'efforcer de connaître de votre bouche ou mon blâme ou mon éloge. Comme nul autre n'existe pour moi et que je n'existe pour nul autre, vous seul pouvez modifier en bien ou en mal ma volonté d'acier.

Je jette dans un si profond abîme le souci de l'opinion des autres, que je suis sourd, comme la couleuvre, à leurs critiques ou à leurs flatteries. Voyez comme je prends mon parti de leur abandon.

Vous dominez si puissamment ma pensée qu'en dehors de vous il me semble que tout le monde est mort.

LXX

Depuis que je vous ai quitté, mes yeux sont dans mon esprit ; l'organe qui me dirige en mes mouvements ne remplit plus qu'imparfaitement sa fonction et est presque aveugle : il semble voir encore, mais en réalité il ne voit plus ;

Car il ne transmet plus à mon esprit l'image d'un oiseau, d'une fleur, de la fleur quelconque qu'il saisit ; mon esprit reste étranger à ces vivants objets, ou du moins il ne s'approprie pas l'impression qu'il reçoit ;

Car, s'il voit la chose la plus grossière ou la plus charmante, la plus suave beauté ou la créature la plus difforme, la montagne ou la mer, le jour ou la nuit, le corbeau ou la colombe, il la transforme à votre image.

Mon âme, remplie de vous, ne peut contenir rien de plus, et si vrai est mon amour qu'il me fait tout voir à faux.

LXXI

Est-ce mon âme qui, couronnée en vous, avale ce poison monarchique, l'illusion ? Ou dois-je croire que mes yeux disent vrai et qu'ils apprennent de mon amour l'alchimie,

Par laquelle ils changent les monstres et les êtres informes en autant de chérubins qui vous ressemblent, ô doux être, et transfigurent la laideur en beauté suprême aussi vite que les objets s'assemblent sous leurs rayons ?

Oh ! la première conjecture est la vraie : c'est dans mes regards qu'est l'illusion, et mon âme exaltée s'en enivre très-royalement. Mes yeux savent bien ce qu'elle aime, et ils lui préparent la coupe selon ses goûts.

Si c'est du poison qu'ils y mettent, leur crime a pour excuse qu'ils aiment ce poison-là et en boivent les premiers.

LXXII

Ils en ont menti les vers, écrits par moi naguère, qui disaient que je ne pouvais pas vous aimer plus tendrement ; c'est qu'alors mon jugement ne voyait pas de motif pour que ma flamme tout incandescente brillât jamais de plus d'éclat.

Alors je songeais au temps, à ces millions d'accidents qui se glissent entre les serments, changent les décrets des rois, hâlent la beauté sacrée, émoussent les projets les mieux trempés, et détournent les âmes fortes au cours changeant des choses.

Hélas ! si je redoutais si fort la tyrannie du temps, que ne me bornais-je à dire : « Je vous aime immensément ? » Pourquoi, certain de l'incertitude, ne consacrais-je pas le présent en laissant l'avenir dans le doute ?

L'amour est un enfant : ne pouv is-je pas parler alors en réservant toute latitude à ce qui grandit encore ?

LXXIII

N'apportons pas d'entraves au mariage de nos âmes loyales. Ce n'est pas de l'amour que l'amour qui change quand il voit un changement, et qui répond toujours à un pas en arrière par un pas en arrière.

Oh ! non, l'amour est un fanal permanent qui regarde les tempêtes sans être ébranlé par elles ; c'est l'étoile brillant pour toute barque errante, dont la valeur est inconnue de celui même qui en consulte la hauteur.

L'amour n'est pas le jouet du Temps, bien que les lèvres et les joues roses soient dans le cercle de sa faux recourbée ; l'amour ne change pas avec les heures et les semaines éphémères, mais il reste immuable jusqu'au jour du jugement.

Si ma vie dément jamais ce que je dis là, je n'ai jamais écrit, je n'ai jamais aimé.

LXXIV

Dites, pour m'accuser, que je n'ai payé à vos grands mérites qu'un tribut mesquin, que j'ai oublié parfois de rendre hommage à cette amitié si chère à laquelle tous les liens m'enchaînent de jour en jour ;

Que j'ai fréquenté des esprits inconnus, et concédé au monde vos droits chèrement acquis ; que j'ai hissé ma voile à tous les vents qui devaient m'emporter le plus loin possible de votre vue.

Enregistrez et mes fautes volontaires et mes erreurs ; accumulez les présomptions sur les preuves évidentes ; fixez sur moi un regard sévère, mais ne me frappez pas de votre haine éclatante.

Car j'allègue pour ma défense que mon but unique était d'éprouver la constance et la vertu de mon amour pour vous.

LXXV

De même que, pour rendre l'appétit plus vif, on s'excite le palais avec des breuvages acides, et que, voulant prévenir un malaise inconnu, on s'indispose en se purgeant pour éviter une indisposition ;

De même, plein de votre inépuisable douceur, j'ai assaisonné ma nourriture de sauces amères, et, gorgé de bien-être, j'ai trouvé une sorte de soulagement à me rendre malade pour recouvrer mon goût naturel.

Ainsi, la prévoyance de ma tendresse, pour conjurer des maux qui n'existaient pas encore, a eu recours à des fautes certaines, et a fait prendre médecine à une santé qui, excédée du bien, voulait être guérie par le mal.

Mais j'ai appris par là, et je trouve la leçon bonne, que les drogues empoisonnent celui qui est tombé malade de vous.

LXXVI

Que de fois je me suis abreuvé de larmes de sirène, distillées d'alambics aussi noirs que l'enfer ! appliquant les craintes sur les espérances, les espérances sur les craintes; perdant toujours à chacune de mes victoires !

Quelles misérables erreurs mon cœur a commises, alors qu'il se croyait au comble du bonheur ! Comme mes yeux ont été jetés hors de leur sphère, dans la distraction de cette fièvre délirante !

O bénéfice du mal ! j'ai reconnu ainsi que le pire fait paraître le bien meilleur; et que l'amour en ruine, une fois restauré, reparaît plus beau, plus fort, plus grand qu'il n'était d'abord.

Ainsi, je reviens par rebut à mon bonheur; et je gagne par le mal trois fois plus que je n'ai perdu.

LXXVII

Les torts que vous eûtes un jour me réconcilient avec vous maintenant. Le souvenir du chagrin que vous me fîtes sentir alors doit forcément me faire plier sous le remords, si mes nerfs ne sont pas de cuivre ou d'acier.

Car, pour peu que vous ayez souffert de mes torts ce que j'ai souffert des vôtres, vous avez passé des heures d'enfer. Et moi, cruel, qui n'ai pas un seul instant songé à tout le mal que m'avait fait votre faute !

Ah ! pourquoi l'ombre de mon désespoir n'a-t-elle pas rappelé à ma sensibilité profonde quelle blessure fait une vraie douleur, et ne vous a-t-elle pas offert plus tôt, comme vous-même me l'aviez offert, le baume du repentir qui panse les cœurs blessés ?

Mais enfin votre faute devient une rançon : la mienne rachète la vôtre; la vôtre doit racheter la mienne.

LXXVIII

Ta glace te montrera comment s'usent tes beautés; ton cadran, comment se perdent tes minutes précieuses. Ces feuilles blanches porteront l'empreinte de ton esprit, et ce livre contiendra pour toi une science (11).

Les rides, que ta glace te montrera fidèlement, te feront souvenir des tombes béantes : le pas furtif de l'ombre sur le cadran te fera connaître la marche clandestine du temps vers l'éternité.

Eh bien, ce que ton souvenir ne peut garder, confie-le à ces pages vides : tu y retrouveras bercés les enfants sortis de ton cerveau, en prenant de ton âme une connaissance nouvelle.

Ces mémoires, chaque fois que tu les consulteras; te seront utiles et feront la richesse de ce livre.

LXXIX

Les tablettes que tu m'as données, toi, sont dans mon cerveau, toutes remplies de mémoires ineffaçables qui survivront à ce vain état de choses; par delà toutes les dates, jusqu'à éternité ;

Ou qui dureront, du moins, tant que ma cervelle et mon cœur garderont de la nature la faculté de subsister;

jusqu'au jour où l'une et l'autre livreront à la rature de l'oubli sa part de toi, ton souvenir ne peut se perdre.

Ce pauvre registre que je te donne ne peut en tenir autant que celui de mon âme, et je n'ai pas besoin de memento pour faire le bilan de ta chère amitié. Je serais bien imprudent de l'extraire de moi, pour le confier en double à ces tablettes.

Avoir un auxiliaire pour me souvenir de toi, ce serait admettre que je puis t'oublier.

LXXX

Non, tu ne te vanteras pas de me faire changer, ô Temps ! Tes pyramides, reconstruites sur de nouvelles assises, n'ont pour moi rien de surprenant, rien d'extraordinaire : elles ne sont que les revêtements d'une matière antérieure.

Notre destinée est brève, et c'est ce qui fait que nous admirons ces choses que tu nous donnes comme antiques ; et nous les croirions faites tout exprès pour nous, plutôt que de nous rappeler qu'elles étaient connues auparavant.

Je fais fi de toi et de tes registres, et je ne m'étonne ni de ton présent ni de ton passé. Je ne vois que mensonge dans ces monuments que tu défais et refais dans ta hâte continuelle.

Pour moi, je fais le vœu, le vœu pour toujours, d'être constant, en dépit de toi et de ta faux.

LXXXI

Si mon amour n'était qu'un enfant royal, il pourrait être déshérité comme un bâtard de la fortune ; il subirait l'alternative de la faveur et de la fureur du temps, comme les ronces ou comme les fleurs qui s'entassent sous la faucille.

Non, mon amour a été élevé loin de tout accident. Il n'est pas gêné par la pompe souriante, et ne peut tomber sous le souffle du mécontentement servile, dont notre époque semble provoquer chez nous la mode.

Il ne craint pas la politique, cette hérétique, qui ne travaille que sur des contrats de quelques heures : dans les régions supérieures où il se dresse, la chaleur ne peut pas plus le grandir que la pluie le noyer.

Je laisse l'épreuve de ces vicissitudes aux bouffons du temps, dont la mort est un bien et dont la vie n'a été qu'un crime.

LXXXII

A quoi me servirait-il de porter un dais au-dessus de mon amour, et de rendre à ce qui est extérieur des honneurs superficiels ? A quoi bon poser de vastes assises pour une éternité à laquelle couperont court la ruine et la mort ?

N'ai-je pas vu les fermiers de la forme et de la beauté s'épuiser complétement à leur payer une rente trop forte, et, perdant leur grâce naturelle sous des charmes frelatés, se ruiner, riches pitoyables, dans l'admiration d'eux-mêmes?

Non! laisse-moi seulement te servir dans ton cœur. Accepte mon affection, pauvre mais sincère offrande, où nul autre que toi n'a part et où l'art n'est pour rien, simple don de mon âme en échange de ton âme!

Arrière, temps, délateur suborné! c'est quand tu l'accuses le plus violemment qu'une âme fidèle reconnaît le moins ton contrôle.

★

LXXXIII

Ceux qui ont le pouvoir de faire le mal et ne le font pas, ceux qui n'exercent pas la puissance qu'ils semblent le plus avoir; ceux qui, remuant les autres, sont eux-mêmes comme la pierre, immuables, froids et lents à la tentation,

Ceux-là héritent légitimement des grâces du ciel et économisent les richesses de la nature. Ils sont les seigneurs et maîtres de leur visage, et les autres ne sont que les intendants de leur excellence.

La fleur de l'été est un parfum pour l'été, bien que pour elle-même elle ne fasse que vivre et mourir. Mais que cette fleur vienne à se flétrir, la plus vile ivraie en éclipsera la valeur.

Car les plus douces choses s'aigrissent par l'abus, et les lis qui pourrissent sont plus fétides que les ronces.

LXXXIV

Quel charme et quelle grâce tu donnes à la faute, qui, comme le ver dans la rose odorante, fait tache à la beauté de ton nom florissant! Oh! de quels parfums tu embaumes tes péchés!

La langue qui raconte l'histoire de tes jours, en faisant sur tes fantaisies de lascifs commentaires, ne peut te déprécier que par une sorte de louange; car ton nom qu'elle nomme sanctifie la médisance.

Oh! quelle résidence splendide ont les défauts qui t'ont choisi pour demeure! Là, un voile de beauté couvre toutes les taches, et tout ce que l'œil peut voir prend de la séduction.

Ménage, cher cœur, ce large privilége : la lame la mieux trempée, mal employée, s'émousse.

LXXXV

Pour les uns, ton défaut est la jeunesse; pour d'autres, la coquetterie; pour d'autres, la grâce est dans ta jeunesse et tes doux caprices; mais grâces et défauts, quels qu'ils soient, sont plus ou moins aimés : tu fais de tes défauts des grâces dont tu te pares.

Au doigt d'une reine qui trône, le plus vil bijou est toujours estimé : de même, les erreurs que l'on découvre en toi se transforment en vérités et passent pour louables.

Oh ! combien d'agneaux attraperait le loup cruel, s'il pouvait se déguiser en agneau ! Et combien d'admirateurs tu pourrais égarer, si tu usais pleinement de tout ton prestige !

Mais n'en fais rien : je t'aime de telle sorte que, comme tu es à moi, à moi est ta réputation (12).

LXXXVI

Ce que les yeux du monde voient de toi, n'a rien que la pensée intime puisse réformer : toutes les langues, qui sont voix de l'âme, te rendent cet hommage, forcées à la vérité par l'aveu même de tes ennemis.

Ta personne extérieure est donc couronnée de la louange extérieure ; mais ces mêmes langues, qui t'accordent ainsi ce qui t'est dû, étouffent cet éloge sous des exclamations toutes différentes, quand la critique se porte au delà de ce qui s'offre aux yeux.

Le monde veut juger la beauté de ton âme, et, dans ses conjectures, il la mesure à tes actions ; alors, quelque favorables que te soient ses yeux, ses pensées malveillantes prêtent à ta fleur charmante l'odeur de la ronce nauséabonde.

Mais pourquoi son parfum n'est-il pas apprécié comme son éclat ? La raison, c'est qu'elle devient commune.

★

LXXXVII

Ah ! pourquoi mon bien-aimé vivrait-il avec la corruption, et honorerait-il le sacrilége de son patronage, en sorte que le péché obtiendrait par lui un avantage décisif et se parerait de sa société ?

Pourquoi le fard imiterait-il les teintes de ses joues, et plagierait-il, par une copie inanimée, leurs vives couleurs ? Pourquoi la pauvre beauté chercherait-elle indirectement les reflets de la rose, quand elle a la rose vraie ?

Pourquoi, maintenant que la nature est ruinée partout, irait-il l'appauvrir du sang qui rougit ses veines vivantes ? Il est la dernière ressource de la nature, qui, de tous les trésors dont elle était fière, n'a plus que les siens pour vivre.

Oh! elle le garde, lui, pour montrer comme elle était riche, au temps jadis, avant ces jours désastreux.

LXXXVIII

Ainsi, sa joue est la mappemonde du passé, de l'époque où la beauté vivait et mourait comme les fleurs, avant que ces ornements bâtards que l'on porte osassent se montrer sur un front vivant ;

Avant que les tresses d'or des morts, propriétés des sépulcres, fussent coupées pour vivre une seconde vie sur une seconde tête, et que la toison de la beauté morte fît la parure d'une autre (13).

En lui apparaissent encore ces temps antiques et sacrés où la beauté sans ornements était elle-même et naturelle, ne faisant pas son été d'un printemps étranger, et ne volant pas au passé sa décoration neuve.

Lui, la nature le garde comme la carte qui montre à l'art menteur ce qu'était la beauté autrefois.

★

LXXXIX

Que tu sois blâmé, ce n'est pas un défaut chez toi, car la supériorité a toujours été la cible de la calomnie. La beauté a pour ornement le soupçon, ce corbeau qui vole dans l'air le plus pur du ciel.

Pourvu qu'il soit réel, la calomnie ne fait que rendre plus évident un mérite que le temps consacre; car le ver du mal aime les plus suaves bourgeons, et tu lui présentes un printemps pur et sans tache.

Tu as traversé les embûches de la jeunesse; tu en as évité les attaques ou les a supportées en vainqueur. Pourtant l'éloge qui te revient ne peut t'appartenir au point d'enchaîner l'envie qui va grandissant toujours.

Si le soupçon de la malveillance ne masquait pas ta splendeur, tu posséderais seul le royaume des cœurs.

★

XC

Contre le temps, si jamais ce temps arrive où je te verrai sévère pour mes défauts, où ton affection réglera son compte avec moi, poussée à ce calcul par des considérations réfléchies;

Contre le temps où tu passeras devant moi comme un étranger, et où tu me salueras à peine d'un rayon de tes yeux; où ton amour, cessant d'être ce qu'il était, invoquera les arguments d'un grave parti pris :

Contre ce temps-là, je me fortifie dès à présent dans la connaissance du peu que je vaux, et je lève la main contre moi-même pour maintenir le bon droit de ton côté.

Pour m'abandonner à ma misère, tu as la force des lois, puisque je ne puis alléguer de motif pour que tu m'aimes.

XCI

Quand tu seras d'humeur à me dédaigner, et que tu verras mon mérite de l'œil du mépris, je combattrai de ton côté contre moi-même, et je prouverai ta vertu en dépit même de ton parjure.

Parfaitement éclairé sur ma propre faiblesse, je pourrai faire à ta décharge le récit des fautes cachées dont je suis coupable, afin qu'en me perdant tu gagnes une nouvelle gloire.

Et moi aussi, je gagnerai à ta décision : car, concentrant sur toi toutes mes pensées aimantes, le tort que je me ferai à moi-même, faisant ton avantage, fera le mien par contre-coup.

Tel est mon amour, et je t'appartiens de telle façon que, pour ton bien, je prendrai sur moi tout le mal.

XCII

Dis que tu m'as quitté pour un défaut quelconque, et

j'ajouterai un commentaire à ton accusation. Dis que je suis boiteux, et je trébucherai soudain, sans faire aucune défense contre tes arguments.

Afin de couvrir d'un prétexte une rupture désirée, tu ne pourras, amour, faire pour ma disgrâce la moitié de ce que je ferai : sachant ta volonté, j'étranglerai notre liaison, et j'aurai l'air d'un étranger.

Je serai absent de tes promenades; et, sur mes lèvres, ton doux nom bien-aimé ne se posera plus jamais, de peur, indigne profane, que je ne lui fasse tort, en parlant par hasard de notre vieille liaison.

Pour toi, contre moi-même, je m'engage à un réquisitoire, car je ne dois jamais aimer qui tu hais.

XCIII

Donc hais-moi, si tu veux; maintenant, si jamais. Maintenant que le monde est ligué pour contrarier ma vie, joins-toi à la rancune du sort, fais-moi plier tout de suite, et ne viens pas m'accabler après coup.

Ah ! quand une fois mon cœur aura échappé à ce désastre, n'arrive pas à l'arrière-garde du malheur vaincu. Ne donne pas à une nuit de vent un lendemain de pluie, en ajournant la catastrophe préméditée.

Si tu veux m'abandonner, ne tarde pas à le faire; n'attends pas que les autres petites misères aient satisfait leur dépit, mais arrive au premier rang. Ainsi je goûterai tout d'abord le pire de ce que me réserve la fortune.

Et les autres coups du malheur, qui me font l'effet de malheurs, ne me le paraîtront plus, quand je t'aurai perdu.

XCIV

Les uns se glorifient de leur naissance, d'autres de leur talent, d'autres de leur richesse, d'autres de leur vigueur corporelle, d'autres de leurs vêtements enlaidis à la mode nouvelle ; ceux-ci de leurs faucons et de leurs chiens, ceux-là de leurs chevaux ;

Il n'est pas de goût qui ne comporte une satisfaction à laquelle il trouve une joie sans égale ; mais aucune de ces jouissances n'est la mesure de la mienne, et je les centuple toutes dans un bonheur suprême.

Ton affection me rend plus noble qu'une haute naissance, plus riche que l'opulence, plus élégant que les vêtements coûteux, plus joyeux que faucons ou que chevaux. En te possédant, je me vante de toutes les fiertés humaines.

Misérable en ceci seulement que tu peux m'enlever tout cela et me faire le plus misérable du monde !

XCV

Mais va, démène-toi pour te dérober à moi. Tu m'appartiens sûrement jusqu'au terme de ma vie. Ma vie ne durera pas plus longtemps que ton affection, car c'est de ton affection pour moi qu'elle dépend.

Donc, quel besoin ai-je de craindre la pire de tes

cruautés, puisque la moindre d'entre elles doit terminer ma vie ? Je le vois, mon existence n'est pas de celles qui dépendent de ton humeur.

Tu ne peux pas me torturer de ton inconstance, puisque je dois succomber à ta première désertion. Oh ! l'heureux privilége que j'ai là, heureux d'avoir ton affection, ou heureux de mourir !

Mais quel bonheur est assez pur pour n'avoir pas de tache à craindre ? Tu peux me trahir sans que jen sache rien.

XCVI

Ainsi je pourrai vivre en te supposant fidèle, comme un mari trompé ; ainsi, le visage de l'amour pourra me sembler encore l'amour, malgré ton inconstance, et ton regard être avec moi, et ton cœur être ailleurs.

Car, la haine ne pouvant vivre dans tes yeux, je ne pourrai pas lire en eux ton changement. Chez beaucoup, l'histoire des trahisons du cœur est écrite dans un regard, une moue, un froncement, une ride étrange ;

Mais le ciel a décrété, en te créant, qu'une douce sympathie respirerait toujours sur ta face ; quelles que soient tes pensées ou les émotions de ton cœur, ton regard ne peut jamais exprimer que la douceur.

Oh ! comme ta beauté serait pareille à la pomme d'Ève, si ta suave vertu ne répondait pas à ton apparence !

XCVII

Étant votre serf, ai-je autre chose à faire qu'à attendre les heures et les moments de votre caprice? Je n'ai pas de temps précieux à dépenser, pas de service à faire, jusqu'à ce que vous les réclamiez.

Et je n'ose pas gronder l'heure qui n'en finit pas, quand, ô mon souverain, je regarde l'horloge en vous espérant, et je n'accuse pas les amertumes de l'âcre absence, quand une fois vous avez dit adieu à votre serviteur.

Et je n'ose demander à ma pensée jalouse où vous pouvez être et où vos affaires vous supposent. Mais, comme un triste serf, j'attends et ne pense rien, sinon comme vous rendez heureux ceux avec qui vous êtes.

Si fou est mon amour que dans ce qui vous plaît, quoi que vous fassiez, il ne voit rien de mal.

XCVIII

Que Dieu, qui tout d'abord me fit votre serf, me garde de contrôler même par la pensée vos heures de plaisir, ou d'implorer de vous le compte de vos moments! Ne suis-je pas votre vassal, tenu d'attendre votre loisir?

Oh! puissé-je, soumis à un signe de vous, supporter la prison d'absence que me fait votre liberté! Puisse ma patience, apprivoisée à la souffrance, subir chaque contre-temps sans vous accuser d'un tort!

Allez où il vous plaira : votre charte est si large que vous avez à vous seul le privilége de votre temps. Faites ce que vous voudrez ; c'est à vous de vous pardonner à vous-même le crime d'égoïsme.

Moi, je suis fait pour attendre, bien que l'attente soit un enfer, et je ne blâme pas votre plaisir, innocent ou coupable.

★

XCIX

Je t'ai si souvent invoqué pour ma muse, et tu as donné à mes vers une aide si éclatante, que toutes les autres plumes ont pris exemple sur moi et répandent leur poésie sous ton patronage.

Tes yeux, qui ont appris à un muet à chanter si haut et à la lourde ignorance à voler dans les airs, on ajouté des plumes à l'aile de la science et donné au talent une double majesté.

Toutefois, sois fier surtout de mon œuvre, car elle est due à ton influence et née de toi. Dans les travaux des autres, tu ne fais qu'élever le style et ennoblir leur art de tes grâces suaves.

Mais tu es tout mon art, à moi, et tu exaltes jusqu'à la science mon ignorance grossière.

C

Tant que seul j'ai invoqué ton aide, mon vers seul a possédé toute ta gentille grâce ; mais maintenant mes nombres gracieux sont déchus, et ma muse malade cède la place à une autre.

Je conviens, doux amour, que ton aimable sujet mérite le travail d'une plume plus digne ; pourtant ce qu'invente sur toi ton poëte, c'est à toi qu'il le dérobe pour te le restituer.

Il te prête la vertu, et il a volé ce mot-là à ta conduite ; il te donne la beauté, et il l'a trouvée sur ta joue : il ne peut t'apporter un éloge qui ne respire en toi.

Donc, ne le remercie pas de ce qu'il dit, puisque c'est toi-même qui acquittes sa dette envers toi.

CI

Comment ma muse pourrait-elle manquer de sujet tant que de ton souffle tu verses dans mon vers ton ineffable argument, trop parfait pour être confié à un papier vulgaire ?

Oh ! remercie-toi toi-même, si tu trouves chez moi rien qui vaille la peine que tu le lises ; car quel est l'être assez muet pour ne rien pouvoir te dire, quand toi-même tu donnes la lumière à son invention ?

Sois pour lui la dixième Muse, dix fois plus puissante que ces neuf vieilles invoquées par les rimeurs : et celui qui t'invoquera produira des nombres éternels qui survivront aux dates lointaines.

Si ma muse légère charme l'avenir curieux, qu'à moi en soit la peine, mais à toi l'éloge !

CII

Oh ! que je me sens faible en écrivant sur vous, quand je sais qu'un esprit supérieur fait usage de votre nom et emploie toute sa puissance à le chanter, enchaînant ma langue en parlant de votre gloire !

Mais puisque votre perfection, vaste comme l'Océan, peut porter la plus humble comme la plus fière voile, ma barque impertinente, bien inférieure à la sienne, se hasarde volontiers sur votre immensité.

Votra plus mince appui suffit à me tenir à flot, tandis qu'il vogue sur votre abîme insondable. Si je naufrage, je ne suis qu'un mauvais bateau ; lui, il est de haut bord et de grandiose voilure.

Si donc il réussit et si je chavire, mon pire malheur aura été de périr par amour.

CIII

Je conviens que tu n'es pas marié à ma muse, et qu'ainsi tu peux sans crime jeter les yeux sur ces phrases de dédicace que les écrivains adressent à leur héros, — bénédictions de tous les livres !

Tu es aussi accompli par la science que par la beauté, et tu trouves tes mérites au-dessus de mes éloges; aussi es-tu forcé de demander un portrait plus éclatant à des peintres plus en vogue.

Fais, amour! mais quand ils auront imaginé tous les touches forcées que peut fournir la rhétorique, tu n'auras trouvé de vraie sympathie pour ta perfecteon si vraie que dans le langage simplement vrai de ton véridique ami.

Et leur peinture grossière conviendrait mieux à des joues où le sang manque : chez toi, elle fait abus.

CIV

Je n'ai jamais vu que vous eussiez besoin de fard ; aussi n'en mets-je point à votre belle figure. J'ai trouvé ou cru trouver que votre créance excédait l'offre misérable de la poésie.

Aussi ai-je endormi ma muse à votre sujet, afin que vous-même, resté debout, vous pussiez bien démontrer combien une plume vulgaire est insuffisante pour parler des mérites qui fleurissent en vous.

Ce silence, vous me l'avez imputé à crime, mais ce sera ma plus grande gloire d'être resté muet ; car, en ne disant rien, je ne dépare pas cette beauté à qui tant d'autres, en voulant donner la vie, n'apportent qu'une tombe.

Il y a plus de vie dans un seul de vos beaux yeux que dans tous les éloges imaginés par deux de vos poëtes.

CV

Quel est le plus éloquent ? qui en peut dire plus que ce riche éloge : Vous seul êtes vous ? C'est dans ces termes-là qu'est muré le trésor qui peut offrir du vôtre un équivalent.

Elle est d'une pénurie misérable, la plume qui ne prête pas un peu d'éclat à son sujet ; mais celui qui parle de vous, s'il peut dire que vous êtes vous, ennoblit assez son récit.

Qu'il se borne à copier ce qui est écrit en vous, sans empirer les traits que la nature a faits si purs ; et un tel portrait fera acclamer son génie et partout admirer son style.

Vous ajoutez une malédiction aux bénédictions de votre beauté par cet amour de l'éloge qui vous vaut des éloges indignes.

CVI

Ma muse, bouche close, garde discrètement le silence, tandis que votre louange, compilée en riches commentaires, est gravée à jamais avec une plume d'or sur une phrase précieuse taillée par toutes les muses.

Je pense de belles pensées, tandis que les autres écrivent de belles paroles, et, comme un clerc illettré, je crie toujours : *Amen* ! à chaque hymne qu'un esprit supérieur vous apporte sous la forme achevée d'une plume raffinée.

Quand je vous entends louer, je dis : *C'est cela ! c'est vrai !* et j'ajoute quelque chose au dernier mot de l'éloge ; mais c'est dans ma pensée, où mon amour pour vous, refoulant toute parole, garde toujours le premier rang.

Donc, appréciez chez les autres le souffle des paroles, et chez moi le langage réel des pensées muettes.

CVII

Est-ce cette poésie grandiose, dont la voile fière a entrepris la capture de vos trop précieux trésors, qui a enterré dans mon cerveau mes mûres pensées, et leur a donné pour tombe la matrice où elles étaient nées ?

Est-ce cet esprit, à qui les esprits ont appris à écrire des choses surhumaines, qui m'a frappé à mort? Non, ni lui, ni les compères qui la nuit lui prêtent leur aide, n'ont effaré ma poésie (14).

Ni lui, ni cet affable spectre familier qui le leurre nuitamment de ses inspirations, ne peuvent en vainqueurs se vanter de mon silence. Ce n'est pas la crainte de ce rival qui m'a paralysé.

Mais, dès que votre patronage a rehaussé sa poésie, la mienne n'a plus eu de sujet ; et c'est ce qui l'a fait languir.

★

CVIII

Adieu ! tu es un bien trop précieux pour moi, et tu sais trop sans doute ce que tu vaux : la charte de ta valeur te donne la liberté, et tes engagements envers moi sont tous terminés.

Car ai-je d'autres droits sur toi que ceux que tu m'accordes? Et où sont mes titres à tant de richesses? Rien en moi ne peut justifier ce don splendide, et aussi ma patente m'est-elle retirée.

Tu t'étais donné à moi par ignorance de ce que tu vaux ou par une méprise sur mon compte. Aussi, cette grande concession, fondée sur un malentendu, tu la révoques en te ravisant.

Ainsi, je t'aurai possédé, comme dans l'illusion d'un rêve : roi dans le sommeil, mais, au réveil, plus rien !

CIX

Si tu survis à mon existence résignée, alors que la mort brutale couvrira mes os de poussière, et si par hasard tu relis une fois encore ces pauvres méchants vers de ton ami disparu,

Compare-les aux meilleures œuvres du jour, et, fussent-ils au-dessous de toutes, garde-les par égard pour moi, sinon pour leur poésie, dépassée par l'essor de plus heureux génies.

Oh! daigne alors en ma faveur faire seulement cette réflexion charitable : « Si la muse de mon ami avait grandi en même temps que ce siècle, son amour lui aurait donné un enfant plus beau, digne de marcher dans les rangs d'un meilleur équipage ;

« Mais, puisqu'il est mort et que les poëtes font mieux que lui, je veux les lire, eux, pour leur style, et lui, pour son amour! »

★

CX

Pauvre âme, centre de ma terre pécheresse, jouet des puissances rebelles qui t'enveloppent, pourquoi pâtis-tu intérieurement et te laisses-tu dépérir, en peignant tes murs extérieurs de si coûteuses couleurs?

Pourquoi, ayant un loyer si court, fais-tu de si grandes dépenses pour ta demeure éphémère ? Est-ce pour que les vers, héritiers de ce superflu, mangent à tes frais ? La fin de ton corps est-elle la tienne ?

Ame, vis donc aux dépens de ton esclave, et laisse-le languir pour augmenter tes trésors. Achète la durée divine en vendant des heures de poussière. Nourris-toi au dedans, et ne t'enrichis plus au dehors.

Ainsi tu te nourriras de la mort qui se nourrit des hommes ; et, la mort une fois morte, tu n'auras plus rien de mortel.

★

CXI

Où donc es-tu, muse, pour oublier si longtemps de parler de celui qui te donne toute ta puissance ? Depenses-tu ta furie à quelque indigne chant, couvrant d'ombre ta poésie pour mettre la lumière sur de vils sujets ?

Reviens, muse oublieuse, et vite rachète par de nobles accents le temps si futilement passé ; chante à l'oreille de celui qui estime tes lais et qui donne à ta plume talent et argument.

Debout, muse rétive. Vois, sur le doux visage de mon bien-aimé, si le temps n'a pas gravé quelque ride. S'il l'a fait, couvre ses ravages de ta satire, et fais de ses trophées la risée de l'univers.

Donne la gloire à mon ami plus vite que le temps ne

CXII

O muse truande ! quelle sera ta pénitence pour avoir ainsi négligé tant de vertu colorée de tant de beauté ? Beauté et vertu appartiennent toutes deux à mon amour ; toi, tu lui appartiens aussi, et c'est ce qui t'ennoblit.

Réponds, muse ; vas-tu par hrsard me dire que la vertu n'a pas besoin de couleur pour en couvrir sa couleur, ni la beauté de pinceau pour manifester sa réalité, mais que la perfection, pour être la perfection, doit toujours être sans mélange ?

Quoi ! parce qu'il n'a pas besoin d'éloge, vas-tu devenir muette? Ne donne pas ce prétexte à ton silence, car il ne tient qu'à toi de faire vivre mon ami au delà d'une tombe dorée, et de le faire louer pnr les siècles futurs.

Allons ! muse, à l'œuvre ! je vais t'apprendre à le faire voir à l'avenir tel qu'il apparaît aujourd'hui.

CXIII

Mon amour s'est fortifié, quoique plus faible en apparence : je n'aime pas moins, bien que je semble moins aimer. C'est faire marchandise de ce qu'on aime que d'en publier partout à haute voix la riche estimation.

Notre amour, tout nouveau, n'était encore qu'à son printemps, quand j'avais coutume de le saluer de mes lais, semblable à Philomèle, qui chante au front de l'été et qui retient sa voix à la venue d'une saison plus mûre.

Non pas que l'été soit moins charmant alors qu'à l'époque où elle berçait la nuit de ses hymnes douloureux ; mais c'est que toutes les branches fredonnent une musique rustique, et que les plus suaves choses perdent leur charme à devenir communes.

Aussi, comme l'oiseau, je retiens quelque temps ma langue, de peur que vous ne vous lassiez de mes chants.

CXIV

Hélas ! quelle pauvreté montre ma muse, pour que, présentant une telle ampleur à son inspiration, mon sujet soit plus beau dans sa nudité que sous les éloges dont elle le couvre !

Oh ! ne me blâmez pas si je ne puis plus écrire ! Regardez dans votre miroir, et vous y verrez un visage dont la perfection excède absolument mon invention grossière, énerve ma poésie et fait ma confusion.

Ne serait-il pas coupable, en tâchant de l'embellir, de dégrader un sujet si beau par lui-même ? Car mes vers n'ont pas d'autre but que de parler de vos grâces et de vos dons.

Et tout ce qu'il en peut tenir dans mon vers n'est rien, non, rien, à côté de ce que vous montre votre glace, quand vous y regardez.

CXV

Qu'on ne traite pas mon amour d'idolâtrie, ni mon bien-aimé d'idole, parce que mes chants et mes louanges, sans cesse dédiés à lui, ne parlent que de lui, encore et toujours les mêmes !

Charmant est mon bien-aimé, aujourd'hui comme demain, constant à jamais dans sa merveilleuse excellence : aussi ma poésie, forcée à la constance, n'exprimant qu'une seule chose, ne connaît pas la digression.

Beauté, bonté, vertu, voilà tout mon sujet. Beauté, bonté, vertu, voilà mon refrain en mots divers, et c'est dans la variante que je dépense mon imagination. Thème merveilleux que cette trinité en une seule personne !

Beauté, bonté, vertu, ont longtemps vécu séparées ; et c'est la première fois que toutes trois sont réunies.

CXVI

Pourquoi ma poésie est-elle ainsi dénuée des caprices nouveaux, et se garde-t-elle ainsi des variations et des changements subits ? Pourquoi, selon la mode du moment, ne tourné-je pas les regards vers les méthodes nouvelles et les formules étrangères (15) ?

Pourquoi suis-je un écrivain toujours un, toujours identique, et fais-je garder à mon idée son vêtement habituel, si bien que chaque mot dit presque mon nom, en trahissant sa naissance et son origine ?

Oh ! sachez-le, doux amour, c'est que vous m'inspirez toujours, et que vous êtes, avec mon amour, mon unique argument. Aussi, tout mon mérite se borne à habiller les vieux mots à neuf et à faire servir de rechef ce qui a servi déjà.

Car, semblable au soleil qui est chaque jour neuf et vieux, mon amour redit toujours les choses déjà dites.

*

CXVII

Lorsque, dans la chronique des temps évanouis, je vois la description des plus charmantes créatures, et les vieilles rimes que la beauté a inspirées en l'honneur de nobles dames et d'aimables chevaliers qui ne sont plus,

Alors, dans l'esquisse où sont peintes les formes suprêmes de la beauté, la main, le pied, la lèvre, l'œil, le front, je sens que les maîtres anciens essayaient d'exprimer la beauté dont vous êtes aujourd'hui l'idéal.

Ainsi, toutes leurs louanges ne sont que des prophéties de notre temps et des ébauches de vous. Et, comme ils ne vous voyaient qu'avec les yeux qui devinent, ils n'en savaient pas assez pour vous chanter dignement.

Quant à nous qui, maintenant, vous contemplons face à face, nous avons des yeux pour admirer, mais pas de langue pour louer.

CXVIII

S'il est vrai qu'il n'y a rien de nouveau, mais que tout

ce qui existe a existé d'abord, quelle déception pour notre cerveau qui, dans le travail de l'invention, porte à son insu pour la seconde fois le fardeau d'un enfant déjà né !

Oh ! que l'histoire ne peut-elle, en ramenant mes regards dans le passé, par delà cinq cents révolutions de soleil, me montrer votre image dans quelque livre ancien, daté des premiers temps où la pensée fut fixée par des caractères !

Que ne puis-je voir ce qu'a pu inspirer au monde antique cette prodigieuse apparition de votre personne, et savoir ainsi si nous sommes en progrès ou en décadence, ou si la révolution n'est qu'une répétition !

Oh ! j'en suis sûr, les esprits des époques primitives ont donné la louange de l'admiration à des objets moins parfaits que vous.

★

CXIX

O mon aimable enfant, toi qui tiens en ton pouvoir le sablier capricieux et qui joues avec l'heure, cette faux du Temps, toi qui vis de ravages et ne montres autour de toi que des cœurs flétris à mesure que tu grandis !

Si la nature, cette souveraine qui règne sur des ruines, te retient près d'elle à chaque pas que tu fais en avant, c'est qu'elle te garde dans le but de tromper par la ruse le temps et de tuer les heures misérables.

Pourtant ne te fie pas à elle, ô toi, favori de son caprice. Elle peut retenir, mais non pas garder toujours son trésor : il faut, malgré tous les délais, qu'elle paye sa dette, et elle ne peut être quitte qu'en te livrant.

★

CXX

Pour moi, charmant ami, vous ne pouvez vieillir ; car, tel vous étiez quand mes yeux rencontrèrent les vôtres pour la première fois, telle votre beauté m'apparaît encore. Le froid de trois hivers a arraché aux forêts la parure de trois étés ;

Trois beaux printemps se sont changés en jaunes automnes, dans la marche des saisons que j'ai vues ; les parfums de trois avrils ont été brûlés au feu de trois juins, depuis le premier jour où je vous ai vu dans toute la fraîcheur de votre jeunesse ; et elle est toujours aussi verte.

Ah ! songez pourtant que la beauté, comme l'aiguille du cadran, dévie furtivement sans qu'on la voie bouger ; ainsi, votre doux éclat, que je me figure immuable, subit un changement sans que mes yeux l'aperçoivent.

Sachez donc, pour vous mettre en garde, ô jeune inexpérimenté, qu'avant que vous fussiez né, l'été de bien des beautés était mort !

CXXI

Nous demandons une postérité aux plus belles créatures, afin que la rose de la beauté ne puisse jamais mourir et que, fatalement flétrie par la maturité, elle perpétue son image dans un tendre rejeton.

Mais toi, fiancé à tes brillants regards, tu nourris la flamme de ton foyer de ta propre substance ; tu fais une famine là où l'abondance est cachée, ennemi de toi-même, trop cruel pour ton doux être.

Toi qui es maintenant le frais ornement du monde, qui n'es encore que le héraut du printemps splendide, tu ensevelis ta séve dans ton propre bourgeon ; tendre ladre, tu te ruines en économie.

Écoute le cri de la nature, ou, sinon, la gloutonne ira manger dans ta tombe la part qui lui est due.

CXXII

Lorsque quarante hivers assiégeront ton front et creuseront des tranchées profondes dans le champ de ta beauté, la fière livrée de ta jeunesse, si admirée maintenant, ne sera qu'une guenille dont on fera peu de cas.

Si l'on te demandait alors où est toute ta beauté, où est tout le trésor de tes jours florissants, et si tu répondais que tout cela est dans tes yeux creusés, ce serait une honte dévorante et un stérile éloge.

Combien l'emploi de ta beauté mériterait plus de louange, si tu pouvais répondre : « Ce bel enfant né de moi sera le total de ma vie et l'excuse de ma vieillesse ; » et si tu prouvais que sa beauté est tienne par succession !

Ainsi tu redeviendrais jeune alors que tu vieillirais, et tu verrais se réchauffer ton sang quand tu le sentirais se refroidir.

CXXIII

Regarde dans ta glace, et dis à la figure que tu y vois qu'il est temps que cette figure en forme une autre : si tu n'en fais pas maintenant revivre la fraîche image, tu voles le monde, et tu refuses le bonheur à une mère.

Car où est la femme si belle dont la matrice inculte dédaignerait le sillon de ton labour? Ou bien, quel est l'homme assez fou pour être le tombeau de son propre amour et couper court à sa postérité?

Tu es le miroir de ta mère, et elle retrouve en toi l'aimable avril de sa jeunesse; de même, à travers les vitres de ta vieillesse, tu pourras voir, en dépit des rides, le rayon de ton printemps.

Mais, si tu veux vivre pour être oublié, meurs célibataire, et ton image meurt avec toi.

CXXIV

Gaspilleur de grâce, pourquoi dépenses-tu en toi-même l'héritage de ta beauté? La nature dans ses legs ne donne rien, elle prête, et, étant libérale, elle ne prête qu'aux généreux.

Alors, bel avare, pourquoi perds-tu les trésors féconds qui te sont donnés pour que tu les donnes? Usurier sans profit, pourquoi gardes-tu une si grande somme de sommes, sans savoir en vivre?

Car, n'ayant de trafic qu'avec toi seul, tu frustres de toi-même ton doux être. Aussi, quand la nature t'appellera pour le départ, quel bilan acceptable laisseras-tu?

Il faudra que ta beauté, improductive, te suive dans la tombe, elle qui, productive, eût été ton exécutrice testamentaire.

CXXV

Ces mêmes Heures, qui ont formé par un travail exquis ce type admirable où se plaisent tous les yeux, deviendront impitoyables pour lui, et disgracieront ce qui est la grâce suprême.

Car le temps infatigable traîne l'été au hideux hiver et l'y absorbe : la gelée fige la séve, les feuilles les plus vigoureuses tombent toutes, la beauté est sous l'avalanche, la désolation partout!

Alors, si la goutte distillée par l'été ne restait, prisonnière liquide, enfermée dans des parois cristallines, la beauté ne se reproduirait pas; et rien ne resterait d'elle, pas même le souvenir!

Mais les fleurs, qui ont distillé leur séve, ont beau subir l'hiver; elles ne perdent que leur feuillage et gardent toujours vivace leur essence parfumée.

CXXVI

Donc, ne laisse pas la rude main de l'hiver déflorer en toi ton été, avant que tu aies distillé ta séve. Verse ton parfum en quelque fiole. Thésaurise en un lieu choisi les trésors de ta beauté, et ne la laisse pas se suicider.

Ce n'est pas une usure défendue que l'usance qui fait le bonheur de quiconque lui paie intérêt. Tu seras heureux de t'acquitter ainsi en créant un autre toi-même, dix fois plus heureux si tu rends dix pour un ; car dix autres toi-même multiplieraient d'autant ton bonheur, si dix enfants te reproduisaient dix fois. Que pourrait donc faire la mort si tu quittais ce monde, en y restant vivant dans ta postérité?

Ne sois pas égoïste; car tu es trop beau pour être la conquête de la mort et faire des vers tes héritiers.

CXXVII

Regarde! à l'orient, quand le soleil gracieux lève sa tête brûlante, tous les yeux ici-bas rendent hommage à son apparition nouvelle, en saluant du regard sa majesté sacrée ;

Et même, quand il a gravi la hauteur escarpée du ciel, semblable à la forte jeunesse dans sa plénitude, les regards mortels adorent encore sa beauté et l'escortent dans son pèlerinage d'or.

Mais, quand du zénith suprême, sur son char alourdi, il va, comme la vieillesse, chancelant au crépuscule, les yeux jusque-là respectueux se détournent de ce météore déchu et regardent ailleurs.

Toi, de même, quand tu auras dépassé ton midi, tu mourras inaperçu, à moins que tu n'aies un fils.

CXXVIII

Toi dont la voix est une musique, pourquoi écoutes-tu si mélancoliquement la musique? Ce qui est doux ne heurte pas ce qui est doux ; la joie se plaît à la joie. Pourquoi aimes-tu ce que tu goûtes ainsi sans gaieté, ou du moins goûtes-tu avec plaisir ce qui t'attriste?

Si le juste accord des notes assorties, mariées par la mesure, blesse ton oreille, ce n'est que parce qu'elles te grondent mélodieusement de perdre dans un solo la partie que tu dois au concert.

Remarque comme les cordes, ces suaves épousées, vibrent l'une contre l'autre par une mutuelle harmonie ; on dirait le père et l'enfant et la mer heureuse, qui, tous ne faisant qu'un, chantent une même note charmante :

Voix sans parole dont le chant, multiple quoique semblant unique, te murmure ceci : « Solitaire, tu t'anéantis. »

CXXIX

Est-ce par crainte de mouiller l'œil d'une veuve que tu te consumes dans une vie solitaire? Ah! si tu viens à mourir sans enfants, la création te pleurera, comme une épouse son époux.

La création sera ta veuve, et se désolera toujours de ce que tu n'aies pas laissé d'image de toi derrière toi : tandis qu'il est donné à toute veuve de retrouver dans le visage de ses enfants les traits de son mari.

Écoute! ce qu'un prodigue dépense dans ce monde ne fait que changer de place, car le monde en jouit toujours ; mais la beauté stérile a sa fin dans ce monde, et c'est la détruire que de ne pas l'employer.

L'amour d'autrui n'est pas dans le cœur de celui qui commet sur lui-même ce suicide honteux.

CXXX

O honte ! avoue que tu n'aimes personne, puisque tu es si imprévoyant pour toi-même. J'accorde, si tu veux, que tu es aimé par beaucoup : mais que tu n'aimes personne, cela est trop évident.

Car tu es tellement possédé de haine meurtrière que tu n'hésites pas à conspirer contre toi-même, en cherchant à ruiner ce faîte splendide qu'il devrait être ton plus cher désir de réparer.

Oh ! change d'idée, que je puisse changer d'opinion ! La haine sera-t-elle donc mieux logée que le doux amour ? Sois, comme est ton extérieur, gracieux et aimable ; ou sois, du moins, aimable pour toi-même.

Crée un autre toi-même pour l'amour de moi ; que ta beauté vive en ton enfant, comme en toi.

CXXXI

A mesure que tu déclineras, tu grandiras dans ton enfant de tout ce dont tu auras décru ; et ce sang vif que, jeune, tu auras transmis, tu pourras dire que c'est le tien, quand tu t'éloigneras de la jeunesse.

Ainsi vivent la sagesse, la beauté, la postérité ; hors de là, tout est folie, vieillesse et ruine glacée. Si tous pensaient comme toi, les temps s'arrêteraient, et soixante ans feraient la fin du monde.

Que tous ceux que la nature n'a pas voulu mettre en réserve, les êtres bruts, informes, grossiers, périssent stériles ! Mais regarde ceux qu'elle a le mieux doués, elle t'a donné plus encore. Fais donc valoir, en les prodiguant, ces dons qu'elle t'a prodigués.

Tu es le sceau qu'elle a gravé avec l'intention de mettre ton empreinte sur d'autres et de faire vivre ton type.

CXXXII

Quand je compte les heures qui marquent le temps et les jours splendides sombrés dans la nuit hideuse ; quand je vois la violette hors de saison et les noires chevelures tout argentées de blanc ;

Quand je contemple, dépouillés de feuilles, les grands arbres dont naguère le dais protégeait le pâtre de la chaleur ; quand je vois la verdure de l'été, toute nouée en gerbes, portée sur la civière avec une barbe blanche et hérissée,

Alors, mettant en question ta beauté, je songe que tu dois disparaître parmi les ravages du temps, puisque tant de grâces et de beautés se flétrissent et meurent à mesure que d'autres naissent ;

Je me dis que rien ne peut te sauver de la faux du Temps, si ce n'est une famille qui le brave quand il voudra t'emporter.

CXXXIII

Oh ! si vous existiez par vous-même ! mais, ami, vous ne vous appartiendrez plus dès que vous aurez vécu votre vie ici-bas. Préparez-vous contre cette fin fatale, et donnez votre douce ressemblance à quelque autre.

Par là, cette beauté, que vous avez à bail, n'aura pas de terme : ainsi vous vous survivrez, après votre décès même, dans cette douce famille qui gardera votre forme douce.

Qui donc laisserait tomber en ruine une maison si belle, quand les soins du ménage pourraient la conserver en bonheur contre les rafales des jours d'hiver et la rage funeste de cette bise éternelle, la mort?

Oh! nul autre qu'un prodigue! Cher amour, vous savez, vous avez eu un père : puisse votre fils en dire autant!

CXXXIV

Ce n'est pas des étoiles que je tire mon jugement; et pourtant, je t'assure, je possède une astronomie; non pas pour prédire l'heur et le malheur, les pertes, les disettes et le temps qu'il fera ;

Non pas pour dire l'avenir à courte échéance, en annonçant à chacun son tonnerre, sa pluie et son vent, ni pour dire si les princes seront heureux, d'après les présages multipliés que je trouve dans le ciel.

Mais c'est de tes yeux que je dérive ma science : voilà les étoiles fixes où je lis cet enseignement que la vertu et la beauté prospéreront à la fois, si tu fais une réserve de toi-même.

Sinon, je tire de toi ce pronostic que ta fin sera l'arrêt fatal de la vertu et de la beauté.

CXXXV

Quand je considère que tout ce qui croît ne reste dans sa perfection qu'un petit moment, et que cet état suprême ne présente que des apparences soumises aux influences mystérieuses des astres,

Quand je réfléchis que les hommes croissent comme les plantes, réjouis et abattus par le même ciel; qu'ils s'épanouissent dans leur jeune séve, décroissent dès la maturité, et usent leur force vive jusqu'à l'oubli,

Alors la pensée de cette condition inconstante reporte mes yeux sur vous, si riche en jeunesse, et je vois le temps ravageur se liguer avec la ruine pour changer en une nuit hideuse le jour de votre jeunesse.

Alors, pour l'amour de vous, je fais au temps la guerre à outrance, et, à mesure qu'il vous entame, je vous greffe à une vie nouvelle.

CXXXVI

Mais pourquoi ne prenez-vous pas un moyen plus puissant de faire la guerre au temps, ce sanglant despote? Pourquoi ne vous fortifiez-vous pas vous-même contre la ruine avec des armes plus heureuses que ma rime stérile ?

Vous voilà maintenant au faîte des heures fortunées ; et bien des jardins vierges, encore incultes, vous donneraient dans un vertueux désir de vivantes fleurs plus semblables à vous que votre portrait peint.

Ainsi revivrait dans de vivants contours votre personne, que ni le crayon éphémère ni ma plume écolière ne peuvent faire vivre aux yeux des hommes dans sa perfection intérieure et ses grâces extérieures.

Vous épancher au dehors, c'est vous conserver à jamais; et vous vivrez nécessairement dans un doux portrait fait par vous-même.

CXXXVII

Qui croira mon vers dans les temps à venir, si je le remplis de vos mérites transcendants? Il n'est pourtant, le ciel le sait! qu'un tombeau qui cache votre vie, et ne montre pas la moitié de vos qualités.

Si je pouvais écrire la beauté de vos yeux et dénombrer toutes vos grâces en nombres immortels, l'avenir dirait : « Ce poëte ment, des touches si célestes n'ont jamais touché de terrestres visages. »

Ainsi on se moquerait de mes papiers, jaunis par l'âge, comme de vieillards plus bavards que véridiques; et la justice à vous rendue passerait pour furie poétique, et pour le refrain exagéré d'une antique chanson.

Tandis que, si vous aviez un enfant vivant alors, vous vivriez doublement, en lui et dans mes rimes.

CXXXVIII

Te comparerai-je à un jour d'été? Tu es plus aimable et plus tempéré. Les vents violents font tomber les tendres bourgeons de mai, et le bail de l'été est de trop courte durée.

Tantôt l'œil du ciel brille trop ardemment, et tantôt son teint d'or se ternit. Tout ce qui est beau finit par déchoir du beau, dégradé, soit par accident, soit par le cours changeant de la nature.

Mais ton éternel été ne se flétrira pas et ne sera pas dépossédé de tes grâces. La mort ne se vantera pas de ce que tu erres sous son ombre, quand tu grandiras dans l'avenir en vers éternels.

Tant que les hommes respireront et que les yeux pourront voir, ceci vivra et te donnera la vie.

CXXXIX

Temps dévorant, émousse les pattes du lion, et fais dévorer par la terre ses propres couvées ; arrache la dent aiguë de la mâchoire du tigre féroce, et brûle dans son sang le phénix séculaire.

Fais les saisons gaies et tristes dans ton vol rapide, et dispose à ta guise, Temps au pied léger, du monde immense et de toutes ses délices éphémères. Mais il est un crime que je te défends, le plus odieux de tous :

Oh ! ne creuse pas avec tes heures le front pur de mon amour, et n'y trace pas de lignes avec ton antique plume :

laisse-le passer immaculé dans ton cours, comme un type de beauté pour les générations futures.

Mais non! acharne-toi, vieux Temps : en dépit de tes injures, mon amour vivra dans mes vers à jamais jeune !

★

CXL

Comme les vagues se jettent sur les galets de la plage, nos minutes se précipitent vers leur fin, chacune prenant la place de celle qui la précédait ; et toutes se pressent en avant dans une pénible procession.

La nativité, une fois dans les flots de la lumière, monte jusqu'à la maturité et s'y couronne. Alors les éclipses tortueuses s'acharnent contre sa splendeur, et le temps détruit les dons dont il l'avait comblée.

Le temps balafre la fleur de la jeunesse, et creuse les parallèles sur le front de la beauté : il ronge les merveilles les plus pures de la création, et rien ne reste debout que sa faux ne tranche.

Et pourtant dans l'avenir mon vers restera debout, chantant tes louanges, en dépit de sa main cruelle.

CXLI

Tu peux voir en moi ce temps de l'année où il ne pend plus que quelques rares feuilles jaunes aux branches qui tremblent sous le souffle de l'hiver, orchestres nus et ruinés où chantaient naguère les doux oiseaux.

En moi tu vois le crépuscule du jour, qui s'évanouit dans l'occident avec le soleil couchant et va tout à l'heure être emporté par la nuit noire, cet *alter ego* de la mort qui scelle tout dans le repos.

En moi tu vois la lueur d'un feu qui agonise sur les cendres de sa jeunesse, lit de mort où il doit expirer, éteint par l'aliment dont il se nourrissait.

Tu t'en aperçois, et c'est ce qui fait ton amour plus fort pour aimer celui que tu vas si tôt perdre.

CXLII

Comme un père en sa décrépitude prend plaisir à voir son enfant alerte faire acte de jeunesse, de même, moi, que la rancune acharnée de la fortune a rendu boiteux (16), je trouve toute ma consolation dans ton mérite et dans ta perfection.

Car, quel que soit celui des biens de ce monde, beauté, naissance, richesse, esprit, qui, ennobli en ta personne, ait sa couronne en toi, je greffe mon amour à ces trésors.

Alors je ne suis plus boiteux, pauvre, ni méprisé ; car je trouve sous ton ombre une telle séve que je suis rassassié par ton abondance, et que je vis d'un peu de toute ta gloire.

Pense à ce qu'il y a de meilleur, je le désire en toi ; et mon désir est d'avance exaucé ; donc je suis dix fois heureux !

CXLIII

Ma glace ne me persuadera pas que je suis vieux, tant que la jeunesse et toi vous serez du même âge; ce n'est que quand je remarquerai sur toi les sillons du temps que je m'attendrai à voir la mort terminer mes jours.

Car toute cette beauté qui te couvre n'est que le vêtement visible de mon cœur, qui bat dans ta poitrine comme ton cœur dans la mienne. Comment donc puis-je être plus vieux que toi?

Ainsi, ô mon amour, veille sur toi-même, comme je veille sur toi, non pour moi-même, mais pour toi. Car je porte ton cœur, et je le préserverai de tout mal, avec la vigilance d'une tendre nourrice pour son marmot.

Ne réclame pas ton cœur quand je n'ai plus le mien. Tu me l'as donné, ce n'est pas pour le reprendre.

CXLIV

Le péché d'amour-propre possède mes yeux tout entiers, et toute mon âme, et toutes les parties de mon être : et pour ce péché il n'est pas de remède, tant il est profondément enraciné dans mon cœur.

Il me semble qu'il n'est pas de visage aussi gracieux que le mien, pas de forme aussi pure, pas de perfection égale, et, dans l'opinion que je me fais de ma propre valeur, je me place à tous égards au-dessus de tous les autres.

Mais, quand ma glace me montre à moi tel que je suis,

flétri et altéré par le hâle des années, j'y lis le démenti donné à mon amour-propre, et l'inique méprise de ma vanité.

C'est toi, autre moi-même, que je louais au lieu de moi, fardant mes années de la beauté de tes jours.

CXLV

Quand je serai mort, cessez de me pleurer aussitôt que le glas sinistre aura averti le monde que je me suis enfui de ce vil monde pour demeurer avec les vers le plus vils.

Non, si vous lisez ces lignes, ne vous souvenez pas de la main qui les a écrites, car je vous aime tant que je voudrais être oublié dans votre douce pensée, si cela doit vous attrister de penser alors à moi.

Oh! je le répète, si vous jetez l'œil sur ces vers, quand peut-être je serai confondu avec l'argile, n'allez pas même redire mon pauvre nom : mais que votre amour pour moi finisse avec ma vie même ;

De peur que le monde sage, en regardant vos larmes, ne vous raille à mon sujet, quand je ne serai plus là.

CXLVI

Oh! de peur que le monde ne vous somme de raconter quel mérite vivait en moi pour que vous m'aimiez ainsi après ma mort, — cher amour, oubliez-moi tout à fait; car vous ne pourriez montrer en moi rien qui vaille,

A moins que vous n'inventiez quelque vertueux mensonge, pour m'attribuer plus que je ne mérite, et que vous ne couvriez ma vie éteinte de plus de louange que n'en accorderait spontanément l'avare vérité.

Oh ! pour que votre amour si vrai ne paraisse pas menteur dans un éloge immérité fait de moi par votre indulgence, que mon nom soit enterré avec mon corps, plutôt que de me survivre pour votre confusion et pour la mienne.

Car j'ai honte du peu que je vaux, et vous auriez honte aussi de votre amour pour un être indigne.

CXLVII

Mais résigne-toi : quand le fatal arrêt, qui n'admet pas de caution, m'emportera de ce monde, ma vie se retrouvera dans ces vers qui resteront toujours avec toi comme un mémorial.

Quand tu les reverras, tu reconnaîtras la part même de mon être qui t'a été consacrée. La terre ne peut avoir de moi que le peu de terre qui lui est dû ; toi tu auras mon esprit, la meilleure partie de moi-même.

Ainsi tu n'auras perdu de ma vie que la lie, la proie des vers, mon corps mort, lâche conquête du couteau d'un misérable (17), trop vile pour mériter ton souvenir.

La seule chose précieuse est ce que ce corps contient ; et cette chose est à toi, et elle te reste à jamais.

CXLVIII

Ou je vivrai pour faire votre épitaphe, ou vous me survivrez quand je serai pourri en terre ; ainsi la mort ne peut effacer d'ici votre mémoire, quand même tout mon être serait livré à l'oubli.

Votre nom tirera de mes vers l'immortalité, lors même qu'une fois disparu je devrais mourir au monde entier. La terre ne peut me fournir qu'une fosse vulgaire, tandis que vous serez enseveli à la vue de toute l'humanité.

Vous aurez pour monument mon gentil vers, que liront les yeux à venir : et les langues futures rediront votre existence, quand tous les souffles de notre génération seront éteints.

Et vous vivrez toujours (telle est la vertu de ma plume!), là où le souffle a le plus de puissance, sur la bouche même de l'humanité.

CXLIX

Quand je vois la main cruelle du temps dégrader dans le sépulcre la coûteuse parure de la vieillesse usée ; quand je vois les hautes tours rasées, et le bronze éternel sujet à la rage de la mort ;

Quand je vois l'Océan affamé empiéter sur le royaume du rivage, et la terre ferme s'étendre sur le domaine liquide, augmenté de la perte ou diminué du gain de l'autre ;

Quand je vois tous ces changements d'état, et les États eux-mêmes s'écrouler, ces ruines me font songer que le temps viendra pour emporter mon bien-aimé.

Cette pensée me met la mort dans l'âme, en la réduisant à pleurer d'avoir ce qu'elle craint tant de perdre.

CL

Un jour viendra où mon bien-aimé sera, comme je le suis maintenant, écrasé et épuisé par la main injurieuse du temps. Un jour viendra où les heures auront tari son sang et couvert son front de lignes et de rides ; où le matin de sa jeunesse

Aura gravi la nuit escarpée de l'âge ; où toutes ces beautés, dont il est roi aujourd'hui, iront s'évanouissant ou seront évanouies des yeux du monde, dérobant le trésor de son printemps.

Pour ce jour-là, je me fortifie dès à présent contre le couteau cruel de l'âge destructeur, afin que, s'il tranche la vie de mon bien-aimé, il ne retranche pas du moins sa beauté de la mémoire humaine.

Sa beauté sera vue dans ces lignes noires, à jamais vivantes, et il vivra en elles d'une éternelle jeunesse.

CLI

Puisque le bronze, la pierre, la terre, la mer sans bornes, ne peuvent résister à la triste mortalité, comment la beauté se défendrait-elle contre cette furie, elle qui en action n'est pas plus forte qu'une fleur?

Oh! comment le souffle emmiellé d'un été tiendrait-il contre l'assaut destructeur des jours en batterie, quand les rocs imprenables ne sont pas assez solides, ni les portes d'acier assez fortes pour braver les coups du temps?

O effrayante réflexion! Comment, hélas! dérober à jamais à l'écrin du temps son plus beau bijou? Quelle main est assez forte pour repousser son pied rapide? Quel moyen de sauver la beauté de ses ravages?

Ah! aucun, si ce n'est ce miracle que mon amour resplendisse à jamais dans l'encre noire!

CLII

Oh! comme la beauté semble plus belle lorsqu'elle est embaumée par la vérité! La rose paraît charmante, mais nous la trouvons plus charmante à cause du suave parfum qu'elle recèle.

L'églantine a des couleurs aussi vives que la teinte parfumée de la rose; hérissée d'épines comme la rose, elle a la même coquetterie, quand l'été soulève de son souffle le masque de ses bourgeons.

Mais, comme l'apparence est sa seule vertu, elle vit dans le délaissement et se fane dans l'indifférence. Elle meurt tout entière! Il n'en est pas ainsi de la rose suave; car de ses feuilles mortes est faite la plus suave odeur.

De même, quand votre belle et aimable jeunesse sera fanée, mon vers en distillera l'essence.

CLIII

Ni le marbre, ni les mausolées dorés des princes ne dureront plus longtemps que ma rime puissante. Vous conserverez plus d'éclat dans ces mesures que sous la dalle non balayée que le temps barbouille de sa lie.

Quand la guerre dévastatrice renversera les statues, et que les tumultes déracineront l'œuvre de la maçonnerie, ni l'épée de Mars, ni le feu ardent de la guerre n'entameront la tradition vivante de votre renommée.

En dépit de la mort et de la rage de l'oubli, vous avancerez dans l'avenir ; votre gloire trouvera place incessamment sous les yeux de toutes les générations qui doivent user ce monde jusqu'au jugement dernier.

Ainsi, jusqu'à l'appel suprême auquel vous vous lèverez vous-même, vous vivrez ici sous le regard épris de la postérité.

CLIV

Est-il dans le cerveau humain une idée, que puisse fixer l'encre, qui n'ait été employée à te représenter mes vrais sentiments? Reste-t-il maintenant rien de nouveau à dire ou à écrire pour exprimer mon amour ou ton rare mérite ?

Non, doux enfant. Comme dans nos prières à Dieu, je suis forcé chaque jour de redire la même chose, en trouvant neuve cette vieillerie : « Tu es à moi, je suis à toi, » comme le premier jour où j'ai sanctifié ton beau nom.

Aussi, notre amour, dans son revêtement d'éternelle jeunesse, est à l'abri de la poussière injurieuse des siècles; il ne donne pas prise aux rides fatales, et à jamais il fait du temps son page ;

Devant retrouver toujours vivante ici l'image première du bien-aimé, alors qu'elle sera morte apparemment sous les formes extérieures de ce monde éphémère.

CLV

Ni mes propres pressentiments, ni l'âme prophétique de l'univers immense rêvant aux choses à venir, ne peuvent désormais fixer de terme au bail de mon amour, qu'on supposait condamné à une résiliation fatale.

La lune condamnée a survécu à son éclipse, et les augures de malheur se moquent maintenant de leurs présages. Les doutes se couronnent enfin dans la certitude, et la paix arbore l'olivier des âges sans fin.

Mon amour est à jamais rafraîchi sous les gouttes d'un baume inépuisable, et la mort se soumet à moi. En dépit d'elle, je vivrai dans ces pauvres rimes, tandis qu'elle écrasera les masses hébétées et sans voix.

Et toi, tu auras ici ton monument, ami, quand seront détruites les couronnes et les tombes de cuivre des tyrans !

FIN DES SONNETS (18).

VÉNUS ET ADONIS

AU

TRÈS-HONORABLE HENRY WRIOTHESLY

COMTE DE SOUTHAMPTON ET BARON DE TICHFIELD.

Très-honorable,

Je ne sais pas combien je me rendrai coupable en dédiant mes vers imparfaits à Votre Seigneurie, et combien le monde me blâmera de choisir un si fort soutien pour un si faible fardeau. Si Votre Honneur paraît seulement satisfait, je me regarde comme hautement loué, et je fais vœu de mettre à profit toutes mes heures de loisir pour vous offrir l'hommage d'un plus sérieux travail. Mais, si le premier-né de mon invention est reconnu difforme, je regretterai de lui avoir donné un si noble parrain, et je renoncerai désormais à labourer un terrain si stérile, de peur qu'il ne me donne toujours une aussi mauvaise récolte. Je livre ceci à votre honorable examen, et Votre Seigneurie au contentement de son cœur : puisse-t-il répondre toujours à vos propres désirs et aux espérances impatientes du monde !

De Votre Seigneurie

le tout dévoué serviteur,

WILLIAM SHAKESPEARE.

VÉNUS ET ADONIS

*Vilia miretur vulgus, mihi flavus Apollo
Pocula Castalia plena ministret aqua.*
                                    OVID.

I

A peine le soleil à la face empourprée avait-il reçu le dernier adieu de l'aurore en pleurs, qu'Adonis aux joues roses courut aux halliers : il aimait la chasse, mais, l'amour, il en riait jusqu'au dédain. La languissante Vénus va droit à lui, et en solliciteuse hardie se met à le courtiser :

II

« Toi qui es trois fois plus beau que moi-même, dit-elle tout d'abord, fleur souveraine de la prairie, d'une suavité incomparable ; toi qui éclipses toutes les nymphes, plus aimable qu'un homme, plus blanc et plus vermeil que colombes ou roses, la nature qui t'a fait, en lutte avec elle-même, a dit que le monde doit finir avec ta vie.

III

» Daigne, ô merveille, descendre de ton destrier, et rêne sa tête altière à l'arçon de ta selle. Si tu m'accordes cette faveur, pour ta récompense, tu connaîtras mille secrets emmiellés. Viens t'asseoir ici, où jamais le serpent ne siffle, et aussitôt je t'étoufferai de baisers.

IV

» Et pourtant je n'affadirai pas tes lèvres par une écœurante satiété ; loin de là, je les affamerai en pleine abondance, les faisant rougir et pâlir par une inépuisable variété. Dix baisers seront aussi courts qu'un seul, un seul aussi long que vingt ! Un jour d'été ne semblera qu'une heure, passé dans des ébats qui tromperont si bien les moments. »

V

Sur ce, elle saisit sa main humide d'une sueur qui atteste la fougue et la vie, et, dans le frémissement de sa passion, cette sueur lui semble un baume, un cordial terrestre souverain pour soulager une déesse. Frénétique qu'elle est, le désir lui donne la force et le courage d'enlever Adonis de son cheval.

VI

Sur un de ses bras est la bride du vigoureux coursier, dans l'autre est le tendre enfant, qui rougit et fait une moue tristement dédaigneuse, insensible aux appétits, incapable d'un caprice ; elle, rouge et embrasée comme un charbon ardent ; lui, rouge de honte, mais glacé dans le désir.

VII

La bride chamarrée, elle l'attache lestement à un rameau noueux. Oh ! que l'amour est rapide ! Le cheval est à peine installé que déjà elle tâche d'attacher le cavalier ; elle le pousse en arrière, comme elle voudrait être renversée elle-même, et le tient par la force, sinon par le désir.

VIII

Elle est étendue près de lui, dès qu'il est à terre, l'un et l'autre reposant sur un coude et sur une hanche ; bientôt elle lui caresse la joue, et lui il rougit et commence à gronder ; mais vite elle lui ferme la bouche, et, tout en l'embrassant, lui dit dans la langue entrecoupée de la passion : « Si tu veux gronder, jamais tes lèvres ne s'ouvriront. »

IX

Il brûle d'une pudique honte ; elle avec ses larmes éteint le feu virginal de ses joues ; puis, avec le souffle de ses soupirs et avec l'éventail de ses cheveux d'or, elle tâche de les sécher. Il dit qu'elle est immodeste, et la blâme de ses torts ; ce qu'il va ajouter, elle l'engloutit dans un baiser.

X

De même qu'un aigle affamé, exaspéré par le jeûne, déchire avec son bec plumes, chair et os, secouant ses ailes, dévorant tout en hâte, jusqu'a ce que son gosier soit plein, ou sa proie détruite, de même elle lui baise le front, la joue, le menton, et recommence où elle a fini.

XI

Forcé d'acquiescer, mais non point d'obéir, il est couché pantelant, et effleure de son haleine la face de Vénus :

elle se repaît, comme d'une proie, de cette vapeur, qui est pour elle une moiteur céleste, une atmosphère ineffable, et voudrait que ses joues fussent des jardins pleins de fleurs, à jamais arrosés par ces bruines embaumées.

XII

Voyez comme un oiseau reste empêtré dans un filet ; ainsi reste Adonis enchaîné dans ses bras. La pure honte et la résistance dominée le mettent en rage, ce qui ajoute un surcroît de beauté à ses yeux furieux ; la pluie, tombant dans un ruisseau déjà plein, le forcera forcément à déborder.

XIII

Toujours elle supplie, et supplie délicatement, car elle sait moduler son langage pour une oreille délicate. Toujours il est morose, toujours il rechigne et boude, passant de la confusion cramoisie à la colère blême et cendrée ; elle le préfère quand il rougit ; quand il pâlit, elle oublie cette préférence dans un surcroît de ravissement.

XIV

Qu'il prenne l'air qu'il voudra, elle ne peut que l'aimer ; et par sa belle main immortelle elle jure de ne pas l'éloigner de son tendre sein qu'il n'ait capitulé avec les larmes acharnées qui n'ont cessé de pleuvoir et d'inonder ses joues : un seul doux baiser paiera cette rançon immense.

XV

A cette promesse il soulève son menton ; tel qu'un oiseau plongeur, apparaissant au-dessus de la vague, se replonge aussi vite qu'il s'est montré, ainsi il fait mine d'accorder ce qu'elle implore ; mais, dès que les lèvres de Vénus sont prêtes pour le paiement, il ferme les yeux et détourne les lèvres.

XVI

Jamais voyageur dans la chaleur de l'été n'eut soif d'eau fraîche autant qu'elle a soif de cette douce concession. Elle voit ce qui la soulagerait, mais ne peut l'obtenir. Elle est toute mouillée, et pourtant il faut qu'elle se consume dans sa flamme : « Oh ! pitié ! s'écrie-t-elle, enfant au cœur de pierre, ce n'est qu'un baiser que je demande ; pourquoi es-tu si timide ?

XVII

« J'a été suppliée, comme je t'adjure à présent, même par le farouche et terrible dieu de la guerre, dont le cou nerveux n'a jamais ployé dans les batailles, qui triomphe dès qu'il arrive dans toutes les luttes ; eh bien, il a été mon captif et mon esclave, et il a imploré ce que tu auras sans demande.

XVIII

» Sur mes autels il a déposé sa lance, son bouclier bossué, son cimier indompté, et pour me plaire il a appris à jouer et à danser, à badiner, à folâtrer, à s'amuser, à sourire et à plaisanter, dédaignant son rude tambour et ses rouges enseignes, faisant de mes bras son champ de bataille, et sa tente de mon lit !

XIX

» Ainsi j'ai dominé ce dominateur, et l'ai conduit captif dans une chaîne de rose. L'acier le plus fortement trempé obéissait à sa force supérieure, et pourtant il était l'esclave de mon froid dédain ! Oh ! ne sois pas vain, et ne fais pas parade de ta puissance pour maîtriser celle qui a vaincu le dieu de la guerre !

XX

» Touche seulement mes lèvres de tes belles lèvres ; qu'importe que les miennes soient moins belles, elles sont vermeilles aussi ; le baiser sera tien tout autant que mien... Que considères-tu à terre ? redresse la tête ; regarde dans mes prunelles ; c'est là qu'est ta beauté... Nous voici, les yeux dans les yeux : pourquoi pas lèvres contre lèvres ?

XXI

» As-tu honte d'un baiser ? Alors ferme encore les yeux, et moi, aussi, je les fermerai, et le jour deviendra la nuit. L'amour institue ses fêtes là où l'on n'est que deux ; abandonne-toi hardiment, nos ébats n'ont pas de témoin ; les violettes aux veines bleues, sur lesquelles nous reposons, ne peuvent pas jaser ni savoir ce que nous voulons.

XXII

» Le tendre printemps, qui est sur ta lèvre tentante, prouve que tu n'es guère mûr ; pourtant tu peux bien déjà être savouré. Mets à profit le temps, ne laisse pas échapper l'occasion ; la beauté ne doit pas se consumer en elle-même ; les belles fleurs qui ne sont pas cueillies dans leur primeur se fanent et se flétrissent en peu de temps.

XXIII

» Si j'étais laide, affreuse, ridée par la vieillesse, mal venue, difforme, grossière, la voix rauque, décrépite, méprisée, atrabilaire, froide, le regard trouble, décharnée, maigre, sèche, alors tu pourrais hésiter, car alors je ne serais pas digne de toi ; mais, quand je n'ai pas de défauts, pourquoi m'abhorres-tu?

XXIV

» Tu ne peux pas voir une seule ride à mon front ; mes yeux sont azurés, brillants et vifs ; ma beauté, comme le printemps, se renouvelle chaque année ; ma chair est douce et potelée, ma moelle brûlante ; ma main unie et moite, si tu l'étreignais avec la tienne, fondrait ou semblerait se dissoudre entre tes doigts.

XXV

» Dis-moi de discourir, et j'enchanterai ton oreille ; ordonne et, comme une fée, je folâtrerai sur la pelouse, ou, comme une nymphe aux longues tresses échevelées, je danserai sur le sable d'un pas invisible : l'amour est un esprit tout de feu, sur qui aucune grossièreté ne pèse, mais qui, impondérable, aspire à s'élever.

XXVI

» Vois ce banc de primevères où je suis couchée ; ces fragiles fleurs me supportent comme des arbres robustes ;

deux faibles colombes me traînent à travers le ciel, du matin jusqu'au soir, partout où il me plaît de m'ébattre. Cet amour si léger, doux enfant, se peut-il qu'il te semble si lourd?

XXVII

» Ton cœur est-il affecté à ton visage? Ta main droite peut-elle ravir l'amour à ta gauche? Alors poursuis-toi toi-même, et sois repoussé par toi-même; vole ta propre liberté, et plains-toi du vol. Ainsi Narcisse lui-même s'abandonna lui-même, et mourut pour baiser son ombre dans le ruisseau.

XXVIII

» Les torches sont faites pour éclairer, les bijoux pour parer, les friandises pour être goûtées, la fraîche beauté pour être possédée, les herbes pour embaumer, les plantes savoureuses pour produire; ce qui ne croît que pour soi est un abus de la croissance; les semences naissent des semences, et la beauté engendre la beauté. Tu fus engendré, engendrer est ton devoir.

XXIX

» Pourquoi te nourris-tu des œuvres de la terre, si tu ne nourris pas la terre de tes œuvres? Par la loi de la nature tu es tenu de procréer, en sorte que les tiens puissent vivre quand tu seras mort toi-même. Et ainsi, en dépit de la mort, tu survivras dans la vivante image que tu laisseras de toi. »

XXX

Cependant la langoureuse reine d'amour était déjà trempée de sueur, car l'ombre avait déserté le lieu où ils étaient couchés, et Titan, paré des feux du midi, les dominait d'un regard brûlant, souhaitant qu'Adonis eût à diriger son char, pourvu que lui le remplaçât à côté de Vénus.

XXXI

Et alors Adonis, avec l'accent de l'indolence, d'un air ennuyé, sombre et dédaigneux, ses sourcils froncés couvrant son clair visage comme ces vapeurs brumeuses qui obscurcissent le ciel, — l'amertume aux joues, s'écrie : « Fi ! assez d'amour ! Le soleil me brûle la face ; il faut que je me retire. »

XXXII

« Hélas ! dit Vénus, si jeune et si cruel ! quel chétif prétexte tu prends pour t'en aller ! Je n'ai qu'à respirer, et le doux souffle de ma céleste haleine rafraîchera l'ardeur de ce soleil accablant ; je ferai pour toi une ombre de mes cheveux ; et, s'ils te brûlent aussi, je les mouillerai de mes larmes.

XXXIII

» Le soleil qui brille du haut du ciel n'a que de tièdes rayons, et vois, je suis entre ce soleil et toi. La chaleur que j'en reçois ne me gêne guère ; mais tes yeux dardent la flamme qui me brûle ; et, si je n'étais immortelle, ma vie finirait entre ce soleil du ciel et ce soleil terrestre.

XXXIV

» Es-tu donc endurci? es-tu de roche? es-tu d'acier? Non, tu es plus dur que la roche, car la pierre s'attendrit à la pluie. Se peut-il que tu sois fils de la femme, et que tu ne sentes pas ce que c'est que d'aimer et quel tourment c'est de ne pas être aimé ! Oh ! si ta mère avait eu un cœur aussi dur, elle ne t'aurait pas mis au monde, elle serait morte stérile !

XXXV

» Qui suis-je que tu me méprises ainsi? Quel grand danger y a-t-il dans ma supplique? Quel mal ferait à tes lèvres un pauvre baiser? Parle, doux enfant, mais parle un doux langage, ou reste muet. Donne-moi un baiser, je te le rendrai, avec un de plus pour les intérêts, si tu en veux deux.

XXXVI

» Fi ! effigie inanimée, pierre froide et insensible, idole peinte, image inerte et morte, statue qui ne plais qu'à l'œil, être qui ressembles à un homme sans être enfant de la femme ! Tu n'es pas un homme, bien que tu en aies le visage, car les hommes sont par instinct prompts aux baisers ! »

XXXVII

Cela dit, l'impatience étouffe sa voix suppliante, et un élan de colère exige d'elle une pause; ses joues rouges et ses yeux étincelants dardent le ressentiment : elle, qui est juge en amour, elle ne peut gagner sa cause ! Et alors elle pleure, et alors elle voudrait parler, et alors les sanglots lui coupent la parole.

XXXVIII

Parfois elle agite sa tête, parfois la main d'Adonis ; tantôt elle fixe les yeux sur lui, tantôt à terre. Par moments ses bras l'entourent comme une ceinture ; elle veut l'enlacer dans ses bras, il s'y refuse ; et, quand il tâche de se dégager de là, elle lui serre les doigts entre ses doigts de lis.

XXXIX

« Mignon, dit-elle, puisque je te tiens ici enfermé dans cet enclos d'ivoire, je serai le parc, et tu seras mon agneau ; rassasie-toi où tu voudras, sur la côte ou au vallon, repais-toi sur mes lèvres ; et, si ces hauteurs sont arides, erre plus bas, là où sont cachées les sources exquises.

XL

» Dans ces limites tu trouveras tout à souhait, suaves pelouses profondes, plaines hautement délicieuses, ronds coteaux, buissons obscurs et touffus, pour te garantir de la tempête et de la pluie. Sois donc mon agneau, puisque je suis un tel parc ; les chiens ne t'y poursuivront pas, quand ils aboieraient par milliers. »

XLI

A ces mots Adonis sourit comme par dédain, et sur chacune de ses joues apparaît une jolie fossette que l'amour a creusée là, pour pouvoir, au cas où lui-même succomberait, être enseveli dans une tombe si simple, devinant bien que, s'il y était jamais déposé, il ne pourrait mourir où respire l'amour.

XLII

Ces replis aimables, ces fosses d'une rondeur enchanteresse s'ouvrent pour engloutir la passion de Vénus. Affolée déjà, comment alors retrouverait-elle sa raison? Déjà frappée à mort, qu'a-t-elle besoin d'un second coup ? Pauvre reine d'amour, délaissée dans ton propre empire, se peut-il que tu aimes un visage qui ne te sourit que par dédain ?

XLIII

Maintenant quelle voie prendra-t-elle ? que dira-t-elle ? Elle a épuisé les paroles et n'a fait qu'augmenter ses maux. Le temps s'est écoulé, son amant veut s'enfuir et tâche de se dégager de ses deux bras qui l'étreignent : « Pitié ! s'écrie-t-elle, une faveur ! une tendresse ! » Il s'échappe et se précipite vers son cheval.

XLIV

Mais, tenez ! d'un taillis voisin, une cavale de race espagnole, vigoureuse, jeune et superbe, aperçoit le coursier frémissant d'Adonis ; elle accourt, s'ébroue et hennit bruyamment. Le destrier à la forte encolure, étant attaché à un arbre, brise ses rênes et va droit à elle.

XLV

Il s'élance impérieusement, il hennit, il bondit, et fait éclater la trame de ses sangles. Il blesse de son dur sabot la terre dont les entrailles profondes résonnent comme le tonnerre du ciel. Il broie entre ses dents le mors de fer, maîtrisant ce qui le maîtrisait.

XLVI

Ses oreilles sont dressées ; les tresses pendantes de sa crinière se hérissent maintenant sur son col arqué : ses naseaux aspirent l'air, et aussitôt renvoient comme une vapeur de fournaise ; son œil hautain, qui étincelle comme le feu, montre son ardent courage et son vif transport.

XLVII

Parfois il trotte, comme s'il comptait ses pas, avec une majesté douce et une modeste fierté ; puis il se cabre, se recourbe et bondit, comme pour dire : « Voyez ! telle est ma force, et je fais tout cela pour captiver le regard de cette belle jument. »

XLVIII

Que lui importe l'appel irrité de son cavalier, son caressant holà ! son halte-là ! Que lui importent maintenant les rênes et l'éperon aigu, le riche caparaçon et le harnais splendide ! Il voit sa bien-aimée et ne voit qu'elle ; et seule elle plaît à son regard superbe.

XLIX

Voyez : quand un peintre veut surpasser son modèle en peignant un coursier bien proportionné, son art rivalise avec l'œuvre de la nature, comme si la création inanimée allait éclipser la vivante ; de même le cheval d'Adonis l'emportait sur un cheval ordinaire par la forme, le courage, la couleur, l'allure et l'ossature.

L

Sabot arrondi, articulations souples, fanons velus et longs, large poitrail, œil vaste, petite tête et larges naseaux, haute encolure, oreilles courtes, jambes droites et plus que robustes, crinière épaisse, queue épaisse, large croupe, poil lisse, de tout ce que peut avoir un cheval, rien ne lui manquait, rien, hormis un cavalier superbe sur ce dos superbe !

LI

Parfois il se dérobe, et jette de loin un regard effaré ; parfois il tressaille au mouvement d'une plume ; il se met alors à joûter avec le vent, et l'on ne sait s'il court ou s'il vole. Le grand air chante à travers sa crinière et sa queue, éventant les poils qui oscillent comme des ailes.

LII

Il regarde sa bien-aimée et hennit vers elle ; elle lui répond, comme si elle devinait sa pensée. Fière, comme toute femelle, de se voir recherchée, elle affecte une apparente aversion, fait la cruelle, résiste à l'amoureux et nargue l'ardeur qu'il ressent, en repoussant avec des ruades ses tendres caresses.

LIII

Alors, morose mécontent, il baisse sa queue qui, comme un panache retombant, projetait une ombre fraîche sur sa croupe en sueur. Il piaffe, et mord les pauvres mouches dans sa rage fumante. Sa bien-aimée, le voyant si furieux, devient plus aimable, et son courroux s'apaise.

LIV

Son maître qui s'obstine va pour l'attraper, quand brusquement la cavale indomptée, pleine de frayeur, craignant d'être prise, se dérobe vite à lui. Le cheval la suit, et laisse là Adonis. Tous deux se précipitent dans le bois comme des furieux, devançant les corbeaux qui essaient de les dépasser.

LV

Tout essoufflé de sa course, Adonis s'assied, maudissant son impétueuse et indocile bête. Et ainsi fort à propos une nouvelle occasion s'offre à sa langoureuse amante de se soulager par des protestations; car les amoureux disent que le cœur souffre triplement quand il est privé du secours de la langue.

LVI

Un four qu'on ferme, un cours d'eau qu'on arrête, brûle plus ardemment, s'enfle plus furieusement; on peut en dire autant d'une douleur comprimée ; une libre échappée de paroles tempère le feu de l'amour; mais, dès que l'avocat du cœur est muet, le client est brisé par le désespoir.

LVII

Adonis voit venir Vénus et se met à rougir, comme un tison mourant que le vent ravive. Avec son bonnet il cache son front irrité, et contemple la terre morne d'un air soucieux, sans aucun égard pour celle qui l'approche, car il ne voit que d'un mauvais œil.

LVIII

Oh! quel spectacle! Voyez comme elle accourt furtivement vers le maussade enfant! Remarquez comme, dans le conflit des nuances de son teint, le blanc et le rouge s'entre-dévorent! Sa figure était toute pâle, il y a un moment, et maintenant elle flamboie comme un éclair du ciel.

LIX

Enfin la voilà devant Adonis qui est resté assis ; elle s'agenouille comme une humble amoureuse; d'une de ses belles mains elle lui enlève son chapeau, de l'autre elle caresse ses belles joues. Ces tendres joues subissent l'impression de cette douce main, aussi aisément que la neige nouvellement tombée reçoit une empreinte.

LX

Oh! alors quelle guerre de regards entre eux! Les yeux suppliants de Vénus implorent les yeux d'Adonis : lui, la considère comme s'il ne la voyait pas ; à des regards toujours caressants il ne répond que par des regards dédaigneux ; et tous les actes de cette muette pantomime sont expliqués par un chœur de larmes, tombées de ses yeux divins.

LXI

Tout doucement elle le prend maintenant par la main : on dirait un lis emprisonné dans un cachot de neige, ou de l'ivoire dans un cercle d'albâtre, si blanche est cette amie étreignant cet ennemi si blanc ! Ce beau combat avec ses agressions et ses résistances rappelle les ébats de deux colombes argentées qui se becquètent.

LXII

Une fois de plus elle fait agir l'engin de ses pensées : « O toi le plus bel être de ce globe mortel, que n'es-tu ce que je suis, et que ne suis-je un homme ! mon cœur intact comme le tien, ton cœur blessé comme le mien ! Pour un doux regard je t'assurerais du secours, quand le poison de mon corps devrait être ton unique remède. »

LXIII

— « Rends-moi ma main, dit-il, pourquoi la touches-tu ? » — « Rends-moi mon cœur, dit-elle, et je la lâche ; oh ! rends-moi mon cœur, de peur qu'il ne devienne d'acier au contact de ton cœur dur, et que, devenu d'acier, il ne soit impénétrable à de tendres soupirs. Alors je resterais toujours insensible aux sanglots profonds de l'amour, le cœur d'Adonis ayant endurci le mien. »

LXIV

— « Par pudeur, s'écrie-t-il, lâchez, lâchez-moi. Le plaisir de ma journée est perdu ; mon cheval est parti, et c'est votre faute s'il m'a échappé ainsi. Je vous prie, allez-vous-en, et laissez-moi seul ici. Car mon unique idée, ma pensée, ma préoccupation unique, est de reprendre mon palefroi à cette jument. »

LXV

Elle lui répond ainsi : « Ton palefroi favorise, comme il le doit, l'ardente approche du doux désir. L'affection est une braise qu'il faut refroidir ; autrement, livrée à à elle-même, elle met le cœur en feu. La mer a des bornes, mais le désir profond n'en a pas ; ne t'étonne donc pas si ton cheval est parti.

LXVI

» Il avait l'attitude d'une rosse quand il était attaché à l'arbre et servilement maîtrisé par des rênes de cuir. Mais dès qu'il a vu sa chère cavale, digne récompense de sa jeunesse, il a pris en dédain cette misérable servitude, rejeté l'infâme courroie de son col ployé, et dégagé sa bouche, sa croupe, son poitrail.

LXVII

» Qui donc, en voyant sa bien-aimée, nue sur son lit, révéler aux draps une couleur plus blanche que leur blancheur, a pu rassasier ainsi son regard dévorant, sans que ses autres sens aient réclamé d'égales délices? Qui donc est assez pusillanime pour n'avoir pas la hardiesse de s'approcher du feu par une froide saison ?

LXVIII

» Laisse-moi donc excuser ton coursier, gentil enfant ; et apprends de lui, je ten conjure instamment, à prendre avantage du bonheur qui s'offre. Je serais muette, que son exemple suffirait à t'enseigner. Oh ! apprends à aimer ! la leçon est bien simple ; et, une fois sue, elle n'est jamais oubliée. »

LXIX

« Je ne connais pas l'amour, répond-il, et je ne veux pas le connaître, à moins que ce ne soit une bête fauve, et alors je lui donnerai la chasse. C'est une dette trop lourde que je ne veux pas contracter. Mon amour pour l'amour n'est que l'amour du mépris ; car j'ai ouï dire que l'amour est une vie d'agonie qu'un souffle fait rire et pleurer.

LXX

» Qui donc porte un vêtement informe et inachevé ? Qui cueille le bouton avant qu'une seule feuille ait paru ? Pour peu que les choses soient mutilées dans leur croissance, elles se flétrissent dès leur primeur et ne valent plus rien. Le poulain qui est monté et chargé trop jeune perd son énergie et jamais ne devient fort.

LXXI

» Vous heurtez ma main en l'étreignant. Séparons-nous, et laissez là ce thème futile, cet inutile verbiage. Levez le siége de mon imprenable cœur ; il n'ouvrira pas la porte aux alarmes de l'amour. Trêve de protestations, de larmes feintes, de flatteries ! rien de tout cela ne saurait battre en brèche un cœur ferme. »

LXXII

— « Quoi, tu parles, s'écrie-t-elle, tu as une langue ! Oh ! que n'es-tu muet, ou que ne suis-je sourde ! Ta voix de sirène a doublé ma souffrance. J'étais assez accablée sans ce surcroît qui m'écrase. Mélodieux désaccord ! dissonance d'une harmonie céleste ! délicieuse musique à l'oreille, au cœur blessure déchirante !

LXXIII

« Si, aveugle, je ne pouvais que t'entendre, mon oreille aimerait cette intime et invisible beauté. Si j'étais sourde, ton être extérieur ferait tressaillir toutes les parties sensibles de mon être. Fussé-je sans yeux et sans oreilles pour voir et entendre, je t'aimerais encore par le toucher.

LXXIV

» Supposons que le sens du tact me fût enlevé, et que je ne pusse ni voir, ni entendre, ni toucher, et qu'il ne me restât plus que l'odorat, mon amour pour toi n'en serait pas moins grand ; car de l'alambic de ton visage exquis sort une haleine embaumée qui engendre l'amour par émanation.

LXXV

» Oh ! mais quel banquet tu offrirais au goût, qui nourrit et alimente les quatre autres sens ! Ne souhaiteraient-ils pas que le festin durât toujours, en commandant au soupçon de fermer la porte à double tour, de peur que la jalousie, cet hôte amer et malvenu, ne troublât la fête en s'y glissant ? »

LXXVI

Une fois encore se rouvrait le portail de rubis qui avait livré un si suave passage aux paroles d'Adonis : telle une rouge aurore qui toujours annonce le naufrage aux matelots, l'orage aux plaines, la souffrance aux pâtres, le malheur aux oiseaux, les rafales et les bourrasques sombres aux bergers et aux troupeaux.

LXXVII

Elle observe habilement ce mauvais présage. Telle que le vent qui se calme à l'approche de la pluie, que le loup qui montre les dents avant d'aboyer, que la baie qui se rompt avant de tacher, ou que le boulet de canon qui éclate avant de tuer, la pensée d'Adonis a frappé Vénus avant qu'il ait parlé,

LXXVIII

Elle tombe à la renverse sous ce regard ; car les regards tuent l'amour, comme ils le ravivent. Un sourire guérit d'un coup d'œil blessant : et bénie est la banqueroute dont l'amour fait ainsi un profit ! L'enfant candide, la croyant morte, presse ses pâles joues jusqu'à ce qu'elles rougissent.

LXXIX

Tout effaré, il renonce à son intention première ; car il songeait à la réprimander vivement, mais une ruse d'amour a habilement prévenu ce dessein. Puisse l'habileté qu'elle met à se défendre lui réussir ! Vénus reste gisant sur l'herbe, comme si elle était morte, jusqu'à ce que le souffle d'Adonis lui souffle une vie nouvelle.

LXXX

Il lui serre le nez, il la frappe sur les joues, lui plie les doigts, lui presse le pouls, lui réchauffe les lèvres ; il cherche mille moyens pour réparer le mal qu'a envenimé sa dureté. Il l'embrasse, et elle, volontiers, ne se relèverait plus, pourvu qu'il l'embrassât toujours.

LXXXI

A la nuit de la douleur a succédé désormais le jour ; elle entr'ouvre languissamment ses deux paupières azurées : tel le beau soleil, quand dans toute la fraîcheur de sa pompe il égaie la matinée et ranime tout l'univers. Et, comme le brillant soleil fait resplendir le ciel, l'œil de Vénus illumine son visage ;

LXXXII

Les rayons de son regard sont fixés sur la face imberbe d'Adonis comme s'ils lui empruntaient tout leur éclat. Jamais quatre lumières aussi belles n'eussent été réunies, si Adonis n'avait assombri ses yeux d'un froncement de sourcil ; mais les yeux de Vénus, lançant leur flamme à travers le cristal de ses larmes, brillaient comme la lune vue la nuit dans l'eau.

LXXXIII

« Oh ! où suis-je ? dit-elle, sur la terre ou dans le ciel ? suis-je plongée dans l'Océan ou dans le feu ? Quelle heure est-il ? est-ce le matin ou le soir déjà las ? Suis-je ravie de mourir ou désireuse de vivre ? Tout à l'heure je vivais, et cette vie était une affreuse mort ; tout à l'heure je mourais, et cette mort était une vie délicieuse !

LXXXIV

» Oh ! c'est toi qui m'as tuée, tue-moi encore une fois ! Ce cœur dur que tu as, maître acerbe de tes yeux, leur avait enseigné une expression si méprisante, si dédaigneuse, qu'ils ont assassiné mon pavre cœur ; et mes yeux, loyaux guides de leur reine, eussent à jamais cessé de voir sans la pitié de tes lèvres.

LXXXV

» Puissent, pour cette cure-là, tes lèvres se baiser longtemps ! Oh ! que jamais leur livrée cramoisie ne s'use ! Puisse leur fraîcheur à jamais durable sans cesse éloigner les fléaux des années terribles ! En sorte que les astrologues, après avoir annoncé la mort, puissent dire que la peste est bannie par ton souffle.

LXXXVI

» Lèvres pures, sceaux ineffables imprimés sur mes douces lèvres ! Quel contrat puis-je faire pour qu'elles restent scellées sur moi ? Me vendre ! je le veux bien, pourvu que tu m'achètes et que tu paies scrupuleusement. Si tu fais le marché, de crainte d'équivoques, appose ton seing privé sur la cire rouge de mes lèvres.

LXXXVII

» Pour mille baisers tu achèteras mon cœur, et tu les paieras à ton loisir, un à un. Qu'est-ce que dix fois cent baisers pour toi ? N'est-ce pas vite compté, vite donné ? Convenons qu'en cas de non-paiement, la dette sera doublée ; est-ce un si grand embarras que deux mille baisers ? »

LXXXVIII

« Belle reine, dit Adonis, si vous avez pour moi de l'amour, mesurez ma froideur à la verdeur de ma jeunesse ; ne cherchez pas à me connaître avant que je me connaisse moi-même ; il n'est pas de pêcheur qui n'épargne le trop menu fretin ; la prune mûre tombe, la verte tient ferme, ou, cueillie trop tôt, elle est aigre au goût.

LXXXIX

» Voyez ! le consolateur du monde, épuisé de sa course, a terminé au couchant la tâche brûlante de sa journée ; le hibou, héraut de la nuit, hue : il est très-tard ! les moutons sont entrés au bercail, les oiseaux à leur nid ; et les nuages noirs comme le charbon qui estompent la lumière du ciel nous somment de partir et de nous dire bonsoir.

XC

» Laissez-moi donc vous dire bonsoir, et dites de même ; si vous me dites bonsoir, vous aurez un baiser. » — « Bonsoir, » dit-elle ; et, avant qu'il ait dit adieu, le doux prix du départ est payé ; les bras de Vénus étreignent tendrement le cou d'Adonis ; alors ils semblent confondus ; le visage adhère au visage.

XCI

Enfin Adonis haletant se dégage et recule sa bouche de corail, dont Vénus savoure d'une lèvre avide la moiteur céleste, s'enivrant de ce suc délicieux et se plaignant toujours d'être altérée. Tous deux tombent à terre, les lèvres collées, — lui excédé de cette abondance, elle affamée par cette disette.

XCII

Enfin la fougueuse passion a saisi sa proie vaincue ; gloutonne, elle la dévore, sans s'en rassasier. Les lèvres de Vénus sont victorieuses, les lèvres d'Adonis obéissent, et paient la rançon qu'exige la triomphatrice ; dans son élan de vautour, elle élève si haut le taux de cette rançon, qu'elle menace de mettre à sec le riche trésor de ces lèvres mortelles.

XCIII

Une fois qu'elle a goûté les délices du pillage, elle se met à fourrager avec une aveugle furie ; son visage sue et fume, son sang bout, et le désir effréné provoque en elle une audace désespérée ; elle arbore l'oubli de tout, et repousse la raison, sans se soucier des chastes rougeurs de la honte et du naufrage de la pudeur.

XCIV

Échauffé, affaibli, épuisé par ces violentes étreintes, pareil à un oiseau sauvage qu'on apprivoise à force de le manier, ou à l'agile chevreuil harassé par la chasse, ou à l'enfant revêche qu'on calme en le dorlotant, Adonis obéit et cesse de résister, tandis que Vénus lui prend tout ce qu'elle peut, sinon tout ce qu'elle veut.

XCV

Quelle est la cire si congelée qui ne fonde au frottement et ne finisse par céder à la plus légère impression ?

Les résultats inespérés sont souvent atteints à force d'audace, surtout en amour, où la licence dépasse souvent la permission. La passion ne se décourage pas comme un blême couard, mais elle est d'autant plus pressante que son choix est plus résistant.

XCVI

Oh ! si Vénus avait renoncé alors qu'Adonis fronçait le sourcil, elle n'aurait pas savouré sur ses lèvres un tel nectar ; une parole dure, un froncement de sourcil ne doivent point rebuter qui aime. Qu'importe que la rose ait des épines, elle n'en est pas moins cueillie? Quand la beauté serait enfermée sous vingt serrures, l'amour, pour se frayer un accès, finirait par les crocheter toutes.

XCVII

Enfin, par pitié, elle ne peut plus le retenir ; le pauvre ingénu la prie de le laisser partir : elle se résout à ne pas le garder plus longtemps, et lui dit adieu en lui recommandant son cœur, à elle, qu'Adonis (elle en jure par l'arc de Cupidon) emporte encagé dans son sein.

XCVIII

« Doux enfant, dit-elle, je vais passer cette nuit dans la douleur, car mon cœur souffrant force mes yeux à veiller. Dis-moi, maître de l'amour, nous verrons-nous demain? Nous verrons-nous, dis? Nous verrons-nous? En veux-tu faire la convention? » Il lui répond que non ; demain il a l'intention de chasser le sanglier avec plusieurs de ses amis.

XCIX

« Le sanglier ! » s'écrie-t-elle ; et aussitôt une soudaine pâleur, comme une gaze étendue sur une rose empourprée, envahit ses joues; elle tremble à cette révélation, et jette ses bras entrelacés autour du cou d'Adonis ; elle s'affaisse, toujours pendue à son cou ; elle tombe sur le dos, et il lui tombe sur le ventre.

C

La voilà enfin dans la lice même de l'amour ; son champion monté pour la joûte ardente. Mais elle reconnaît que tout est illusoire; il a beau la monter, il ne veut pas la manier. Plus tourmentée que Tantale, elle étreint l'Élysée sans en obtenir les délices.

CI

Tels de pauvres oiseaux, déçus par des grappes peintes, se rassasient du regard sans assouvir leur appétit. Elle languit dans sa mésaventure, comme ces pauvres oiseaux à la vue des fruits chimériques. Les ardeurs qu'elle ne trouve point chez Adonis, elle cherche à les allumer par de continuels baisers.

CII

Mais tout est vain ; bonne déesse, cela ne sera pas. Elle a essayé de tous les moyens. Son plaidoyer eût mérité de meilleurs honoraires. Elle est l'amour, elle aime, et pourtant elle n'est pas aimée. « Fi ! fi ! s'écrie-t-il, vous m'étouffez ; laissez-moi partir ; vous n'avez pas de raison de me retenir ainsi. »

CIII

« Tu serais déjà parti, doux enfant, répond-elle, si tu ne m'avais pas dit que tu veux chasser le sanglier. Oh ! sois prudent ! tu ne sais pas ce que c'est que de blesser avec la pointe d'une javeline un porc farouche qui, pareil au boucher sanguinoire, aiguise continuellement pour le meurtre ses défenses toujours tendues.

CIV

» Sur son dos il a une légion de piques roides qui sans cesse menacent ses ennemis ; ses yeux brillent comme des vers luisants quand il s'irrite; son groin creuse des sépulcres partout où il passe ; une fois en mouvement, il frappe tout ce qu'il rencontre, et ses cruelles défenses tuent tout ce qu'il frappe.

CV

» Ses flancs charnus, armés de soies hérissées, sont à l'épreuve de la pointe de ta lance ; son col épais et court ne peut être aisément entamé ; furieux, il se risquerait contre le lion ; les broussailles épineuses et les fourrés entremêlés à travers lesquels ils s'élance, s'écartent, comme effrayés de lui.

CVI

» Hélas ! il ne respecterait pas ton visage, auquel les yeux de l'amour paient le tribut de leur contemplation, ni tes douces mains, ni ces douces lèvres, ni ces yeux de cristal, dont la perfection éblouit tout le monde. Mais s'il te tenait en son pouvoir, prodigieux danger ! il déracinerait toutes ces beautés comme il déracine l'herbe.

CVII

» Oh ! laisse-le à jamais dans son antre immonde ; ce qui est beau n'a rien à faire avec de si affreux ennemis ; ne t'expose pas volontairement à ses coups. Ceux qui prospèrent prennent conseil de leurs amis. Quand tu as parlé du sanglier, à ne te rien dissimuler, j'ai redouté ton sort et j'ai tremblé de tous mes membres.

CVIII

» N'a-tu pas remarqué mon visage ? N'a-t-il point blanchi ? N'as-tu pas vu les signes de la crainte poindre dans mon regard ? Ne me suis-je point sentie défaillir ? Et ne suis-je pas tombée à la renverse ? Dans mon sein, sur lequel tu reposes, mon cœur effrayé palpite, bat, s'émeut sans cesse, et te soulève, comme un tremblement de terre, au-dessus de ma poitrine.

CIX

» Car là où règne l'amour, le soupçon inquiet s'installe comme la sentinelle de l'affection ; il donne de fausses alarmes, fait craindre la révolte, et en pleine paix crie : Tue, tue ! empoisonnant à son gré le doux amour, comme l'air et l'eau abattent la flamme.

CX

» Ce délateur amer, cet espion boute-feu, ce ver rongeur qui dévore la tendre tige de l'amour, ce rapporteur, le soupçon revêche, qui apporte des nouvelles tantôt vraies, tantôt fausses, frappe à mon cœur et dit tout bas à mon oreille que, si je t'aime, je dois redouter ta mort.

CXI

» Bien plus, il offre à mon regard l'image d'un sanglier furieux tenant renversé sous ses crocs aigus un être semblable à toi, tout couvert de plaies, dont le sang répandu sur de fraîches fleurs les fait fléchir de douleur et incliner la tête.

CXII

» Que ferais-je, te voyant ainsi en réalité, moi qui frémis à cette imagination ? Cette seule pensée fait saigner mon cœur défaillant, et l'inquiétude lui communique la divination : je prédis ta mort, le désespoir de ma vie, si demain tu rencontres le sanglier.

CXIII

» Mais si tu veux absolument chasser, laisse-toi guider par moi ; courre le lièvre timoré et fuyard, ou le renard qui ne vit que de ruse, ou le chevreuil qui n'ose pas résister ; poursuis sur les dunes ces bêtes peureuses, et maintiens ton cheval fougueux à l'allure de ta meute.

CXIV

» Et, dès que tu auras débusqué le lièvre myope, remarque comme le pauvre animal, pour échapper à sa détresse, devance le vent, avec quel soin il multiplie les détours et les zigzags ; les nombreuses brèches par lesquelles il s'esquive forment comme un labyrinthe pour étourdir ses ennemis.

CXV

» Parfois il court au milieu d'un troupeau de brebis pour mettre en défaut le flair des habiles limiers ; parfois il se jette dans le terrier des lapins, pour arrêter au milieu de leurs aboiements ses bruyants persécuteurs ; et parfois il se joint à un troupeau de daims. Le danger lui suggère des expédients ; la crainte le rend ingénieux.

CXVI

» Car alors, son odeur étant mêlée à d'autres, les ardents limiers qui hument la piste sont déconcertés, ils cessent leurs clameurs jusqu'à ce qu'ils aient découvert à grand'-peine leur piteuse erreur. Alors ils éclatent en aboiements ; Écho réplique, comme s'il y avait dans les airs une autre chasse.

CXVII

» Cependant le pauvre lièvre, sur une colline au loin, se pose sur ses pattes de derrière, dressant l'oreille pour écouter si ses ennemis le poursuivent encore ; tout à coup il entend leurs cris bruyants, et désormais sa douleur peut bien se comparer à celle d'un agonisant qui entend le glas funèbre.

CXVIII

» Alors tu verras le misérable, inondé de rosée, aller et venir en serpentant sur la route ; chaque broussaille envieuse égratigne ses pattes lassées ; toute ombre le fait tressaillir, tout bruit s'arrêter, car le malheur est écrasé par le nombre, et dans son accablement n'est secouru de personne.

CXIX

» ... Reste tranquille, et écoute encore un peu... Non, ne te débats point, car tu ne te relèveras pas... Pour te faire haïr la chasse au sanglier, tu m'entends faire de la morale contre mon habitude ; si je tire de toute chose un argument, c'est que l'amour peut commenter tous les maux.

CXX

» Où en étais-je ? » — « N'importe, dit Adonis ; laissez-moi, votre récit ne peut pas mieux finir ; la soirée se passe. » — « Eh bien, après ? dit Vénus. » — « Je suis attendu par mes amis, répond-il ; voilà qu'il fait noir, et je tomberai en m'en allant. » — « Ah ! s'écrie-t-elle, c'est dans la nuit que le désir y voit le mieux.

CXXI

» D'ailleurs, si tu tombes, oh ! imagine-toi que c'est la terre, amoureuse de toi, qui te fait faire un faux pas uniquement pour te dérober un baiser. Les riches proies rendent les honnêtes gens voleurs ; ainsi tes lèvres rendent sombre et farouche la chaste Diane, qui craint de te ravir un baiser et de mourir parjure.

CXXII

» Maintenant je devine la raison de cette nuit noire. Cynthia humiliée obscurcit sa lueur d'argent, jusqu'à ce que la nature traîtresse soit condamnée comme faussaire pour avoir volé au ciel le creuset divin où elle t'a formé, en dépit des cieux tout-puissants, pour humilier le soleil, le jour, et elle, Cynthia, la nuit.

CXXIII

» Aussi a-t-elle corrompu les destins, pour qu'ils dégradent le chef-d'œuvre exquis de la nature, entachent sa beauté d'infirmités, sa perfection pure d'impurs défauts, et le soumettent à la tyrannie des calamités effrénées et des maux de toutes sortes :

CXXIV

» Tels que la fièvre brûlante avec ses accès de pâleur et de défaillance, la peste qui empoisonne la vie, le frénétique délire, l'affection funeste qui ronge la moelle des os et qui produit ses ravages en brûlant le sang. Les dégoûts, les apostèmes, la douleur et le désespoir damné ont juré la mort de la nature pour t'avoir fait si beau.

CXXV

» L'un des plus graves effets de ces maladies, est de détruire la beauté en une minute de combat : l'éclat, le goût, le teint, toutes les qualités qu'admirait naguère l'impartial contemplateur, sont tout à coup ruinés, dégradés, perdus, comme la neige des montagnes qui fond au soleil du midi.

CXXVI

» Ainsi donc, en dépit de l'inféconde chasteté des vestales sans amour et des nonnes n'aimant qu'elles-mêmes, qui volontiers produiraient sur la terre stérilisée une disette absolue de filles et de garçons, sois prodigue. La lampe qui brûle de nuit épuise son huile pour prêter sa lumière au monde.

CXXVII

» Ton corps est-il autre chose qu'un tombeau dévorant, quand il ensevelit en lui-même cette postérité que, selon les lois des âges, tu dois avoir forcément, si tu ne la détruis pas dans son germe mystérieux? Ah! s'il en est ainsi, le monde te prendra en mépris, pour avoir anéanti dans ton orgueil de si belles espérances.

CXXVIII

» Ainsi tu t'abîmes toi-même en toi-même, crime plus grand que le crime de la guerre civile, que le crime du désespéré qui se tue de ses propres mains, que le crime du père boucher qui enlève la vie à son fils. La rouille gangréneuse ronge le trésor caché, mais l'or mis en usage produit plus d'or encore. »

CXXIX

« Ah ! s'écrie Adonis, vous allez retomber dans vos fastidieuses théories tant de fois rebattues. Le baiser que je vous ai donné vous a été accordé en vain, et c'est bien en vain que vous luttez contre le courant; car, j'en jure par cette nuit à la face noire, sombre nourrice du désir, votre dissertation me fait vous aimer de moins en moins.

CXXX

» Quand l'amour vous aurait donné vingt mille langues, toutes plus émouvantes que la vôtre, toutes ayant le charme du chant voluptueux de la sirène, leurs accents tentateurs frapperaient en vain mon oreille ; car sachez que mon cœur veille tout armé sur elle et n'y laisserait pas pénétrer une note fausse,

CXXXI

» De peur que l'harmonie décevante n'envahît mon paisible for intérieur ; et alors c'en serait fait de mon petit cœur, privé de repos dans son sanctuaire. Non, madame, non ; mon cœur n'aspire pas à gémir ; il dort du meilleur sommeil tant qu'il dort seul.

CXXXII

« Qu'avez-vous affirmé que je ne puisse réfuter ? Le sentier est doux qui conduit au péril. Je ne hais pas l'amour, mais les artifices de votre amour qui accorde des baisers à tous les étrangers. Vous le faites pour procréer ! O étrange excuse, quand la raison sert d'entremetteuse aux excès de la luxure !

CXXXIII

» N'appelez pas cela l'amour, car l'amour s'est enfui au ciel, depuis que la luxure en sueur a usurpé son nom sur la terre et assumé son apparence candide pour s'assouvir sur la fraîche beauté et la couvrir d'infamie ; car la tyrannique ardeur souille et dévaste, comme la chenille fait des tendres feuilles.

CXXXIV

» L'amour réjouit comme le rayon de soleil après la pluie, mais la luxure a le même effet que la tempête après le soleil. Le doux printemps de l'amour reste toujours frais ; l'hiver de la luxure arrive bien avant la fin de l'été. L'amour n'est jamais écœuré ; la luxure meurt de gloutonnerie. L'amour est tout vérité ; la luxure est pleine de mensonges perfides.

CXXXV

» Je pourrais en dire plus, mais je n'ose plus parler ; le texte est vieux, l'orateur trop novice. Je me retire donc avec tristesse. La honte est sur mon visage, le chagrin dans mon cœur. Mes oreilles, qui ont écouté votre frivole parlage, me brûlent pour avoir commis cette faute. »

CXXXVI

Sur ce, il se dégage de la douce étreinte de ces beaux bras qui l'attachaient à cette divine poitrine, et il court vers sa demeure à travers la sombre clairière, laissant l'amoureuse couchée sur le dos dans une profonde détresse. Avez-vous vu une brillante étoile filer dans le ciel ? ainsi il glisse dans la nuit loin du regard de Vénus.

CXXXVII

Elle le suit des yeux, comme quelqu'un qui de la rive contemple un ami tout juste embarqué, jusqu'à ce que les vagues farouches empêchent de le voir en soulevant leurs crêtes à la hauteur des nues. Ainsi, la nuit impitoyable et profonde enveloppe l'objet dont Vénus rassasiait sa vue.

CXXXVIII

Surprise comme quelqu'un qui par mégarde aurait laissé tomber dans le torrent un bijou précieux, étonnée comme le sont souvent la nuit les piétons dont la lumière s'est éteinte dans quelque bois inquiétant, Vénus reste ainsi effarée dans les ténèbres, ayant perdu l'être radieux qui la guidait.

CXXXIX

Et alors elle frappe sa poitrine qui gémit; toutes les cavernes voisines, apparemment troublées, font la répétition verbale de ses plaintes; elle entasse lamentations sur lamentations. *Hélas!* s'écrie-t-elle, et vingt fois : *malheur! malheur!* Et vingt échos répètent vingt fois ce cri.

CXL

Elle, les entendant, profère des accents douloureux, et entonne tout à coup un refrain mélancolique; elle dit comment l'amour fait les jeunes gens esclaves, et radoteurs les vieux; que d'esprit l'amour a dans sa folie, que de folie dans son esprit; son lugubre anathème finit toujours par : *malheur!* et toujours le chœur des échos lui répond : *malheur!*

CXLI

Son chant était monotone, et dura plus longtemps que la nuit : car les heures sont longues, qui semblent courtes aux amoureux. S'ils sont contents eux-mêmes, ils s'imaginent que d'autres éprouvent le même plaisir dans les mêmes distractions; leurs fastidieux récits, fréquemment recommencés, finissent sans auditoire et sont interminables.

CXLII

Car avec qui Vénus passe-t-elle la nuit? Avec de vains parasites à la voix creuse qui, comme des cabaretiers criards, répondent à tous les appels et se prêtent aux caprices les plus fantasques. Elle dit oui; tous répondent oui; et tous eussent dit comme elle, si elle avait dit non.

CXLIII

Attention ! voici la gentille alouette, lasse de repos, qui de son retrait humide s'envole à tire-d'aile, et réveille l'aube; le soleil dans sa majesté se détache de ce sein d'argent, et jette sur le monde un si splendide regard que les cimes des cèdres et les coteaux semblent de l'or bruni.

CXLIV

Vénus le salue de ce bonjour flatteur : « O toi, dieu rayonnant, patron de toute lumière, toi à qui chaque lampe et chaque étoile empruntent la magnifique influence qui les fait briller, il existe ici-bas un enfant, allaité par une mère terrestre, qui pourrait te prêter de la lumière, comme tu en prêtes aux autres. »

CXLV

Cela dit, elle se hâte vers un bosquet de myrte, étonnée de voir la matinée si avancée, sans qu'elle ait eu des nouvelles de son bien-aimé; elle tâche de distinguer la voix de ses limiers et le son de son cor; bientôt elle les entend retentir bruyamment, et tout en hâte elle accourt au bruit.

CXLVI

Et, comme elle s'élance, les broussailles de la route l'attrapent par le cou, lui baisent le visage, ou s'enlacent autour de sa cuisse pour l'arrêter ; farouche, elle s'arrache à leurs étroits embrassements, comme une biche laitière que tourmentent ses mamelles gonflées et qui s'empresse pour nourrir son faon caché dans un hallier.

CXLVII

Sur ce, elle entend le cri de la meute aux abois ; elle tressaille comme quelqu'un qui aperçoit sur son chemin, déroulant ses anneaux funestes, un serpent dont l'horreur le fait trembler et frémir : de même le jappement plaintif des limiers épouvante les sens et confond les esprits de Vénus.

CXLVIII

Car elle reconnaît à présent que ce n'est plus une chasse inoffensive : l'animal poursuivi est le sanglier farouche, l'ours brutal ou le lion superbe ; en effet, le cri part toujours du même point, et les chiens jettent d'effroyables clameurs, trouvant leur ennemi si formidable qu'ils reculent tous devant l'honneur de commencer l'attaque.

CXLIX

Ce cri sinistre retentit lugubrement à son oreille, et pénètre par surprise jusqu'à son cœur qui, accablé par l'inquiétude et la frayeur blême, glace d'épouvante tous ses sens défaillants : tels des soldats, quand leur capitaine se rend, fuient lâchement sans oser tenir la campagne.

CL

Ainsi elle reste dans une tremblante extase ; enfin, ranimant ses sens paralysés d'effroi, elle leur déclare que c'est une chimérique fantasmagorie, une erreur enfantine qui cause leur frayeur; elle les somme de ne plus trembler, les somme de ne plus rien craindre; et aussitôt elle aperçoit le sanglier poursuivi.

CLI

Sa gueule couverte d'écume et toute rouge, semble contenir du sang et du lait mêlés ensemble; une nouvelle frayeur s'empare de Vénus, qui court en insensée sans savoir où; elle s'élance d'un côté, puis, ne voulant pas aller plus avant, elle revient sur ses pas pour crier sus au sanglier assassin.

CLII

Mille émotions l'entraînent en mille sens; elle revient dans les sentiers qu'elle a parcourus; sa précipitation excessive est soumise à des temps d'arrêt, comme les allures d'une personne ivre; pleine de réflexions sans réfléchir à rien, elle entreprend tout sans rien effectuer.

CLIII

Ici elle trouve un chien tapi dans un fourré, et demande à l'animal harassé où est son maître; là elle en trouve un autre en train de lécher sa blessure, — unique et souverain remède contre les plaies envenimées; plus loin elle en rencontre un autre tristement rechigné; elle lui parle, et il lui répond par un hurlement.

CLIV

A peine ses cris déchirants ont-ils cessé qu'un autre pleureur aux lèvres pendantes, noir et sinistre, fait éclater dans les airs ses lamentations ; un autre et puis un autre lui répondent, agitant contre terre leur queue superbe, secouant leurs oreilles écorchées, saignant à chaque pas.

CLV

Voyez comme les pauvrres habitants de ce monde sont alarmés par les apparitions, les signes et les prodiges qu'ils ont longtemps contemplés d'un œil hagard pour en tirer de terribles prophéties; de même, à ces tristes signes, Vénus retient son haleine, puis, l'exhalant dans un soupir, elle se récrie contre la mort :

CLVI

« Tyran horrible, affreux, maigre et décharné, odieux divorce des amours (c'est ainsi qu'elle apostrophe la Mort), spectre au grincement sinistre, ver de la terre, que prétends-tu donc? Étouffer la beauté! éteindre le souffle de cet être dont la beauté prête à la rose son éclat, dont le souffle prête son parfum à la violette !

CLVII

» S'il est mort... Oh! non, il est impossible qu'en voyant sa beauté, tu aies osé la frapper!... Oh! oui, c'est possible! Tu n'as pas d'yeux pour voir; mais tu frappes atrocement au hasard. La vieillesse est ta cible; mais ton trait infidèle manque ce but, et perce le cœur d'un enfant.

CLVIII

« Si seulement tu avais crié gare ! alors il aurait élevé la voix, et, en l'entendant, tu n'aurais pas pu user de ton pouvoir. Les destins te maudiront pour ce coup-là ; ils te commandaient de faucher une mauvaise herbe, tu arraches une fleur ! C'est la flèche d'or de l'amour, et non le dard d'ébène de la mort, qui aurait dû le frapper à outrance.

CLIX

» T'abreuves-tu de pleurs, que tu provoques de telles larmes ? Quel bien peut te faire un douloureux sanglot ? Pourquoi as-tu plongé dans l'éternel sommeil ces yeux qui permettaient de voir à tous les autres yeux ? A présent la nature ne s'inquiète plus de sa puissance meurtrière, puisque son plus bel ouvrage est ruiné par ta rigueur. »

CLX

Ici, comme accablée par le désespoir, elle ferme ses paupières, lesquelles, ainsi que des écluses, arrêtent le flot cristallin qui de ses deux belles joues ruisselle dans le doux lit de son sein ; mais le torrent argenté force les barrières et les rouvre dans la violence de son cours.

CLXI

Oh ! quel sympathique échange entre ses yeux et ses larmes ! Ses yeux se voient dans ses larmes, ses larmes dans ses yeux ; les deux cristaux reflétent mutuellement leur douleur, douleur que des soupirs amis tâchent constamment de tarir. Mais, comme en un jour d'orage le vent et la pluie se succèdent, les pleurs mouillent de nouveau ses joues qu'ont séchées les soupirs.

CLXII

Des émotions diverses assiégent son constant désespoir ;

entre elles, c'est à qui dominera sa douleur. Toutes s'imposent, et de telle manière que l'impression présente semble suprême, mais aucune ne l'emporte ; elles se confondent toutes, comme un amas de nuages qui se combinent pour le mauvais temps.

CLXIII

Sur ce, elle entend le *holà !* lointain d'un chasseur. Jamais chant de nourrice ne charma autant son nourrisson. Cette voix de l'espoir tend à dissiper la funèbre idée qu'elle poursuivait ; car maintenant la joie renaissante l'invite à se réjouir, en lui faisant croire que c'est la voix d'Adonis.

CLXIV

Aussitôt ses larmes refluent, emprisonnées dans ses yeux comme des perles dans du cristal ; parfois pourtant une gouttelette splendide en jaillit; mais sa joue l'absorbe, comme pour l'empêcher d'aller laver la face noire de la terre immonde, qui n'est qu'enivrée quand elle semble noyée.

CLXV

O sceptique amour, combien tu es étrange de ne rien croire tout en étant si crédule ! Pour toi l'heur et le malheur sont extrêmes ; le désespoir et l'espérance font de toi leur jouet ; l'une te berce d'improbables pensées, l'autre t'accable aussitôt de pensées vraisemblables.

CLXVI

Maintenant elle défait la trame qu'elle vient d'ourdir. Adonis vit, et la mort n'est point à blâmer ; ce n'est pas

Vénus qui tout à l'heure outrageait la mort ; maintenant elle ne prononce qu'avec vénération ce nom odieux ; elle l'appelle la reine des tombes, la tombe des rois, l'impérieuse souveraine de tous les êtres mortels.

CLXVII

« Non, non, dit-elle, Mort suave, je ne faisais que badiner. Pourtant, pardonne-moi, j'ai éprouvé une sorte d'effroi, quand j'ai rencontré le sanglier, cette bête sanguinaire, qui ne connaît pas de pitié, qui est toujours féroce. Voilà pourquoi, aimable spectre (je dois confesser la vérité), je récriminais contre toi, craignant que mon bien-aimé n'eût péri.

CLXVIII

» Ce n'est pas ma faute ; le sanglier a provoqué ma langue ; venge-toi sur lui, invisible souveraine ; c'est lui, la hideuse créature, qui t'a outragée ; je n'étais que l'instrument, il est l'auteur de la calomnie. La douleur a deux langues, et jamais femme n'a pu les gouverner toutes deux sans avoir l'esprit de dix femmes. »

CLXIX

Ainsi, dans l'espoir qu'Adonis est vivant, elle calme ses vives appréhensions ; et, pour assurer le salut de son bel amant, elle flatte humblement la Mort, lui parle de ses trophées, de ses statues, de ses sépulcres, et lui rappelle ses victoires, ses triomphes, ses gloires.

CLXX

« O Jupiter ! dit-elle, quelle folle j'étais ! de quelle niaiserie, de quelle faiblesse d'esprit j'ai fait preuve, en pleurant la mort d'un vivant qui ne peut mourir que par la ruine totale de la race humaine ! Car, lui mort, la beauté périt avec lui, et, la beauté morte, le noir chaos revient.

CLXXI

» Fi ! fi donc ! fol amour, tu es aussi craintif qu'un avare chargé de trésors et environné de voleurs ; des chimères, indistinctes pour l'œil et pour l'oreille, inquiètent ton cœur lâche de fausses alarmes. » A ces mots, elle entend un cor joyeux, et bondit d'aise, elle si abattue naguère.

CLXXII

Comme le faucon vers le leurre, elle vole ; son pas est si léger qu'il ne ploie pas l'herbe ; et dans son élan l'infortunée aperçoit son bien-aimé au pouvoir du hideux sanglier ; ses yeux, comme assassinés par ce spectacle, se voilent, ainsi que des astres offusqués par le jour.

CLXXIII

De même que le limaçon, pour peu qu'on touche à ses cornes délicates, rentre avec peine dans sa caverne d'écaille, et là demeure enfermé dans l'ombre, craignant pour longtemps encore de sortir de nouveau, ainsi, à ce sanglant spectacle, les yeux de Vénus se sont rejetés dans les sombres cavités de sa tête.

CLXXIV

Là ils remettent leur fonction et leur lumière au pouvoir du cerveau troublé, qui leur commande de s'associer à jamais à la nuit affreuse et de ne plus blesser le cœur par leurs regards; celui-ci, comme un roi affligé sur son trône, a poussé à leur suggestion un mortel gémissement.

CLXXV

Sur quoi chaque organe tributaire a frémi. De même que le vent, emprisonné dans le sol, ébranle, pour se frayer passage, les fondements de la terre avec une violence qui glace les hommes de terreur, ainsi la convulsion agite si brusquement Vénus tout entière, que ses yeux sortent encore une fois de leurs sombres lits.

CLXXVI

Ils s'ouvrent, et jettent un regard involontaire sur la large plaie creusée par le sanglier dans le doux flanc d'Adonis; sa blancheur de lis est inondée de larmes pourpres que pleure sa blessure. Pas une fleur aux environs, pas un gazon, pas une plante, pas une feuille, pas une herbe qui n'ait dérobé de son sang et ne semble saigner avec lui.

CLXXVII

La pauvre Vénus remarque cette sympathie solennelle; elle incline la tête sur une épaule; elle souffre silencieusement, elle délire frénétiquement; elle croit qu'il ne pouvait mourir, qu'il n'est pas mort. Sa voix est étouffée, ses genoux oublient de fléchir; insensés sont ses yeux d'avoir pleuré avant ce moment fatal!

CLXXVIII

Elle regarde si fixement la plaie que sa vue éblouie la lui fait paraître triple; et alors elle reproche à ses yeux délétères de multiplier les blessures là où il n'en faudrait pas. Pour elle il a deux visages, chaque membre lui semble double ; car souvent l'œil s'abuse quand le cerveau est troublé.

CLXXIX

« Ma langue, dit-elle, ne peut exprimer la douleur que me cause la perte d'un unique Adonis, et cependant j'en vois deux ! Mes soupirs sont épuisés, mes larmes amères taries ; mes yeux sont en feu, mon cœur est de plomb. Puisse ce plomb accablant de mon cœur fondre au feu rouge de mes yeux ! Je mourrai ainsi dans la dissolution de ma passion ardente.

CLXXX

» Hélas ! pauvre univers ! quel trésor tu as perdu ! Quelle figure vivante reste-t-il qui soit digne d'être regardée ? Quelle est la voix désormais qui soit une musique ? De qui peux-tu te vanter dans le passé ou dans l'avenir ? Les fleurs sont embaumées, leurs couleurs sont fraîches et coquettes ; mais l'idéale beauté a vécu et péri avec lui.

CLXXXI

» Que désormais aucune créature ne porte de coiffe ni de voile ! Ni le soleil ni le vent ne chercheront à vous caresser ; n'ayant rien de beau à perdre, vous n'avez rien à craindre ; le soleil vous dédaigne, et le vent vous siffle. Mais, quand Adonis vivait, le soleil et le grand air rôdaient comme deux voleurs pour lui dérober sa beauté.

CLXXXII

» Aussi se couvrait-il d'une coiffe; mais le soleil éclatant s'infiltrait sous les bords, le vent la lui enlevait, et, dès qu'elle était tombée, jouait avec les boucles de ses cheveux; alors Adonis pleurait; et aussitôt, par pitié pour ses tendres années, le vent et le soleil se disputaient à qui sécherait ses larmes.

CLXXXIII

» Pour voir son visage, le lion se glissait derrière quelque haie, de peur de l'effrayer ; pour être charmé par son chant, le tigre s'apprivoisait et écoutait doucement. S'il parlait, le loup lâchait sa proie et s'abstenait ce jour-là d'alarmer l'innocent agneau.

CLXXXIV

» Quand il mirait son ombre dans la rivière, les poissons étalaient à la surface leurs nageoires d'or. Quand il approchait, les oiseaux étaient si joyeux que les uns chantaient et que les autres lui apportaient dans leur bec des mûres et de rouges cerises. Il les nourrissait de sa vue, ils le nourrissaient de fruits.

CLXXXV

» Mais ce sanglier hideux, sinistre, au museau hérissé, dont l'œil baissé cherche toujours une tombe, n'a jamais vu la livrée de beauté que portait Adonis : témoin le traitement qu'il lui a fait subir; ou, s'il a vu son visage, alors, j'en suis sûre, c'est en pensant le caresser qu'il l'a tué.

CLXXXVI

» Oui, oui, c'est ainsi qu'Adonis a été tué; il courait avec la pointe de sa lance sur le sanglier, qui, sans vouloir le frapper de sa dent, pensait le calmer par une caresse. Et c'est en se frottant contre son flanc délicat que l'animal épris lui a involontairement enfoncé son boutoir dans l'aîne.

CLXXXVII

» Si j'avais eu des dents comme lui, je dois confesser que j'aurais tué Adonis au premier baiser; mais il est mort, sans avoir accordé à ma jeunesse les bénédictions de la sienne, et je n'en suis que plus maudite. » Sur ce, elle se laisse tomber, et se couvre le visage du sang coagulé d'Adonis.

CLXXXVIII

Elle regarde ses lèvres, elles sont pâles; elle lui prend les mains, elles sont froides; elle murmure un récit plaintif à ses oreilles, comme si elles entendaient ses douloureuses paroles; elle soulève les paupières qui lui couvrent les yeux; las! deux lampes éteintes y sont enfouies dans les ténèbres.

CLXXXIX

Ces deux glaces, où elle-même elle s'est mirée mille fois, ne réfléchissent plus rien; elles ont perdu la vertu qui naguère faisait leur excellence; toutes ces beautés sont désormais dépouillées de leur éclat. « Merveille des temps, dit-elle, ce qui fait mon dépit, c'est que, toi mort, le jour continue de briller.

CXC

» Puisque tu es mort, hélas! voici ma prophétie : l'amour sera désormais accompagné par la douleur; il sera escorté par la jalousie, trouvera doux les commencements, mais amère la conclusion ; toujours trop exalté ou trop abattu, jamais il ne gardera l'équilibre; et toutes ses jouissances ne contre-balanceront pas ses douleurs.

CXCI

» Il sera capricieux, trompeur et plein de fraude; à peine éclos, il sera flétri d'un souffle. Il recèlera le poison au fond, tout en étalant à la surface des douceurs embaumées qui tromperont les meilleurs regards. Il fera du fort le plus faible, frappera de mutisme le sage et laissera la parole au fou.

CXCII

» Il sera économe et plein d'extravagance; il apprendra toutes les danses à l'âge décrépit; il maintiendra en repos l'homme de violence stupéfait; il ruinera le riche, il enrichira le pauvre; il sera follement furieux, doucement débonnaire; il fera du jeune un vieux, et du vieux un enfant.

CXCIII

» Il soupçonnera sans qu'il y ait motif de crainte; il ne craindra rien quand il devra le plus se méfier. Il sera compâtissant et trop sévère, d'autant plus trompeur qu'il semblera plus sincère. Il sera pervers quand il aura l'air le plus empressé ; il inspirera la peur au vaillant, le courage au couard.

CXCIV

» Il sera la cause de guerres et de terribles événements ; il mettra la dissension entre le fils et le père ; il sera assujetti, asservi à tous les mécomptes, comme le combustible à la flamme. Puisque la mort a détruit mon amour dans son printemps, ceux qui aimeront le mieux ne jouiront pas de leur amour. »

CXCV

A ce moment l'enfant, qui était étendu mort auprès d'elle, s'évanouit à sa vue comme une vapeur, et dans son sang répandu à terre éclôt une fleur pourpre tachetée de blanc, imitant bien ses joues pâles et le sang qui ressortait en rondes gouttes sur leur blancheur.

CXCVI

Vénus penche la tête pour sentir la fleur fraîche éclose, et la compare à l'haleine d'Adonis : elle dit qu'elle gardera cette fleur dans son sein, puisqu'Adonis lui-même lui a été enlevé par la mort ; elle cueille la tige, et par la cassure jaillit une séve verdâtre qu'elle compare à des larmes.

CXCVII

« C'était là, s'écrie-t-elle, l'habitude de ton père, pauvre fleur, suave rejeton d'un être plus suave encore ; ses yeux se mouillaient à la moindre contrariété ; croître pour lui seul était son désir, comme c'est le tien ; mais, sache-le, autant vaut te flétrir dans mon sein que dans son sang.

CXCVIII

» Ici était la couche de ton père, ici, dans mon sein ; tu lui succèdes, et c'est ton droit. Va, repose-toi au fond de ce berceau ; mon cœur palpitant t'y bercera nuit et jour. Il ne se passera pas une minute que je ne baise la fleur de mon bien-aimé ! »

CXCIX

Ainsi, lasse de ce monde, Vénus s'enfuit et attelle ses colombes d'argent. Enlevée par leur agile essor dans son chariot léger, la souveraine traverse rapidement les cieux vides, se dirigeant vers Paphos, où elle entend s'enfermer et rester invisible (19).

FIN DE VÉNUS ET ADONIS.

LE VIOL DE LUCRÈCE

AU

TRÈS-HONORABLE HENRY WRIOTHESLY

COMTE DE SOUTHAMPTON ET BARON DE TICHFIELD.

L'amour que je voue à Votre Seigneurie est sans fin, et cet opuscule, sans commencement, n'est qu'un morceau superflu. C'est l'assurance que j'ai de votre noble disposition, et non le mérite de mes vers novices, qui me rend certain d'une acceptation. Ce que j'ai fait est à vous, ce que j'ai à faire est à vous, comme portion du tout que je vous ai consacré. Si mon mérite était plus grand, mon hommage paraîtrait plus grand; tel qu'il est, en attendant, il est dédié à Votre Seigneurie, à qui je souhaite une longue vie, sans cesse prolongée par le bonheur.

De Votre Seigneurie

le très-dévoué serviteur,

WILLIAM SHAKESPEARE.

ARGUMENT.

Lucius Tarquin, surnommé le Superbe à cause de son excessif orgueil, après avoir fait assassiner cruellement son beau-père Servius Tullius, et, contrairement aux lois et coutumes romaines, s'être emparé du trône, sans demander ni attendre les suffrages du peuple, vint mettre le siége devant Ardée, accompagné de ses fils et d'autres nobles romains. — Durant ce siége, les principaux chefs de l'armée, étant réunis un soir dans la tente de Sextus Tarquin, fils du roi, et causant après souper, exaltèrent tous les vertus de leurs femmes; entre autres, Collatin vanta l'incomparable chasteté de son épouse Lucrèce. — Dans cette humeur joyeuse ils coururent tous à Rome, prétendant, par cette arrivée secrète et soudaine, établir la preuve de ce qu'ils venaient d'affirmer; seul, Collatin trouva sa femme (quoiqu'il fût tard dans la nuit) en train de filer au milieu de ses servantes; toutes les autres dames furent surprises occupées de danses, de fêtes et d'autres divertissements. Sur quoi les nobles romains décernèrent à Collatin la victoire, et à sa femme tout l'honneur. — Alors, Sextus Tarquin, enflammé par la beauté de Lucrèce, mais étouffant sa passion pour le moment, retourna au camp avec les autres. Bientôt après il repartit secrètement, et fut (conformément à son rang) royalement reçu et logé par Lucrèce à Collatium. — La même nuit il se glisse traîtreusement dans sa chambre, la viole et s'enfuit de grand matin. Lucrèce, dans ce lamentable état, dépêche vite deux messagers, l'un à Rome vers son père, l'autre au camp vers Collatin. — Le père et Collatin arrivent, l'un accompagné de Junius Brutus, l'autre de Publius Valerius, et, trouvant Lucrèce vêtue de deuil, lui demandent la cause de sa douleur. Elle, tout d'abord, leur fait jurer de la venger, dénonce le coupable et tous les détails de son forfait, et immédiatement se poignarde. — Sur ce, d'une voix unanime, tous font vœu d'exterminer tout entière la famille abhorrée des Tarquins; ils emportent le cadavre à Rome; Brutus fait connaître au peuple le criminel et les détails de son crime infâme, terminant par d'amères invectives contre la tyrannie du roi. Le peuple en fut tellement ému que l'exil de tous les Tarquins fut décrété par acclamation générale, et le gouvernement transféré des rois aux consuls.

LE VIOL DE LUCRÈCE

I

Emporté loin d'Ardée, la ville assiégée, par les ailes traîtresses d'un coupable désir, ne respirant plus que la luxure, Tarquin quitte l'armée romaine et porte à Collatium le feu sombre qui couve sous de pâles cendres pour éclater bientôt et étreindre d'une ceinture de flammes la taille de la bien-aimée de Collatin, Lucrèce la chaste.

II

Malheureusement peut-être c'est ce titre de *chaste* qui a aiguisé cet impérieux appétit, alors que Collatin a commis l'imprudence de vanter l'incomparable incarnat et l'éblouissante blancheur qui brillent dans ce firmament de délices, où des globes mortels, aussi lumineux que les splendeurs célestes, gardent pour lui seul leur pur rayonnement.

III

Car la nuit précédente, dans la tente de Tarquin, Collatin lui-même a dévoilé le trésor de son bonheur; il a dit quelle inappréciable richesse les cieux lui ont accordée dans la possession de sa belle compagne; estimant si haut sa fortune, qu'à l'entendre, si les rois peuvent épouser plus de gloire, ni roi ni seigneur ne pourrait épouser une dame aussi parfaite.

IV

O bonheur connu de si peu d'êtres ! évanoui aussitôt que goûté, comme la rosée d'argent du matin devant les rayons d'or du soleil ! doux moment expiré, disparu avant d'avoir réellement commencé ! L'honneur et la beauté, dans les bras de leur possesseur, sont faiblement protégés contre un monde de périls.

V

La beauté persuade les yeux des hommes, d'elle-même, sans interprète : qu'est-il besoin de louanges pour faire ressortir ce qui est si remarquable ? Pourquoi Collatin a-t-il ainsi publié ce riche bijou qu'il aurait dû cacher aux ravisseurs, comme son bien le plus cher ?

VI

Peut-être est-ce son éloge de la souveraine grâce de Lucrèce qui a tenté ce fils arrogant d'un roi, car nos cœurs sont souvent entamés par nos oreilles ; peut-être est-ce le panégyrique d'un si splendide objet, défiant toute comparaison, qui a irrité l'altière envie de Tarquin, humilié de ce qu'un subalterne se vantât d'un bonheur d'or inconnu de ses supérieurs.

VII

Quoi qu'il en soit, une inspiration téméraire a stimulé son trop téméraire empressement ; son honneur, ses devoirs, ses amis, son rang, il oublie tout, et part au plus vite pour éteindre le brasier qui lui dévore le foie. O trompeuse et vive ardeur, abîmée dans le remords glacé, ton printemps hâtif se flétrit toujours sans jamais atteindre la maturité !

VIII

Arrivé à Collatium, ce perfide seigneur est bien accueilli par la dame romaine, sur le visage de qui la beauté et la vertu luttent à qui soutiendra le mieux sa renommée : quand la vertu fait la fière, la beauté rougit modestement ; quand la beauté se pare de ses rougeurs, de dépit, la vertu couvre tout cet or d'un blanc d'argent.

IX

Mais la beauté, revendiquant cette noble blancheur, prétend tenir ce champ d'argent des colombes de Vénus ; alors la vertu dispute à la beauté ce beau rouge qu'elle a jadis donné à l'âge d'or pour dorer l'argent de ses joues, comme un splendide écu destiné à la plus noble lutte, le rouge devant couvrir le blanc au premier assaut de la pudeur.

X

Sur la figure de Lucrèce se voyait ce blason, partagé entre le rouge de la beauté et le blanc de la vertu ; chacune était reine de sa couleur et pouvait établir son droit dès l'enfance du monde ; mais leur ambition les mettait toutes deux constamment en lutte, leur pouvoir étant si grand que souvent elles s'enlevaient mutuellement leur trône.

XI

Sur le champ de ce beau visage, Tarquin considère

cette guerre silencieuse des lis et des roses ; son œil traître s'engage dans leur noble rang, et là, de peur d'être tué entre deux chocs, le couard, vaincu et captif, se rend aux deux armées, qui aimeraient mieux le laisser libre que de triompher d'un si lâche ennemi.

XII

Il pense alors que Collatin, ce prodigue avare qui a tant loué Lucrèce, est resté au-dessous de sa tâche et a, par des paroles superficielles, fait tort à une beauté qui dépasse de beaucoup ses stériles éloges. Tarquin, ravi, supplée par la pensée aux lacunes de ces louanges, dans la muette extase de la contemplation.

XIII

Cette sainte terrestre, adorée par ce démon, ne soupçonnait guère la fausseté de ce culte, car les pensées immaculées songent rarement au mal. Les oiseaux qui n'ont jamais été englués ne craignent aucune secrète embûche. C'est ainsi qu'en toute confiance l'innocente Lucrèce fait l'accueil le meilleur et le plus respectueux à son hôte princier, qui ne trahissait par aucun mauvais signe sa mauvaise intention.

XIV

Il dissimulait son dessein sous la dignité de son rang, cachant le vice immonde dans les plis de la majesté ; rien en lui ne semblait déréglé, sauf parfois l'expression par trop admirative de son regard qui ne pouvait se contenter de tout ce qui lui était offert, mais qui, pauvrement riche, se trouvait misérable dans son opulence, et, rassasié de trésors, en réclamait encore davantage.

XV

Mais Lucrèce, n'ayant jamais affronté les yeux d'un étranger, ne pouvait saisir le sens de leur éloquent regard, ni déchiffrer les secrets subtils brillamment inscrits sur les marges transparentes de pareils livres. Elle ne sentait aucun appât inconnu, ne redoutait aucune amorce ; et tout ce qu'elle devinait de ce regard libertin était que les yeux de Tarquin étaient ouverts à la lumière.

XVI

Tarquin lui raconte la gloire acquise par son mari dans les plaines de la fertile Italie ; il couvre d'éloges le grand nom de Collatin, illustré par sa mâle chevalerie, ses armes ébréchées, ses lauriers, ses victoires. Elle exprime sa joie en élevant les mains, et par ce geste muet remercie le ciel de ces succès.

XVII

Pour mieux dissimuler le projet qui l'amène, il s'excuse d'être ainsi venu. Nul indice nébuleux d'un orage menaçant n'apparaît encore dans son ciel serein. Enfin la sombre nuit, mère de l'inquiétude et de la frayeur, déploie ses sinistres ténèbres sur le monde, et relègue le jour dans sa prison souterraine.

XVIII

Alors Tarquin se fait conduire à son lit, affectant la lassitude et la fatigue d'esprit ; car, après le souper, il a passé une partie de la nuit à causer avec la chaste Lucrèce. Maintenant le sommeil de plomb lutte avec les forces de la vie ; et chacun se livre au repos, excepté les voleurs, les soucis et les esprits troublés, qui veillent.

XIX

De ce nombre est Tarquin. Étendu sur son lit, il réfléchit aux divers périls qu'offre l'accomplissement de son désir ; pourtant il est toujours résolu à l'accomplir, quoique ses faibles espérances l'engagent à s'abstenir. Souvent le désespoir du gain fait qu'on spécule pour le gain ; et, quand un grand trésor est le prix souhaité, la mort dût-elle s'ensuivre, on ne craint pas la mort.

XX

Ceux qui désirent beaucoup sont si avides d'obtenir qu'ils gaspillent et dissipent ce qu'ils possèdent pour acquérir ce qu'ils n'ont pas ; et ainsi, pour avoir espéré plus, ils finissent par avoir moins ; ou, s'ils gagnent quelque chose, le bénéfice de ce surcroît est une telle satiété, une telle inquiétude qu'ils sont ruinés par leur pauvre enrichissement.

XXI

Notre but à tous est de maintenir notre existence jusqu'à la vieillesse dans l'honneur, l'aisance et le bien-être ; et à ce but nous rencontrons de tels obstacles que nous risquons toujours quelque chose pour tout, tout pour quelque chose. Tel risque sa vie pour l'honneur dans la furie terrible des batailles, tel autre son honneur pour la richesse ; et souvent cette richesse même entraîne la mort et la perte de tout.

XXII

Ainsi, dans nos mauvaises spéculations, nous renonçons à ce que nous sommes pour ce que nous espérons être ; et cette sombre infirmité, l'ambition de trop avoir, nous tourmente de l'insuffisance de ce que nous avons ; en sorte que nous ne nous soucions plus de ce que nous avons et que, faute de raison, nous réduisons à rien ce que nous voulons augmenter.

XXIII

Tel est le hasard que va courir ce fou de Tarquin, en sacrifiant son honneur pour satisfaire sa convoitise ; il faut que pour lui-même il s'immole lui-même. A qui donc se fier, si l'on ne peut plus se fier à soi-même ? Quel dévouement peut-on attendre d'un étranger, quand soi-même on se ruine, quand soi-même on se livre à la calomnie et au plus affreux malheur ?

XXIV

Maintenant le linceul de la nuit s'étend furtivement sur le temps ; un sommeil accablant a fermé les yeux mortels ; aucune étoile propice ne prête sa lumière ; pas d'autre bruit que les cris néfastes des hiboux et des loups. Voici le moment favorable pour surprendre les innocentes brebis ; les pensées pures sont mortes et inertes, tandis que la luxure et le meurtre veillent pour souiller et assassiner.

XXV

Et maintenant le noble libertin saute à bas de son lit ; il jette négligemment son manteau sur son bras, follement balancé entre l'inquiétude et le désir. L'un le flatte doucement, l'autre lui prédit malheur ; mais l'honnête inquiétude, ensorcelée par le sombre charme de la luxure, est maintes fois obligée de battre en retraite, repoussée brutalement par le désir fiévreux.

XXVI

Il frappe doucement son épée sur un caillou, pour faire jaillir de la froide pierre une étincelle, à laquelle il allume immédiatement une torche de cire qui doit être l'étoile polaire de son lascif regard ; et il parle ainsi mentalement à la flamme : « Comme j'ai forcé le feu de ce froid caillou, il faut que je force Lucrèce à mon désir. »

XXVII

Ici, pâle de frayeur, il réfléchit aux dangers de son immonde entreprise, et songe intérieurement au malheur qui peut s'ensuivre ; puis, jetant un regard de mépris sur l'armure nue de sa luxure meurtrière, il adresse ces justes reproches à sa pensée coupable :

XXVIII

« Belle torche, éteins ta clarté et ne la prête pas pour noircir celle dont l'éclat dépasse le tien ! Mourez, pensées sacrilèges, avant de salir de votre impureté ce qui est divin ! Offrez un pur encens à une châsse si pure ; et que la loyale humanité abhorre une action qui tache et souille la robe de neige de l'amour chaste.

XXIX

» O opprobre de la chevalerie et des armes éclatantes ! O sombre déshonneur du tombeau de ma famille ! O forfait impie qui comprend les plus noirs attentats! Un homme de guerre, l'esclave d'une passion voluptueuse! La vraie valeur doit toujours avoir le vrai respect d'elle-même. Mon forfait est si infâme, si bas, qu'il restera gravé sur mon front.

XXX

» Oui, j'aurai beau mourir, l'ignominie me survivra, et fera tache sur l'or de mon écusson. Le héraut inventera quelque dégradant stigmate pour dénoncer ma folle passion, et mes descendants, humiliés par cette flétrissure, maudiront mes os et ne tiendront pas à crime de souhaiter que leur ancêtre n'eût jamais existé.

XXXI

» Qu'est-ce que je gagne, si j'obtiens ce que je cherche? Un rêve, un souffle, la billevesée d'une jouissance éphémère qui paie d'une semaine de tristesse la satisfaction d'une minute, ou qui vend l'éternité pour avoir une vétille! Qui donc pour une grappe savoureuse voudrait détruire la vigne? Quel est le mendiant insensé qui, rien que pour toucher la couronne, s'exposerait à être sur place écrasé par le sceptre?

XXXII

» Si Collatin rêve de mon projet, ne va-t-il pas s'éveiller, et dans sa rage désespérée accourir ici pour s'opposer à ce vil dessein, à ce siége qui investit son lit nuptial, à cette flétrissure de la jeunesse, à cette douleur du sage, à cette mort de la vertu, à cette infamie à jamais vivante dont le crime doit subir un éternel opprobre?

XXXIII

» Oh! quelle excuse mon imagination trouvera-t-elle, quand tu m'accuseras d'une action si noire? Ma langue sera muette, mes membres frêles frémiront, mes yeux cesseront de voir, mon cœur fourbe de battre. Quand le forfait est grand, le remords le dépasse encore; et l'extrême remords ne peut ni combattre ni fuir, mais il meurt comme un lâche dans un tremblement de terreur.

XXXIV

» Si Colletin avait tué mon fils ou mon père, ou dressé des embûches contre mon existence, au lieu d'être mon ami dévoué, ma passion aurait, pour s'attaquer à sa femme, l'excuse de la vengeance ou des représailles à exercer. Mais, comme il est mon parent et mon ami dévoué, mon crime sera sans excuse et ma honte sans fin.

XXXV

» C'est la honte... Oui, si le fait est connu... C'est un acte haïssable... Il n'y a rien de haïssable à aimer, je ne ferai qu'implorer son amour... Mais elle ne s'appartient pas... Le pire sera un refus, et des reproches; ma volonté est ferme, inébralable à un faible raisonnement. Quiconque a peur d'une sentence ou du dicton d'un vieillard se laissera effrayer par une fantasmagorie. »

XXXVI

C'est ainsi que le sacrilége se débat entre sa froide conscience et sa brûlante passion; enfin il proscrit les bonnes pensées et encourage le triomphe de l'instinct grossier, qui en un moment confond et détruit en lui toute honnête influence, et le domine à tel point qu'une vilenie lui semble une action méritoire.

XXXVII

« Elle m'a pris affectueusement par la main, se dit-il, et elle interrogeait avec anxiété mes yeux avides, dans la crainte d'apprendre quelque sinistre nouvelle du camp où est son bien-aimé Collatin. Oh! comme l'inquiétude lui donnait des couleurs! D'abord rouge comme une rose posée sur du linon, puis blanche comme ce linon même, la rose enlevée.

XXXVIII

» Et comme sa main, serrée dans ma main, la forçait à trembler de ses loyales alarmes! Sous le coup de la crainte, elle n'a cessé de palpiter que quand elle a su son mari sain et sauf; alors elle a souri d'un air si doux, que, si Narcisse l'avait vue dans cette attitude, il ne se fût jamais noyé par amour de lui-même.

XXXIX

» Qu'ai-je besoin alors de chercher des couleurs ou des excuses? Tous les orateurs sont muets quand la beauté parle. De chétifs misérables ont seuls des remords après de chétifs méfaits. L'amour ne prospère pas dans le cœur qui redoute des ombres. L'amour est mon capitaine, il me guide, et, quand sa splendide bannière est déployée, le lâche même combat sans se laisser effrayer.

XL

» Arrière donc, crainte puérile! Mort à l'hésitation! Que les considérations de la raison fassent escorte à l'âge des rides ! Mon cœur ne contrariera jamais mes yeux ; les graves pauses et les profondes réflexions conviennent au sage ; mon rôle à moi est la jeunesse, et il les exclut de la scène. Le désir est mon pilote, la beauté ma prise ; qui donc craint de sombrer là où s'offre un tel trésor ? »

XLI

Telle que le blé envahi par l'ivraie, la prudente inquiétude est presque étouffée par l'irrésistible luxure. Il s'avance furtivement, l'oreille au guet, plein d'une sombre espérance, et plein d'une frénétique méfiance ; toutes deux, servantes d'un mauvais être, le troublent tellement de leurs suggestions opposées, que tantôt il se prononce pour la paix, tantôt pour l'invasion.

XLII

Il voit se dresser dans sa pensée l'image de la céleste Lucrèce, et à côté d'elle celle de Collatin ; le regard qu'il fixe sur Lucrèce lui trouble la raison ; le regard qu'il arrête sur Collatin, regard plus pur, se refuse à une contemplation perfide et adresse un vertueux appel au cœur de Tarquin. Mais ce cœur une fois corrompu prend le pire parti.

XLIII

Il surexcite intérieurement ses forces serviles qui, flattées de la démonstration joyeuse de leur maître, augmentent son désir, comme les minutes remplissent l'heure, et règlent leur audace sur celle de leur capitaine, lui offrant un trop servile tribut. Ainsi follement mené par une passion maudite, le seigneur romain marche au lit de Lucrèce.

XLIV

Les serrures qui s'interposent entre sa volonté et la chambre fatale, forcées par lui une à une, cèdent leur poste; mais, en s'ouvrant, toutes grincent contre son attentat, ce qui force le furtif crocheteur à des précautions. Le seuil froisse la porte pour le dénoncer; les belettes, vagabondes nocturnes, crient en le voyant là; elles l'effraient, mais toujours il marche sur sa frayeur.

XLV

A mesure que chaque porte lui livre à regret le passage, à travers les fentes et les fissures de la paroi, le vent lutte avec sa torche pour le retenir, et lui souffle la fumée au visage, éteignant un moment la clarté conductrice ; mais son cœur ardent, que brûle un désir effréné, exhale un souffle contraire qui ranime la flamme.

XLVI

Ainsi éclairé, il aperçoit à cette lueur le gant de Lucrèce, auquel est attachée une aiguille; il le ramasse sur la natte, et, au moment où il le saisit, l'aiguille lui pique le doigt, comme pour lui dire : Ce gant n'est pas fait pour des jeux libertins; retourne en hâte sur tes pas; tu vois bien que les parures mêmes de notre maîtresse sont chastes.

XLVII

Mais tous ces chétifs obstacles ne peuvent l'arrêter; il interprète leur résistance dans le plus mauvais sens ; les portes, le vent, le gant qui l'ont retardé, sont pour lui les détails accidentels d'une telle épreuve, ou comme ces freins qui retiennent l'horloge et en ralentissent le mouvement jusqu'à ce que chaque minute ait payé sa dette à l'heure.

XLVIII

« Oui, oui, se dit-il, ces contre-temps sont comme les gelées qui parfois menacent le printemps, pour ajouter du charme au renouveau et donner aux oiseaux déconcertés une raison de plus de chanter. La peine est le revenu de toute chose précieuse. Rochers énormes, grands vents, pirates féroces, écueils et bancs de sable, le marchand a tout à craindre, avant de débarquer riche au port. »

XLIX

Enfin il arrive à la porte qui le sépare du ciel de sa pensée. Un loquet docile est tout ce qui l'écarte de l'objet divin qu'il cherche. Le sacrilége l'a tellement égaré qu'il se met à prier pour son succès, comme si les cieux pouvaient autoriser son crime.

L

Mais au milieu de sa stérile prière, au moment où il vient de supplier l'éternelle puissance de lui accorder la beauté de ses sombres rêves et de lui être propice à l'heure suprême, il tressaille soudain : « Il faut que je la déflore, se dit-il ; les puissances que j'implore abhorrent un tel attentat : comment donc m'aideraient-elles à le commettre ?

LI

» Eh bien, que l'amour et la fortune soient mes divinités et mes guides ! Ma volonté est soutenue par la détermination ; les pensées ne sont que des rêves tant que leurs effets ne sont pas manifestés ; le péché le plus noir est lavé par l'absolution ; la glace de la frayeur se dissout au feu de l'amour ; l'œil du ciel est fermé, et les brumes de la nuit couvrent la honte attachée à de si suaves délices. »

LII

Cela dit, sa main coupable lève le loquet, et avec son genou il ouvre la porte toute grande. Elle dort profondément, la colombe que veut saisir ce chat-huant : ainsi la trahison agit avant que le traître soit découvert. Quiconque voit le serpent aux aguets peut se retirer ; mais Lucrèce, endormie dans une profonde quiétude, est là à la merci de son dard meurtrier.

LIII

Il s'avance criminellement dans la chambre et contemple ce lit encore immaculé. Les rideaux étant fermés, il va et vient, roulant dans sa tête ses yeux avides ; leur trahison égare son cœur, lequel bientôt donne à sa main le signal de refouler le nuage qui cache la lune argentée.

LIV

Le brillant soleil aux traits de flamme nous éblouit en jaillissant d'une nuée. Ainsi, les rideaux à peine tirés,

Tarquin baisse les yeux, aveuglé qu'il est par l'excès de lumière. Est-ce cette radieuse vision qui l'offusque? Est-ce un retour de honte? Ses yeux sont aveuglés et se ferment.

LV

Oh! que ne périrent-ils dans leur ténébreuse prison! Alors ils auraient vu le terme de leur crime; et Collatin aurait pu encore, au côté de Lucrèce, reposer en paix dans son lit resté pur; mais il faut qu'ils s'ouvrent pour détruire cette union bénie; et la sainte Lucrèce doit sacrifier à leur curiosité sa joie, sa vie, son bonheur en ce monde!

LVI

Sa main de lis est sous sa joue de rose, frustrant d'une légitime caresse l'oreiller qui, irrité, semble se diviser en deux et se soulever de chaque coté pour réclamer ce délicieux baiser. Entre ces deux cimes sa tête est ensevelie; elle est là telle qu'un vertueux monument offert à l'admiration des yeux impurs et profanes.

LVII

Son autre main était hors du lit sur la couverture verte; elle rappelait par sa parfaite blancheur une marguerite d'avril sur le gazon, et sa moiteur perlée ressemblait à la rosée du soir. Ses yeux, tels que des soucis, avaient fermé leur brillant calice et reposaient doucement sous un dais de ténèbres jusqu'à ce qu'ils pussent se rouvrir pour embellir le jour.

LVIII

Ses cheveux, tels que des fils d'or, jouaient avec son haleine. O chastes voluptueux! Voluptueuse chasteté!

Ils montraient le triomphe de la vie dans le domaine de la mort, et les sombres couleurs de la mort dans l'éclipse de la vie. L'une et l'autre trouvaient dans ce sommeil une telle harmonie qu'il semblait qu'elles ne fussent plus rivales et que la vie vécût dans la mort, comme la mort dans la vie.

LIX

Ses seins, globes d'ivoire cerclés de bleu, étaient comme deux mondes vierges non conquis, ne connaissant d'autre joug que celui de leur seigneur qu'ils honoraient de leur plus loyale fidélité ! Ces mondes inspirent une ambition nouvelle à Tarquin, qui, sombre usurpateur, va tenter de précipiter de ce beau trône le maître légitime.

LX

Que pouvait-il voir qui ne provoquât sa contemplation ? Que pouvait-il contempler qui n'excitât son désir ? Ce qu'il apercevait le confirmait dans sa passion, et il fatiguait dans son désir son regard désireux. Il admirait avec plus que de l'admiration ces veines d'azur, cette peau d'albâtre, ces lèvres de corail, et la fossette de ce menton blanc comme la neige.

LXI

Comme le lion farouche joue avec sa proie, dès que sa faim dévorante a été satisfaite par la victoire, ainsi Tarquin s'arrête sur cette âme endormie, tempérant par l'extase la furie de sa luxure, contenu, mais non dompté ; car, étant si près d'elle, son regard, qui un moment a retardé l'explosion, excite maintenant avec un surcroît de violence le sang de ses veines.

LXII

Celles-ci sont pareilles à de vils maraudeurs qui combattent pour le pillage, à des vassaux endurcis qui accomplissent de féroces exploits et se plaisent au meurtre et au viol sans se soucier des larmes des enfants ni des lamentations des mères ; gonflées par la convoitise, elles attendent l'assaut ; bientôt le cœur, battant la charge, donne le signal de l'ardente attaque et leur commande d'agir à leur gré.

LXIII

Son cœur, vrai tambour, encourage son œil brûlant ; son œil transmet le commandement à sa main ; sa main, fière d'une telle dignité, fumante de désir, s'avance pour se poser sur le sein nu de Lucrèce, au cœur même de tous ses domaines ; devant cette poignante escalade, les rangées de veines bleues abandonnent leur rondes tourelles blêmes et sans défense.

LXIV

Elles affluent dans le paisible sanctuaire où dort leur chère souveraine, la préviennent de la terrible agression, et l'épouvantent de leurs clameurs confuses ; elle, très-effarée, ouvre brusquement ses yeux si bien clos qui, hasardant un regard pour reconnaître tout ce tumulte, sont troublés et offusqués par la fumée de la torche.

LXV

Imaginez une créature, dans une nuit sépulcrale, réveillée d'un sommeil profond par une vision terrible, et croyant avoir aperçu quelque funèbre fantôme dont le sinistre aspect fait trembler tous ses membres. Quelle terreur ! Eh bien, Lucrèce, plus à plaindre, voit réellement à son brusque réveil une apparition qui justifie ses alarmes.

LXVI

Assiégée, accablée de mille frayeurs, elle reste tremblante comme un oiseau frappé à mort ; elle n'ose regarder ; mais, tout en fermant les yeux, elle voit paraître des spectres qui assument en un moment les plus hideuses formes ; ces visions sont les créations du cerveau affaibli, qui, irrité de ce que les yeux reculent devant la lumière, les poursuivent dans les ténèbres des plus affreux spectacles.

LXVII

La main de Tarquin, arrêtée sur cette gorge nue (cruel bélier d'ébranler un rempart d'un tel ivoire !) peut sentir le cœur de Lucrèce qui, pauvre assiégé en détresse, se frappe à mort, se soulève et s'affaisse, et par ses secousses fait trembler le bras du ravisseur. Ceci surexcite la furie de Tarquin. Plus de pitié : il va faire la brèche et pénétrer dans la douce enceinte.

LXVIII

D'abord sa langue fait entendre une fanfare de parlementaire. L'ennemie défaillante lève au-dessus du drap blanc son menton plus blanc encore pour connaître le motif de ce brusque appel ; il tâche de l'expliquer par un geste muet ; mais elle, avec de véhémentes prières, insiste pour savoir sous quelle couleur il commet un tel attentat.

LXIX

Tarquin répond : « La couleur même de ton teint, qui fait pâlir le lis de dépit et rougir de honte la rose, me justifiera en t'expliquant mon amour. Voilà sous quelle couleur je viens tenter l'escalade de cette forteresse qui n'a jamais été conquise; la faute en est à toi, car ce sont tes yeux mêmes qui t'ont trahie.

LXX

» Si tu veux me gronder, je te répliquerai que c'est ta beauté qui t'a tendu le piége de cette nuit. Maintenant tu dois avec patience te soumettre à mon désir. Mon désir t'a choisie pour mes délices terrestres ; j'ai fait tout ce que j'ai pu pour le vaincre ; mais, à mesure que le remords et la raison le mortifiaient, l'éclat de ta beauté le ranimait.

LXXI

» Je prévois les malheurs que produira mon attentat ; je sais combien d'épines défendent la rose en croissance ; je sais que le miel est gardé par un aiguillon. Tout cela, la réflexion me l'a représenté d'avance ; mais mon désir est sourd, et n'écoute plus les conseils amis; il n'a d'yeux que pour s'extasier devant la beauté, et il raffole de ce qu'il voit, malgré lois et devoir.

LXXII

» J'ai pesé au fond de mon âme l'outrage, la honte et les douleurs que je dois faire naître ; mais rien ne peut contrôler le cours de la passion, ni arrêter la furie aveugle de son élan. Je sais tout ce qui suivra cette action, les larmes du repentir, l'opprobre, les dédains, les inimitiés mortelles ; pourtant je suis résolu à consommer mon infamie. »

LXXIII

Cela dit, il brandit son glaive romain, pareil au faucon qui, planant dans les airs, couvre sa proie de l'ombre de ses ailes, et de son bec crochu menace de la tuer, si elle prend son essor. Ainsi sous cette lame insolente est étendue l'innocente Lucrèce, écoutant ce que dit Tarquin avec la tremblante frayeur de l'oiseau qui entend les grelots du faucon.

LXXIV

« Lucrèce, dit-il, il faut que cette nuit même je te possède : si tu me repousses, j'arriverai à mes fins par la force, car je suis résolu à te tuer dans ton lit, puis j'égorgerai quelqu'un de tes misérables esclaves, pour détruire ton honneur avec ta vie, et je le placerai dans tes bras morts, jurant que je l'ai tué en te voyant l'embrasser.

LXXV

» Ainsi ton mari en te survivant restera exposé à tous les regards comme un objet de dérision ; tes parents baisseront la tête sous l'opprobre, et tes enfants seront flétris d'une bâtardise sans nom ; et quant à toi, l'auteur de leur dégradation, ton trépas sera honni dans des vers que chanteront les générations à venir.

LXXVI

» Mais, si tu me cèdes, je reste ton ami secret. La faute ignorée est comme une pensée non réalisée. Un léger mal, fait pour un grand bien, passe pour un acte de légitime habileté. La plante vénéneuse est parfois mélangée avec la plus saine mixture ; ainsi employé, l'action de son poison devient salutaire.

LXXVII

» Donc, au nom de ton mari et de tes enfants, exauce ma prière ; ne leur lègue pas pour toute fortune une flétrissure que rien ne pourra leur enlever, une tache que rien ne pourra effacer, plus indélébile que le stigmate de l'esclave et qu'un signe au corps d'un nouveau-né : car les marques que les hommes portent en naissant sont la faute de la nature, et non leur déshonneur. »

LXXVIII

Ici, fixant sur Lucrèce le regard meurtrier du basilic, il se redresse et fait une pause ; tandis qu'elle, l'image de la pure piété, comme une biche blanche étreinte par les serres d'un griffon dans une solitude où il n'y a point de loi, en appelle à la bête féroce qui méconnaît les droits de la douceur et n'obéit qu'à son affreux appétit.

LXXIX

Quand un nuage noir menace le monde, enveloppant dans ses sombres vapeurs les montagnes altières, des entrailles obscures de la terre s'échappe une douce brise qui écarte ces brumes ténébreuses et en prévient ainsi la chute immédiate. Ainsi la voix de Lucrèce arrête son sacrilège empressement, et le farouche Pluton ferme les yeux eu écoutant Orphée.

LXXX

Pourtant l'affreux chat, rôdeur de nuit, ne fait que jouer avec la faible souris qui palpite sous sa griffe. L'attitude désolée de Lucrèce alimente cette furie de vautour, gouffre dévorant que l'excès même ne peut combler. L'oreille accueille la prière, mais le cœur ne se laisse pas pénétrer par les plaintes. Les larmes endurcissent la luxure, bien que la pluie use le marbre.

LXXXI

L'infortunée fixe un regard suppliant sur ce visage impitoyablement contracté ; sa chaste éloquence est mêlée de soupirs qui ajoutent plus de grâce à sa parole. Souvent elle rompt la période de son discours, et ses phrases sont tellement entrecoupées qu'elle les recommence deux fois avant de les achever.

LXXXII

Elle le conjure par le tout-puissant Jupiter, par la chevalerie, par la courtoisie, par les vœux de la douce amitié, par ses larmes qui débordent, par l'amour de son mari, par la sainte loi de l'humanité, par la commune loyauté, par le ciel, la terre et toutes leurs puissances ; elle le conjure de retourner à son lit d'emprunt, et d'obéir à l'honneur, et non à un infâme désir.

LXXXIII

« Ah ! dit-elle, ne récompense pas l'hospitalité par le sombre paiement que tu as projeté ; ne souille pas la source qui t'a donné à boire ; ne commets pas une irréparable dégradation ; lâche ton but criminel avant que ton coup soit lâché. Ce n'est pas un digne chasseur que celui qui tend son arc pour frapper une pauvre biche impuissante.

LXXXIV

» Mon mari est ton ami, pour l'amour de lui épargne-moi ! Toi-même tu es grand, pour l'amour de toi-même laisse-moi ! Je suis moi-même une faible créature, ne me prends pas au piége ; tu n'as pas l'air fourbe, ne le sois pas envers moi. Les tourbillons de mes soupirs font effort pour t'éloigner de moi. Si jamais homme fut ému des gémissements d'une femme, sois ému de mes larmes, de mes soupirs, de mes sanglots.

LXXXV

» Pêle-mêle, comme un Océan troublé, ils battent ton cœur de roc, cet écueil menaçant, pour l'adoucir par leur continuelle action ; car les pierres mêmes, en se désagrégeant, fondent dans l'eau. Oh ! si tu n'es pas plus dur qu'une pierre, laisse-toi attendrir par mes larmes, et sois compâtissant ! La douce pitié pénètre par une porte de fer.

LXXXVI

» Je t'ai reçu en croyant recevoir Tarquin ; as-tu assumé ses traits pour l'outrager ? Je me plains à toute l'armée du ciel ; tu insultes à son honneur, tu dégrades son nom princier. Tu n'es pas ce que tu as l'air d'être ; ou, du moins, tu n'as pas l'air de ce que tu es, un roi, un dieu ; car les rois, comme les dieux, doivent gouverner toute chose.

LXXXVII

» Quelle moisson d'infamie réserves-tu donc à ta vieillesse, que tes vices sont ainsi épanouis avant ton printemps? Si avant ton avénement tu oses un tel outrage, que n'oseras-tu pas quand une fois tu seras roi? Oh! songes-y, l'outrage d'un acteur vassal ne peut être effacé; les méfaits des rois ne peuvent donc pas être ensevelis dans la boue.

LXXXVIII

» Après une telle action, tu ne pourras plus être aimé que par crainte, tandis que les monarques heureux sont craints par amour. Il faudra que tu tolères les plus hideux criminels, quand ils te montreront leurs crimes en toi. Pour prévenir pareille chose, renonce à ton désir; car les princes sont le miroir, l'école, le livre où s'instruisent, lisent et voient les yeux des sujets.

LXXXIX

» Veux-tu donc être l'école où s'instruira la débauche? Faudra-t-il donc qu'elle lise en toi de telles leçons de vilenie? Veux-tu être le miroir où elle trouvera une autorité pour le crime, un blanc-seing pour l'opprobre, et couvrir de ton nom le déshonneur? Tu soutiens l'infamie contre l'immortelle gloire, et de ta belle réputation tu fais une entremetteuse!

XC

» As-tu le commandement? Au nom de celui qui te l'a donné, commande en noble cœur à ton désir rebelle; ne tire pas ton glaive pour protéger l'iniquité, car il t'a été remis pour en exterminer l'engeance. Comment pourras-tu remplir ton royal office, alors qu'ayant ta faute pour précédent, le crime hideux pourra dire que, s'il a appris à faillir, c'est toi qui lui as montré le chemin?

XCI

» Songe quel horrible spectacle ce serait pour toi d'apercevoir dans un autre ton forfait actuel. Les hommes voient rarement leurs fautes ; ils étouffent leurs propres transgressions sous leur partialité. Ce crime-ci te paraîtrait digne de mort dans ton frère. Oh ! comme ils sont empêtrés dans leur infamie ceux qui détournent les yeux de leurs propres méfaits !

XCII

» Vers toi, vers toi, mes mains s'élèvent suppliantes. Arrière le désir séducteur, conseiller de violence ! J'implore le rappel de la majesté bannie ; fais-la reparaître, en repoussant les pensées tentatrices ; ta noble dignité emprisonnera le perfide désir, et dissipera le nuage sombre de ton œil égaré ; alors tu reconnaîtras ta situation, et tu compâtiras à la mienne. »

XCIII

« Assez ! s'écrie Tarquin ; l'indomptable flot de mes désirs ne reflue pas ; tous ces obstacles ne font que le grossir. De faibles lumières sont bientôt éteintes ; les grands feux résistent, et le vent ne fait qu'exaspérer leur furie. Les menus cours d'eau, qui paient à leur amer souverain la dette journalière de leur doux torrent, ajoutent à ses ondes sans altérer son goût. »

XCIV

— « Toi aussi, dit elle, roi souverain, tu es un Océan ; et voilà que s'engouffrent dans ton abîme insondable la sombre luxure, le déshonneur, l'infamie, le dérèglement, qui cherchent à souiller les flots de ton sang. Si toutes ces sources de corruption altèrent ta vertu, tu verras ton Océan s'ensevelir au fond du bourbier, et non le bourbier se perdre dans ton Océan.

XCV

» Ainsi, les subalternes les plus vils seront rois, et toi tu seras leur subalterne ; en abaissant ta noblesse, tu ennobliras leur bassesse ; tu seras leur vie, et ils seront ta tombe ; leur opprobre fera ta honte, et le tien leur gloire. Les êtres inférieurs ne devraient point éclipser les plus grands. Le cèdre ue rampe pas au pied du vil arbrisseau, mais les humbles arbrisseaux se flétrissent au pied du cèdre.

XCVI

» Ainsi, que tes pensées, humbles vassales de ta dignité... » — « Assez ! s'écrie Tarquin, par le ciel, je ne veux plus t'écouter ; cède à mon amour, sinon, la violence de la haine, se substituant au contact timoré de l'amour, va te déchirer brutalement. Cela fait, je te transporterai sans pitié dans le lit ignoble d'un infâme valet, pour l'accoupler à ta honteuse dégradation ! »

XCVII

A ces mots, il met le pied sur la lumière, car la lumière et la luxure sont ennemies mortelles. La vilenie, enveloppée des ténèbres de l'aveugle nuit, est d'autant plus tyrannique qu'elle est invisible... Le loup a saisi sa proie, le pauvre agneau crie jusqu'à ce que sa blanche toison, étouffant sa voix, ensevelisse ses gémissements dans les plis suaves de ses lèvres.

XCVIII

En effet, Tarquin se sert du linge de nuit qu'elle porte pour refouler dans sa bouche ses lamentables clameurs; il baigne sa face brûlante dans les plus chastes larmes que jamais aient versées les yeux modestes de la douleur. Oh! se peut-il que la luxure acharnée souille un lit si pur! Si des larmes pouvaient effacer cette tache, Lucrèce en verserait à jamais.

XCIX

Mais elle a perdu une chose plus précieuse que la vie, et lui, il a gagné ce qu'il voudrait bien reperdre. Cette brusque union brusque une nouvelle lutte; cette joie momentanée engendre des mois de douleur; ce chaud désir se change en froid dégoût. La pure chasteté est dépouillée de son trésor, et la luxure qui l'a volé n'en est que plus misérable.

C

Voyez comme le limier trop nourri, le faucon gorgé, ayant perdu la finesse de l'odorat, la vitesse de l'élan, poursuivent lentement, s'ils n'abandonnent pas tout à fait, la proie dont ils sont avides par nature. Ainsi Tarquin assouvi s'effare de cette nuit. Une délicieuse satiété, aigrie par la digestion, dévore le désir qu'entretenait une sombre voracité.

CI

O profondeurs de crime que la pensée insondable ne saurait comprendre dans sa sereine imagination! Il faut que le désir ivre vomisse ce qui l'a rassasié, avant de voir sa propre abomination. Tant que la luxure est dans son insolence, aucune réprobation ne peut dominer son ardeur, ni maîtriser son violent désir ; il faut que, comme une rosse, la passion égoïste se fatigue elle-même.

CII

Et alors, la joue pendante, amaigrie, décolorée, l'œil terne, le sourcil froncé, la démarche défaillante, piteux, misérable et humble, le faible désir se lamente comme un banqueroutier ruiné. Tant que la chair est superbe, le désir lutte avec la vertu, et s'en fait une fête ; mais, dès que la chair se relâche, le rebelle coupable implore sa grâce.

CIII

Il en est ainsi de ce criminel seigneur de Rome, qui a si ardemment cherché une telle satisfaction. Car maintenant il murmure contre lui-même cette sentence, qu'il est déshonoré dans les âges à venir ; en outre le beau temple de son âme est profané, et sur ses faibles ruines se précipitent des légions de soucis pour demander à cette souveraine souillée ce qu'elle est devenue.

CIV

L'âme répond que ses sujets, par une affreuse insurrection, ont battu en brèche sa muraille sacrée, et, par leur faute mortelle, réduit en servitude son immortalité, en l'assujettissant à une mort vivante et à une peine perpétuelle : dans sa prescience, elle leur avait constamment résisté, mais sa prévision n'a pu prévenir leur volonté.

CV

Dans cette pensée, Tarquin se dérobe a travers les ténèbres, vainqueur captif pour qui le triomphe est désastre ; il emporte la blessure que rien ne guérit, cicatrice qui restera en dépit de toute cure, et il laisse sa victime en proie à des angoisses plus grandes encore. Elle porte le poids de la souillure qu'il lui a laissée, le fardeau d'une âme coupable.

CVI

Lui, comme un chien larron, s'esquive tristement ; elle, comme un agneau lassé, reste là palpitante. Lui se gronde et se déteste pour son attentat ; elle, désespérée, se déchire la chair avec ses ongles ; il se sauve effaré, avec la sueur froide d'une criminelle frayeur ; elle, demeure, se lamentant sur l'effroyable nuit. Lui court, maudissant sa jouissance évanouie, abhorrée.

CVII

Il part converti, accablé ; elle reste là dégradée, désespérée. Il aspire dans sa hâte à la clarté du matin ; elle souhaite de ne plus jamais voir le jour : « Car le jour, se dit-elle, met en lumière les forfaits de la nuit, et mes yeux sincères n'ont jamais essayé de masquer un tort d'un sourcillement hypocrite.

CVIII

» Ils se figurent que tous les yeux peuvent voir l'ignominie qu'eux-mêmes aperçoivent ; et aussi voudraient-ils toujours rester dans les ténèbres, afin de tenir l'outrage caché ; car ils trahiraient leurs remords par leurs larmes, et, comme l'eau qui ronge l'acier, graveraient sur mes joues une honte irrémédiable. »

CIX

Alors elle maudit le repos et le sommeil, et condamne ses yeux à être à jamais aveugles. Elle réveille son cœur en frappant sa poitrine, et le somme de s'arracher de là pour aller chercher dans quelque sein plus pur un asile digne d'une âme si pure. Frénétique de douleur, elle exhale ainsi ses plaintes contre l'invisible secret de la nuit :

CX

« O nuit désespérante, image de l'enfer ! Sombre registre, réceptacle de honte ! sinistre scène des tragédies et des meurtres affreux ! vaste chaos recéleur de crimes ! nourrice d'opprobre ! entremetteuse aveugle et masquée ! noir asile d'infamie ! affreuse caverne de la mort ! murmurante affidée de la trahison muette et du viol !

CXI

» O odieuse nuit, aux ténébreuses brumes, puisque tu es complice de mon incurable crime, réunis tes brouillards pour affronter l'orientale aurore et lutter contre le cours régulier du temps ! ou, si tu permets au soleil d'atteindre sa hauteur coutumière, avant qu'il se couche, enveloppe sa tête d'or de nuages empoisonnés.

CXII

» Corromps l'air du matin par d'infectes vapeurs ! Empoisonne de leurs exhalaisons malsaines l'atmosphère de pureté, la splendeur suprême du jour, avant qu'il ait atteint l'étape pénible de midi ; et puissent tes sombres brumes marcher si épaisses que dans leurs rangs ténébreux le soleil étouffé se couche à midi, pour faire une nuit éternelle !

CXIII

» Si Tarquin était la nuit, lui qui n'est que l'enfant de la nuit, il outragerait la reine aux rayons d'argent ; les satellites radieuses de Phébé, également souillées par lui, n'étoileraient plus le sein noir de la nuit. Alors j'aurais des compagnes de douleur ; et la camaraderie du malheur allége le malheur, comme la causerie des pèlerins abrége leur pèlerinage.

CXIV

» Tandis que maintenant je n'ai personne pour rougir avec moi, pour se tordre les bras, pour baisser la tête, pour se masqner le front, pour cacher son opprobre avec le mien ! Il faut que je reste seule, toute seule, à gémir, arrosant la terre d'amères ondées d'argent, entrecoupant mes paroles de larmes, mes plaintes de sanglots, misérables et éphémères monuments d'une impérissable douleur !

CXV

» O nuit, fournaise à la sombre fumée, empêche le jour jaloux de voir cette tête qui, sous ton immense manteau noir, subit l'infamant martyre de l'ignominie ! Garde à jamais possesion de ton sinistre empire, dussent toutes les fautes commises sous ton règne être ensevelies également dans ton ombre !

CXVI

» Ne m'expose pas au jour indiscret ! Sa lumière montrera, inscrite sur mon front, l'histoire du naufrage de l'ineffable chasteté et de la violation impie du vœu sacré de l'hymen ; oui, l'illettré qui n'a jamais su déchiffrer un livre savant, lira mon ignominie dans mes regards.

CXVII

» La nourrice, pour faire taire son enfant, lui contera mon histoire, et effrayera le bambin en pleurs avec le nom de Tarquin. L'orateur, pour orner sa harangue, associera mon opprobre à la honte de Tarquin ; les ménestrels, admis au festin, chansonneront ma dégradation, et, attachant l'auditoire à chaque vers, diront comment je fus outragée par Tarquin, et Collatin par moi.

CXVIII

» Puisse ma bonne renommée, idéale réputation, rester sans tache pour l'amour de Collatin ! Si elle sert de thème au dénigrement, les branches d'une autre tige seront pourries, et une infamie imméritée s'attachera à un être qui est aussi pur de ma faute que j'étais pure naguère pour Collatin.

CXIX

» O honte inaperçue ! invisible disgrâce ! O blessure impalpable ! Mystérieuse balafre au plus noble front ! L'infamie est imprimée sur la face de Collatin, et l'œil de Tarquin peut y lire de loin cette inscription : *Blessé dans la paix et non à la guerre*, Hélas ! combien portent à leur insu de ces plaies honteuses que connaît seul celui qui les a faites !

CXX

» Collatin, s'il est vrai que je sois responsable de ton honneur, il m'a été arraché par un assaut violent. Mon miel est perdu ; abeille devenue frelon, il ne me reste rien des trésors de mon été, ils ont été volés et mis au pillage par le plus outrageant larcin. Dans ta faible ruche une guêpe errante s'est glissée, et a sucé le miel que gardait ta chaste abeille.

CXXI

» Pourtant suis-je coupable du naufrage de ton honneur ? C'est en ton honneur que j'ai accueilli cet homme ; venant de ta part, je ne pouvais le renvoyer, car c'eût été te faire affront que de le dédaigner. Et puis, il se plaignait d'être las, et il parlait de vertu ! O perversité imprévue, quand un pareil démon profane la vertu !

CXXII

» Pourquoi le ver s'insinue-t-il dans le bouton vierge ? Pourquoi l'odieux coucou couve-t-il dans le nid du passereau ? Pourquoi les crapauds empoisonnent-ils les sources pures d'une fange venimeuse ? Pourquoi la démence tyrannique se glisse-t-elle dans de nobles seins ? Pourquoi les rois violent-ils leur propres engagements ? Il n'y a pas de perfection si absolue qui ne soit polluée par quelque impureté.

CXXIII

» Le vieillard, qui entasse son or, est tourmenté par les crampes, par la goutte et de pénibles accès ; à peine a-t-il des yeux pour voir son trésor ; il reste comme Tantale en proie à d'incessantes langueurs, et il engrange en pure perte la récolte de son industrie, retirant pour toute jouissance de ses richesses la douloureuse pensée qu'elles ne peuvent guérir ses maux.

CXXIV

» Il les possède ainsi, quand il ne peut plus en faire usage, et il les laisse au pouvoir de ses enfants, qui dans leur vanité se hâtent de les dissiper. Le père était trop éteint ; eux, ils sont trop ardents pour conserver longtemps cette maudite bienheureuse fortune. Les douceurs que nous souhaitons deviennent de fâcheuses amertumes, au moment même où nous les appelons nôtres.

CXXV

» Des vents impétueux accompagnent le tendre printemps ; des plantes malfaisantes prennent racine avec les fleurs précieuses ; le serpent siffle où chantent les suaves oiseaux ; ce qu'engendre la vertu, l'iniquité le dévore. Il n'est aucun bien en notre possession dont une circonstance néfaste ne ruine l'essence ou les qualités.

CXXVI

» O occasion ! tu es la grande coupable ; c'est toi qui exécutes la trahison du traître ; tu guides le loup là où il peut saisir l'agneau. Si criminel que soit un complot, tu lui fixes le moment ; c'est toi qui fais violence au droit, à l'équité, à la raison ; dans l'ombre de ton antre, où nul ne peut l'apercevoir, le mal s'embusque pour saisir les âmes qui passent près de lui.

CXXVII

» Tu obliges la vestale à violer son serment ; tu attises la flamme à laquelle fond la tempérance. Tu étouffes l'honnêteté, tu immoles la foi ! Noire recéleuse, entremetteuse notoire, tu sèmes la calomnie et du déracines la louange Corruptrice, traîtresse, fourbe, voleuse, ton miel se change en fiel, ta joie en douleur !

CXXVIII

» Tes jouissances secrètes aboutissent à une ignominie éclatante ; tes orgies intimes à un jeûne public ; tes titres caressants à un nom qu'on déchire ; tes paroles sucrées au plus amer arrière-goût. Tes vanités violentes ne sauraient durer. Comment donc se fait-il, infâme occasion, qu'étant si mauvaise, tu sois recherchée de tant de gens ?

CXXIX

» Quand seras-tu l'amie de l'humble suppliant, et lui feras-tu obtenir sa demande ? Quand fixeras-tu un terme à ses longues luttes ? Quand délivreras-tu cette âme que la misère a enchaînée ? Quand donneras-tu le remède au malade, le bien-être au souffrant ? Le pauvre, le boiteux, l'aveugle, se traînent, rampent, crient après toi, mais jamais ne rencontrent l'occasion.

CXXX

» Le patient meurt pendant que le médecin dort ; l'orphelin pâtit tandis que l'oppresseur mange ; la justice fait bombance tandis que la veuve pleure ; les conseils sont en fête, tandis que la peste se propage ; tu n'accordes pas un moment aux actes charitables. La colère, l'envie, la trahison, le viol, le meurtre furieux, trouvent toujours des heures atroces qui leur servent de pages !

CXXXI

» Quand la probité et la vertu ont affaire à toi, mille traverses les privent de ton aide ; elles achètent cher ton secours ; mais le mal ne le paie jamais ; il arrive gratis, et tu es aussi satisfaite de l'entendre que de lui accorder ce qu'il demande. Mon Collatin serait venu me trouver au lieu de Tarquin, mais c'est toi qui l'as retenu.

CXXXII

» Tu es coupable de meurtre et de vol ; coupable de parjure et de subornation ; coupable de trahison, de faux et d'imposture ; coupable d'inceste, cette abomination ! Tu es de ton plein gré complice de tous les crimes passés et de tous les crimes à venir, depuis la création jusqu'au jugement dernier.

CXXXIII

» Temps monstrueux, compagnon de la hideuse nuit, rapide et subtil courrier du sinistre souci, vampire de la jeunesse, esclave faux des fausses jouissances, vile sentinelle de malheurs, cheval de bât du vice, trébuchet de la vertu, tu nourris tout, et tu assassines tout ce qui est. Oh ! écoute-moi donc, temps injurieux et changeant, sois coupable de ma mort, puisque tu l'es de mon crime.

CXXXIV

» Pourquoi ta servante, l'occasion, a-t-elle trahi les heures que tu m'avais accordées pour le repos? Pourquoi a-t-elle détruit mon bonheur, et m'a-t-elle enchaînée à une ère indéfinie de malheurs infinis? Le devoir du temps est de mettre un terme aux rancunes des ennemis, de dévorer les erreurs engendrées par l'opinion, et non de dissiper la dot d'un légitime amour.

CXXXV

» La gloire du temps est de réconcilier les rois en querelle, de démasquer la fausseté et de mettre la vérité en lumière, d'apposer le sceau du temps sur les choses vénérables, de veiller le matin, et de faire sentinelle la nuit, d'offenser l'offenseur jusqu'à ce qu'il répare ses torts, de ruiner d'heure en heure les fiers édifices, et de barbouiller de poussière leurs splendides tours dorées.

CXXXVI

» Sa gloire est de rendre vermoulus les majestueux monuments, d'alimenter l'oubli avec la ruine des choses, de raturer les vieux livres et d'en altérer le contenu, d'arracher les plumes aux ailes des anciens corbeaux, de tarir la séve des vieux chênes, et de faire éclore les bourgeons, de dégrader les antiquailles d'acier forgé, et de tourner la roue vertigineuse de la Fortune.

CXXXVII

» C'est de présenter à l'aïeule les filles de sa fille, de faire de l'enfant un homme, de l'homme un enfant, de tuer le tigre qui vit de tuerie, d'apprivoiser la licorne et le lion farouche, de bafouer les habiles dupés par eux-mêmes, de réjouir le laboureur par un accroissement de moisson, et d'user d'énormes pierres avec de petites gouttes d'eau.

CXXXVIII

» Pourquoi fais-tu tant de ravages dans ton pèlerinage, si tu ne peux revenir sur tes pas pour les réparer? Une pauvre minute en arrière dans un siècle te ferait un million d'amis, en prêtant de la sagesse à quiconque prête à de mauvais débiteurs. O terrible nuit! si tu voulais rétrograder d'une heure, je pourrais prévenir cet orage et éviter le naufrage.

CXXXIX

» O toi, perpétuel laquais de l'éternité, arrête par quelque mésaventure Tarquin dans sa fuite; imagine des extrémités par delà l'extrémité pour lui faire maudire cette mauvaise nuit de crime! Que des visions spectrales épouvantent ses yeux lascifs, et que pour lui l'horrible pensée de son forfait transforme chaque buisson en un démon monstrueux!

CXL

» Trouble ses heures de repos par des transes incessantes; afflige-le dans son lit de sanglots étouffants; qu'il lui arrive de lamentables malheurs, qui le fassent gémir sans que tu aies pitié de ses gémissements; lapide-le avec des cœurs endurcis, plus durs que des pierres; et que les femmes douces perdent pour lui leur douceur, plus farouches pour lui que des tigres en leur farouche solitude.

CXLI

« Donne-lui le temps d'arracher ses cheveux bouclés; donne-lui le temps de tourner sa rage contre lui-même ; donne-lui le temps de désespérer du temps; donne-lui le temps de vivre esclave conspué; donne-lui le temps d'implorer le rebut d'un mendiant, le temps de voir un homme vivant d'aumône dédaigner de lui donner des miettes dédaignées !

CXLII

» Donne-lui le temps de voir ses amis devenir ses ennemis, et les joyeux fous se moquer de lui à l'envi ; donne-lui le temps de remarquer avec quelle lenteur marche le temps aux heures de douleur, avec quelle rapide brièveté aux heures de folie, aux heures de plaisir; et que toujours son crime irrévocable ait le temps de pleurer un temps si mal employé !

CXLIII

» O temps, tuteur du bon comme du méchant, apprends-moi à maudire celui à qui tu as appris tant de perversité ! Que ce larron devienne fou devant son ombre ! que lui-même cherche à toute heure à se tuer lui-même ! Ces misérables mains doivent seules verser ce sang misérable. Car quel est l'homme assez vil pour vouloir être l'abject bourreau d'un si vil scélérat?

CXLIV

» D'autant plus vil qu'il est fils de roi, et qu'il déshonore son avenir par des actes dégradants. Plus l'homme est grand, plus sa conduite inspire de vénération ou d'horreur ; la plus grande infamie s'attache au rang le plus haut. La lune se couvre-t-elle de nuages, sa disparition se fait aussitôt remarquer ; les petites étoiles, elles, peuvent se voiler à leur guise.

CXLV

» Le corbeau peut baigner ses ailes noires dans le bourbier et s'envoler avec la fange sans qu'on s'en aperçoive ; mais si le cygne, blanc comme la neige, veut faire de même, la tache en restera sur son duvet d'argent. Les pauvres valets sont une nuit aveugle, les rois un jour splendide. Les moucherons volent partout inaperçus, les aigles, remarqués de tous les regards.

CXLVI

» Loin de moi, vaines paroles, servantes de creux imbéciles ! sons inutiles, faibles arbitres ! allez chercher une occupation dans les écoles où la dispute est un art ; intervenez dans les plaidoiries prolixes des stupides plaideurs ; servez de médiateurs aux clients tremblants ; quant à moi, je ne me soucie point d'argumenter, puisque la loi ne peut plus rien pour ma cause.

CXLVII

» En vain je récrimine contre l'occasion, contre le temps, contre Tarquin et la nuit désolée ; en vain je chicane avec mon infamie ; en vain je me débats contre mon inéluctable désespoir ; cette impuissante fumée de paroles ne me fait aucun bien, Le seul remède qui puisse me guérir, c'est de verser mon sang, sang désormais souillé.

CXLVIII

» Pauvre bras, pourquoi frémis-tu à ce décret ? Honore-toi de me débarrasser de cette ignominie; car, si je meurs, mon honneur vit en toi ; mais, si je vis, tu vis de mon infamie. Puisque tu n'as pu défendre ta loyale dame, puisque tu as eu peur d'écorcher son criminel ennemi, immole-toi avec elle pour avoir cédé ainsi. »

CXLIX

Cela dit, elle s'élance de sa couche en désordre pour chercher quelque instrument désespéré de mort; mais cette maison n'est point un charnier; elle n'y trouve pas d'instrument pour ouvrir une issue plus large à son souffle qui, affluant à ses lèvres, s'évanouit comme la fumée de l'Etna s'évaporant dans l'air, ou comme celle qui s'exhale d'un canon déchargé.

CL

« En vain, dit-elle, je vis et en vain je cherche quelque heureux moyen de terminer une vie funeste. J'ai eu peur d'être tuée par le glaive de Tarquin, et pourtant je cherche un couteau dans la même intention ; mais, quand j'avais peur, j'étais une loyale épouse; je le suis encore... Oh ! non, cela ne peut être ; Tarquin m'a dépouillée de ce beau titre.

CLI

» Oh ! je n'ai plus ce qui me faisait désirer de vivre ; je ne dois donc plus craindre de mourir ; si j'efface cette tache par la mort, du moins je mets un blason de gloire sur ma livrée d'opprobre ; sinon, j'abandonne une vie mourante à une vivante infamie. Triste et impuissant remède, le trésor une fois volé, que de brûler l'innocente cassette qui le contenait !

CLII

» Non, non, cher Collatin, tu ne connaîtras pas le goût falsifié de la foi violée ; je n'outragerai pas ta loyale affection jusqu'à te leurrer avec un engagement brisé. Cette greffe bâtarde n'arrivera jamais à croissance. Celui qui a pollué ta souche ne se vantera pas que tu es le père affolé de son fruit.

CLIII

» Il ne rira pas de toi dans le secret de ses pensées ; il ne se moquera pas de ton état avec ses compagnons ; du moins tu sauras que ton bien a été, non acheté ignoblement à prix d'or, mais enlevé violemment de chez toi. Quant à moi, je suis la maîtresse de ma destinée ; et je ne pardonnerai pas à ma faute forcée, que ma vie ne soit livrée en expiation à la mort.

CLIV

» Je ne t'empoisonnerai pas de ma souillure, et je n'envelopperai pas ma faute d'excuses spécieusement forgées ; je ne colorerai pas la noirceur de mon offense, pour dissimuler la vérité sur les horreurs de cette nuit perfide. Ma bouche dira tout ; mes yeux comme les écluses d'une source des montagnes qui arrose un vallon, feront jaillir une eau pure pour laver mon impur récit. »

CLV

Cependant, la plaintive Philomèle avait terminé l'harmonieux chant de sa douleur nocturne, et la nuit solennelle descendait d'une allure lente et triste dans l'affreux enfer. Déjà le matin rougissant prête sa lumière à tous les yeux limpides qui veulent la lui emprunter; mais la sombre Lucrèce se reproche d'y voir, et voudrait être à jamais cloîtrée dans la nuit.

CLVI

Le jour révélateur se glisse à travers toutes les fissures, et semble la dénoncer sur son siége de douleur. « O œil des yeux, lui dit-elle en sanglotant, pourquoi pénètres-tu à travers ma fenêtre? Cesse de m'épier ainsi. Agace de la caresse de tes rayons les yeux encore endormis; ne stigmatise pas mon front de ta lumière perçante, car le jour n'a rien à faire avec ce qui se fait la nuit. »

CLVII

Ainsi elle s'en prend à tout ce qu'elle voit ; le vrai chagrin est puéril et irritable comme un enfant qui, dès qu'il boude, n'est satisfait de rien. Ce sont les vieilles douleurs, et non les jeunes, qui sont douces : la durée dompte les unes ; les autres, dans leur violence, ressemblent au nageur inexpérimenté qui plonge trop profondément, et par un excès d'effort se noie faute de sagesse.

CLVIII

Ainsi, abîmée dans une mer d'angoisses, Lucrèce se dispute avec tout ce qu'elle voit, et assimile tout à son désespoir ; tous les objets, les uns après les autres, renouvellent la violence de son émotion. Tantôt sa douleur est muette et ne trouve pas de parole ; tantôt elle est frénétique et ne parle que trop.

CLIX

Les petits oiseaux, qui modulent leur joie matinale, exaspèrent ses souffrances par leur suave mélodie, car la gaieté fouille la plaie vive de la douleur. Les âmes tristes sont accablées en compagnie joyeuse. La douleur se plaît surtout dans la société de la douleur. Le vrai chagrin est sensiblement soulagé par la sympathie d'un chagrin semblable.

CLX

C'est double mort de se noyer en vue de la côte ; il souffre dix fois de la faim celui qui en souffre en apercevant les aliments ; entrevoir le baume rend la blessure plus vive. Une grande douleur est plus douloureuse à proximité de ce qui pourrait la soulager. Les souffrances profondes suivent le cours d'un fleuve paisible, qu'un obstacle fait déborder ; la douleur taquinée ne connaît ni loi ni limite.

CLXI

« Oiseaux moqueurs, dit-elle, ensevelissez vos chants sous le duvet de vos gosiers gonflés, et soyez muets pour mon oreille ! Ma discordante agitation n'aime pas les modulations ni les cadences. Une hôtesse malheureuse ne peut souffrir de joyeux convives. Réservez vos ariettes légères pour ceux à qui elles plaisent ; la détresse n'aime que les airs mélancoliques dont les pleurs marquent la mesure.

CLXII

» Viens, Philomèle, dont le chant rappelle un viol (20); fais de ma chevelure éparse ton triste bosquet. De même que la terre humide pleure de ta langueur, je verserai une larme à chacun de tes tristes accents, et j'en soutiendrai le diapason par de profonds sanglots. Pour refrain je murmurerai le nom de Tarquin, tandis qu'avec plus d'art tu moduleras celui de Térée.

CLXIII

» Et tandis que tu soutiendras ta partie contre une épine, pour tenir en éveil tes souffrances aiguës, moi, misérable, afin de t'imiter, je fixerai contre mon cœur un couteau affilé pour épouvanter mes yeux ; et, pour peu qu'ils se troublent, je tomberai sur la pointe et mourrai. Ainsi, comme avec les touches d'un instrument, nous mettrons les cordes de nos cœurs au ton de la vraie douleur.

CLXIV

» Et puisque, pauvre oiseau, tu ne chantes pas dans le jour, comme honteux d'être aperçu par aucun regard, nous découvrirons quelque solitude profonde et sombre, éloignée de tout chemin, où ne pénètre ni la chaleur brûlante ni le froid glacial, et là nous révélerons aux créatures féroces des chants mélancoliques qui les apprivoiseront. Puisque les hommes deviennent des bêtes fauves, que les bêtes fauves aient l'âme douce ! »

CLXV

Comme la pauvre biche effrayée qui s'arrête en observation, se demandant avec effarement par quelle route fuir, ou comme quelqu'un qui, engagé dans les détours d'un labyrinthe, a peine à trouver le chemin, Lucrèce est en proie aux conflits du doute : lequel vaut mieux de vivre ou de mourir, quand la vie est déshonorée, et quand la mort elle-même est la dette du remords ?

CLXVI

« Me tuer ? dit-elle ; hélas ! ne serait-ce pas rejeter sur ma pauvre âme la souillure de mon corps ? Ceux qui perdent la moitié de leur bien doivent montrer plus de patience que ceux dont la ruine a englouti tout l'avoir. C'est une mère impitoyable que celle qui, ayant deux doux enfants, quand la mort lui enlève l'un, veut tuer l'autre et ne plus nourrir.

CLXVII

» De mon corps ou de mon âme, lequel m'était le plus précieux, quand l'un était pur et l'autre encore divine ? Lequel des deux doit m'être le plus cher, quand l'un et l'autre ont été ravis au ciel et à Collatin ? Hélas ! déchirez l'écorce du pin altier, et ses feuilles se flétriront, et sa séve se tarira. Ainsi de mon âme, dont l'écorce a été déchirée.

CLXVIII

» Sa demeure est mise à sac, son repos brisé, sa retraite battue en brèche par l'ennemi, son sanctuaire souillé, pillé, pollué, grossièrement envahi par une audacieuse infamie. Qu'on ne m'accuse donc pas d'impiété, si, dans cette forteresse délabrée, j'ouvre une issue pour faire évader mon âme troublée.

CLXIX

» Pourtant je ne veux pas mourir avant que Collatin ait appris la cause de ma mort prématurée, avant qu'à cette heure pour moi fatale, il ait fait le vœu de châtier celui qui me force à abréger mes jours. Je léguerai mon sang impur à Tarquin ; souillé par lui, c'est pour lui qu'il sera versé ; il sera inscrit comme son dû dans mon testament.

CLXX

» Mon honneur, je le léguerai au couteau qui frappe mon corps ainsi déshonoré. L'honneur veut qu'on mette fin à une vie déshonorée; l'un vivra l'autre une fois éteinte. Ainsi, des cendres de mon ignominie renaîtra ma gloire, car par ma mort je tue un ignominieux mépris ; mon ignominie ainsi morte, mon honneur est ravivé.

CLXXI

» Cher seigneur du cher bijou que j'ai perdu, que te léguerai-je, à toi ? Ma résolution, mon bien-aimé ! elle fera ton orgueil et te servira d'exemple pour te venger. Apprends par moi comment il faut agir envers Tarquin. L'amie que tu as en moi va tuer l'ennemie que as en moi. En souvenir de moi, traite de même le fourbe Tarquin.

CLXXII

» Je résume ainsi mes volontés dernières : mon âme au ciel ; mon corps à la terre ; ma résolution à toi, mon époux ; mon honneur au couteau qui me frappe ; ma honte à celui qui ruina ma réputation ; et, quant à ma réputation à venir, qu'elle soit livrée à ceux qui me survivent et ne pensent pas mal de moi !

CLXXIII

» Collatin, tu exécuteras ce testament. Oh ! comme j'aurai été exécutée moi-même quand tu le connaîtras ! Mon sang lavera le scandale de mon malheur ; la fin éclatante de ma vie rachètera la noire action de ma vie. Faible cœur, ne faiblis pas, mais dis résolument : *Ainsi soit-il!* Cède à mon bras, mon bras te vaincra ; toi mort, il succombe avec toi, et tu triomphes avec lui ! »

CLXXIV

Quand Lucrèce eut tristement arrêté ce plan de mort, et qu'elle eut essuyé la perle amère de ses yeux brillants, elle appela d'une voix brisée et sourde sa suivante. Celle-ci court près de sa maîtresse avec l'empressement de l'obéissance, car le devoir, en son agile essor, vole avec les ailes de la pensée. Les joues de la pauvre Lucrèce semblent à la suivante comme les prairies d'hiver quand la neige fond au soleil.

CLXXV

Elle adresse à sa maîtresse un timide bonjour d'une voix douce et lente, vrai signe de la modestie ; elle se conforme par son air triste à la tristesse de sa dame, dont la figure porte la livrée du chagrin, mais elle n'ose lui demander pourquoi ces deux soleils sont éclipsés par tant de nuages, et pourquoi ces belles joues sont inondées par la douleur.

CLXXVI

La terre pleure quand le soleil est couché, et chaque fleur est mouillée comme un œil attendri : ainsi la suivante sent une grosse larme humecter sa paupière sous l'influence de ces beaux soleils qui se sont couchés dans le ciel de sa maîtresse et ont éteint leurs feux dans un amer Océan, et la voilà qui pleure comme une nuit de rosée.

CLXXVII

Un moment ces deux charmantes créatures demeurent comme deux fontaines d'ivoire remplissant des citernes de corail. L'une pleure avec raison, l'autre n'a d'autre motif que la sympathie pour verser des larmes. Ce doux sexe est souvent disposé à pleurer ; il s'afflige en imagination des souffrances d'autrui, et alors ses yeux se noient ou son cœur se brise.

CLXXVIII

Car les hommes ont un cœur de marbre, les femmes, un cœur de cire qui prend toutes les empreintes de ce marbre. Faibles opprimées, elles subissent l'impression étrangère par force, par fraude ou par adresse. Ne les traitez donc pas comme les auteurs de leurs fautes, pas plus que vous ne trouveriez mauvaise la cire sur laquelle serait frappée l'image d'un démon.

CLXXIX

Leur surface, unie comme une belle plaine, est accessible au moindre reptile qui s'y glisse. Chez les hommes, comme en d'épaisses broussailles, grouillent des vices qui dorment obscurément dans des cavernes. La moindre poussière transparaît à travers une cloison de cristal ; et, si les hommes peuvent dissimuler leurs crimes sous des airs effrontés et impassibles, les visages des pauvres femmes sont les registres de leurs propres fautes.

CLXXX

Que nul ne récrimine contre la fleur flétrie, mais que tous s'en prennent au rude hiver qui a tué cette fleur. Ce n'est pas ce qui est dévoré, mais ce qui dévore, qui mérite le blâme. Oh! ne dites pas que c'est la faute des pauvres femmes, si elles sont ainsi envahies par les torts des hommes ; il faut blâmer ces superbes seigneurs qui imposent aux faibles femmes le vasselage de leur ignominie.

CLXXXI

Lucrèce vous offre l'exemple, Lucrèce forcée la nuit, par la menace violente d'une mort immédiate et de l'infamie qui devait s'ensuivre pour elle, à outrager son époux ; de tels dangers étaient attachés à la résistance, qu'une terreur mortelle se répandit dans tout son corps : et qui ne peut abuser d'un corps inanimé ?

CLXXXII

Cependant une douce patience invite la belle Lucrèce à s'adresser à l'humble contrefaçon de sa propre douleur : « Ma fille, dit-elle, pour quel motif laisses-tu échapper ces larmes qui pleuvent sur tes joues ? Si tu pleures pour le mal que je supporte, sache, douce enfant, que je ne m'en trouve guère mieux ; si des larmes pouvaient me soulager, les miennes y réussiraient.

CLXXXIII

» Mais dis-moi, fille, quand donc... (et ici elle s'arrêta pour pousser un profond soupir) Tarquin est-il parti? »
— « Madame, avant que je fusse levée, répondit la suivante, ma négligence paresseuse n'en est que plus blâmable ; pourtant j'ai pour ma faute cette excuse : je me suis levée avant le point du jour, et Tarquin était déjà parti.

CLXXXIV

» Mais, madame, si votre servante l'osait, elle demanderait à connaître la cause de votre accablement. » — « Oh! silence! s'écrie Lucrèce, si je te la disais, cette révélation ne l'atténuerait pas, car elle est telle que je ne puis pleinement l'exprimer ; et l'on peut appeler un enfer l'atroce torture dont on souffre plus qu'on ne peut le dire.

CLXXXV

» Va, apporte-moi du papier, de l'encre et une plume; non, épargne-toi cette peine, car j'ai tout cela ici... Qu'est-ce que je veux dire ? dis à un des hommes de mon mari de se tenir prêt à porter tout à l'heure une lettre à mon seigneur, à mon amour, à mon chéri ; dis-lui de se préparer à la porter au plus vite ; la chose est pressée, et ce sera bientôt écrit. »

CLXXXVI

La suivante est partie. Lucrèce se prépare à écrire, tenant sa plume suspendue au-dessus du papier. Sa pensée et sa douleur se livrent un combant acharné ; ce que trace l'esprit est vite raturé par la volonté ; ceci est trop complaisamment délicat, ceci est trop cruellement brusque ; comme une foule à une porte, ses idées se pressent, c'est à qui passera la première.

CLXXXVII

Enfin elle commence ainsi : « *Noble époux de l'indigne femme qui s'adresse à toi, salut à ta personne! daigne, si jamais, amour, tu veux revoir ta Lucrèce, daigne accourir au plus vite auprès de moi. Je me recommande à toi du fond de notre maison de malheur ; mes souffrances sont immenses, si brèves que soient mes paroles.* »

CLXXXVIII

Ici elle ferme ce triste message, incertaine expression de sa douleur trop certaine. Par cette courte cédule, Collatin peut apprendre sa peine, mais non la vraie nature de se peine ; elle n'a pas osé en faire l'aveu, craignant d'être jugée par lui trop coupable, avant d'avoir trempé dans le sang l'excuse de son impureté.

CLXXXIX

D'ailleurs, elle réserve les élans de son émotion pour les prodiguer au moment où Collatin pourra l'entendre ; alors les soupirs, les sanglots et les larmes, donnant grâce à sa disgrâce, la laveront d'autant mieux des soupçons que le monde pourrait concevoir contre elle. C'est pour ne pas être noircie par eux qu'elle n'a pas voulu noircir sa lettre de paroles que l'action doit rendre bien plus éloquentes.

CXC

Il est plus émouvant de voir de tristes spectacles que de les entendre raconter ; car alors le regard commente pour l'oreille la navrante pantomime dont il est témoin ; chaque sens ne percevant qu'une partie de souffrance, l'oreille ne vous révèle qu'une douleur partielle. Les passes profondes font moins de bruit que les eaux basses ; et la douleur qu'a soulevée une tempête de paroles a toujours un reflux.

CXCI

Sa lettre est maintenant scellée et porte cette suscription : *A Ardée, pour mon mari, plus que pressée.* » Le courrier est prêt, Lucrèce la lui remet, en recommandant au valet à la mine inquiète de courir aussi vite que les oiseaux retardataires devant le vent du nord. Une rapidité plus que rapide lui semble une fastidieuse lenteur ; l'émotion extrême réclame toujours les extrêmes.

CXCII

Le rustique maraud lui fait un profond salut, et, rougissant, l'œil fixe, reçoit le papier sans dire oui ni non, puis se sauve avec la timidité de l'innocence. Mais ceux qui ont un remords dans le cœur, s'imaginent que tous les yeux voient leur honte ; Lucrèce a cru en effet que le valet rougissait de la sienne.

CXCIII

Candide valet ! Dieu sait que c'était chez lui défaut d'esprit, d'animation et de hardiesse. Il est de ces êtres inoffensifs qui se font un scrupule de ne parler que par actions, tandis que d'autres promettent hardiment une excessive activité, et puis en prennent à leur aise. Ainsi ce vivant échantillon des siècles passés offrait une mine honnête, mais sans s'engager par une parole.

CXCIV

Cette ardente déférence avait allumé l'inquiétude de Lucrèce, et tous deux avaient le feu au visage ; elle croyait que le valet rougissait parce qu'il savait l'attentat de Tarquin, et, rougissait elle-même, elle le considérait avec attention ; ce regard scrutateur le rendait plus confus encore ; plus elle voyait le sang lui affluer aux joues, plus elle croyait qu'il apercevait sur elle quelque souillure.

CXCV

Mais déjà il tarde à Lucrèce qu'il soit de retour, et pourtant le fidèle vassal ne fait que partir ; elle ne sait comment employer ces moments fastidieux, car maintenant il est inutile de soupirer, de pleurer, de gémir. La douleur a lassé la douleur, les sanglots ont épuisé les sanglots, si bien qu'elle suspend un moment ses plaintes, cherchant un nouveau moyen d'exhaler son désespoir.

CXCVI

Enfin, elle se rappelle que quelque part est pendu un excellent tableau, représentant la Troie de Priam, devant laquelle est développée l'armée grecque, prête à détruire la cité pour venger le rapt d'Hélène, et menaçant de la ruine Ilion qui baise la nue. Le peintre ingénieux a fait la ville si superbe, que le ciel semble se pencher pour en caresser les tours.

CXCVII

Là, à mille objets lamentables, comme pour narguer la nature, l'art a donné une vie inanimée ; tel coup de pinceau sec semble une larme humaine, versée par l'épouse sur le cadavre de l'époux. Le sang rouge semble fumer pour attester l'effort du peintre, et çà et là des yeux mourants jettent une lueur cendrée, comme des charbons mourants qui s'éteignent dans une nuit profonde.

CXCVIII

Là, vous pourriez voir à l'œuvre le pionnier inondé de sueur et noir de poussière. Dans les tours même de Troie apparaissent à travers les meurtrières les yeux même des assiégés fixés sans grand espoir sur les Grecs. Il y a dans cette œuvre une si exquise observation qu'on peut distinguer la tristesse de ces regards lointains.

CXCIX

Sur le visage des grands chefs grecs vous pourriez voir la grâce et la majesté triomphantes ; chez les jeunes gens, l'attitude de l'énergie et de la dextérité ; çà et là le peintre dissémine de pâles couards, marchant d'un pas tremblant, qui ressemblent si bien à de lâches paysans qu'on jurerait les voir frissonner et frémir.

CC

Dans Ajax et dans Ulysse, oh ! quels jeux de physionomie ! Les deux visages expriment les deux cœurs ; les traits disent nettement les caractères. Dans les yeux d'Ajax roulent la rage brutale et la férocité ; mais la fine œillade que lance l'astucieux Ulysse indique le penseur profond et le gouvernant souriant.

CCI

Là vous pourriez voir le grave Nestor dans l'attitude de l'orateur, encourageant, pour ainsi dire, les Grecs au combat, faisant de la main un geste sobre qui commande l'attention et charme la vue. Sa barbe, d'un blanc argenté, semble remuer au gré de sa parole, et de ses lèvres s'échappe comme une haleine qui ondule jusqu'au ciel en spirales légères.

CCII

Autour de lui est une masse de figures béantes qui semblent dévorer ses sages avis, toutes avec leurs physionomies diverses, mais absorbées par une commune attention, comme si quelque sirène enchantait leur oreille : quelques têtes sont plus hautes, d'autres plus basses, selon le caprice délicat du peintre ; beaucoup de fronts, presque dissimulés derrière les autres, semblent vouloir se dresser pour ajouter à l'illusion.

CCIII

Ici le bras d'un homme repose sur l'épaule d'un autre, l'oreille du voisin faisant ombre sur son nez ; ici un auditeur, trop foulé, regimbe tout bouffi et tout rouge ; un autre, étouffé, semble écumer et jurer ; ils donnent de tels signes de rage dans leur rage, que la crainte de perdre les paroles d'or de Nestor semble seule les empêcher de se battre à coups d'épée.

CCIV

C'est en effet une œuvre de haute imagination, conçue avec tant d'art, tant d'ensemble, tant de naturel! Une lance, brandie par une main armée, représente Achille; lui-même est resté en arrière, invisible, excepté pour l'œil de l'esprit. Une main, un pied, un visage, une jambe, une tête suffit pour figurer tout un personnage.

CCV

Au haut des remparts de Troie assiégée, tandis que le brave Hector, son héroïque espoir, marche au combat, se tiennent nombre de mères troyennes, toutes également joyeuses de voir leurs jeunes fils manier des armes étincelantes; elles donnent à leur espérance une expression étrange : à travers leur allégresse, comme une ombre sur un fond lumineux, se manifeste une sorte de frayeur douloureuse.

CCVI

De la côte des Dardanelles, où commence le combat, qu'aux roseaux des bords du Simoïs, coule le sang rouge, dont les flots semblent par leurs ondulations se modeler sur la bataille; ses masses houleuses commencent par se briser sur la plage crevassée, et puis se retirent, pour se joindre à des vagues plus hautes, les rallier, et dégorger leur écume sur les bords du Simoïs.

CCVII

C'est devant ce chef-d'œuvre de la peinture que Lucrèce est venue, pour y trouver une figure où soient empreintes toutes les douleurs. Elle en voit plusieurs qu'ont creusées les soucis, mais aucune où respirent toutes les souffrances; enfin elle aperçoit Hécube au désespoir qui fixe ses vieux yeux sur les plaies de Priam étendu sanglant sous le pied superbe de Pyrrhus.

CCVIII

En elle le peintre a résumé les ruines du temps, le naufrage de la beauté, le règne de l'anxiété sinistre. Son visage est défiguré par les crevasses et les rides; elle ne se ressemble plus; son sang bleu a tourné au noir dans chaque veine; la source qui alimentait ses canaux desséchés s'est tarie; et l'on dirait une vie emprisonnée dans un cadavre.

CCIX

C'est sur ce lugubre spectre que Lucrèce concentre ses regards; elle conforme sa douleur à la détresse de cette aïeule, à qui il ne manque qu'un cri pour lui répondre, qu'une parole amère pour maudire ses cruels ennemis. Le peintre n'était pas un dieu pour lui prêter tout cela. Aussi Lucrèce jure-t-elle qu'il a eu tort de donner une telle douleur à Hécube sans lui donner une voix.

CCX

« Pauvre instrument muet, s'écrie-t-elle, je prêterai mon chant plaintif à tes malheurs, et je verserai le doux baume sur la blessure peinte de Priam, et je fulminerai contre Pyrrhus qui lui porta ce coup, et avec mes larmes j'éteindrai le trop long incendie de Troie, et avec mon couteau je crèverai les yeux furieux de tous les Grecs, qui sont tes ennemis.

CCXI

» Montre-moi la prostituée qui a causé cette guerre, qu'avec mes ongles je mette sa beauté en lambeaux ! C'est l'ardeur de ta luxure, insensé Pâris, qui a fait tomber sur Troie en flammes le poids de tant de fureurs ; tes yeux ont allumé le feu qui brûle ici ; et voici qu'à Troie, pour le crime de tes yeux, meurent le père, le fils, la mère et la fille !

CCXII

» Pourquoi le plaisir privé d'un seul devient-il pour tant d'autres un fléau public ? Que la faute du coupable unique retombe uniquement sur sa tête ! Que les âmes innocentes soient à l'abri des malheurs du criminel ! Pourquoi l'offense d'un seul cause-t-elle la chute de tant d'autres ? Pourquoi un tort isolé est-il une calamité universelle ?

CCXIII

» Tenez ! voici Hécube qui pleure ; voici Priam qui expire ; voici le vaillant Hector qui chancelle ; voici Troylus qui s'évanouit ! Ici l'ami est étendu près de l'ami sur une couche sanglante ; là, l'ami fait à l'ami une blessure involontaire ; et la luxure d'un seul ruine tant d'existences ! Si Priam affolé avait réprimé le désir de son fils, c'est la gloire, et non la flamme, qui eût illuminé Troie ! »

CCXIV

Ici elle pleure avec de vraies larmes sur la peinture des malheurs de Troie. Car la douleur, comme une lourde cloche, une fois mise en branle, se meut par son propre poids; alors la moindre force fait retentir son glas lugubre. Ainsi Lucrèce, mise en mouvement, fait un triste écho à cette mélancolie crayonnée, à ce malheur en effigie. Elle leur prête des paroles, et leur emprunte leur expression.

CCXV

Elle parcourt des yeux le tableau, et plaint tous ceux qu'elle voit dans la détresse. Enfin, elle voit un misérable personnage enchaîné qui jette un regard de compassion aux pâtres phrygiens; sa figure, quoique pleine d'anxiété, trahit pourtant la satisfaction; il s'avance vers Troie, entouré de ces rustiques bergers, avec l'air doux de la résignation dédaignant ses malheurs.

CCXVI

Le peintre a mis tout son talent à dissimuler en lui la perfidie et à lui donner la mine de l'innocence : une humble démarche, une physionomie calme, des yeux toujours attendris, un front haut qui semble subir avec sérénité l'infortune, des joues ni rouges ni pâles, mais où les deux nuances sont si bien fondues que la rougeur n'y trahit pas le remords, ni la pâleur l'inquiétude d'un cœur perfide.

CCXVII

Mais, ainsi qu'un démon endurci et consommé, il affectait une telle apparence d'honnêteté, et il en cuirassait si bien sa perversité secrète, qu'il était impossible au soupçon même de se douter que l'astuce rampante et le parjure pussent déchaîner de si noirs orages dans un si beau jour, ou souiller d'une infernale vilenie des formes aussi saintes.

CCXVIII

L'habile artiste avait représenté sous cette douce image le parjure Sinon, dont la fable enchanteresse devait tuer le vieux crédule Priam, dont la parole, pareille à un incendie, devait consumer les splendeurs de la riche Ilion : catastrophe dont les cieux s'émurent au point que les petites étoiles s'arrachèrent à leurs postes fixes, alors que se brisa le miroir où elles se reflétaient.

CCXIX

Lucrèce considère attentivement ce tableau, et reproche au peintre son merveilleux talent; disant qu'il s'est mépris en représentant ainsi Sinon, et qu'une si belle forme n'a jamais logé une âme si laide; et elle le regarde encore, et elle le regarde toujours, et elle découvre dans cet honnête visage un tel air de vérité qu'elle en conclut que cette peinture est une calomnie.

CCXX

Elle s'écrie : *Cela ne se peut! tant de fourberie...* Et elle va ajouter : *Ne peut se cacher sous de pareils traits.* Mais alors la figure de Tarquin lui revient à la mémoire, et, au lieu de la négation, arrache de ses lèvres l'affirmation; elle se ravise, et altère ainsi sa phrase : *Cela ne se peut.... que trop! Un tel visage ne peut que trop bien cacher une âme criminelle!*

CCXXI

« Car c'est avec le visage qu'assume ici le subtil Sinon, c'est avec cet air de sereine tristesse et de douce lassitude, qui semble la defaillance du chagrin ou du labeur, que Tarquin tout armé est venu à moi ; il avait ce masque d'extérieure vertu, tout souillé qu'il était de vices intérieurs ! L'accueil que Priam fit à Sinon, je l'ai fait à Tarquin, et c'est ainsi qu'a succombé mon Ilion.!

CCXXII

» Voyez, voyez, comme les yeux de l'attentif Priam se mouillent à l'aspect des larmes d'emprunt que verse Sinon ! Priam, pourquoi es-tu si vieux, et pourtant si peu sensé ? Pour chaque larme que Sinon laisse tomber, il y a un Troyen qui saigne. Ses yeux jettent du feu ; ce n'est pas de l'eau qui en tombe. Ces perles rondes et limpides, qui émeuvent ta pitié, sont des projectiles de flamme inextinguible qui vont incendier ta ville.

CCXXIII

» De pareils démons empruntent leurs dehors au ténébreux enfer ! Sous cette ardeur apparente, une froideur glacée fait frissonner Sinon, et un incendie dévorant couve sous sa froideur même ; ces éléments contraires ne se combinent ainsi que pour abuser et enhardir les fous. Sinon trompe si bien la confiance de Priam par ses larmes menteuses, qu'avec leur eau il trouve moyen de brûler Troie ! »

CCXXIV

A ces mots, un tel mouvement de rage la saisit que la patience est bannie de son cœur ; elle égratigne de ses ongles ce Sinon inanimé, le comparant au malheureux hôte dont l'acte l'a rendue odieuse à elle-même. Enfin elle s'arrête en souriant : « Folle ! folle que je suis ! s'écrie-t-elle, ces blessures ne lui feront pas de mal. »

CCXXV

C'est ainsi que va et vient le cours de sa douleur, et que les moments fatiguent les moments de ses plaintes. Elle souhaite la nuit, et puis elle aspire à l'aurore, et elle trouve que l'une et l'autre tardent trop longtemps. Si accablée que soit la détresse, il est rare qu'elle dorme; et ceux qui veillent remarquent avec quelle lenteur marche le temps.

CCXXVI

Mais Lucrèce ne s'était pas aperçue de la marche du temps tandis qu'elle contemplait ces images; elle se laissait distraire du sentiment de sa propre douleur par la pensée des malheurs d'autrui, et oubliait ses tourments devant ces simulacres d'infortune. Nous sommes parfois soulagés, sans toutefois être jamais guéris, par l'idée que nos souffrances ont été endurées par d'autres.

CCXXVII

Cependant le zélé messager est revenu, ramenant son maître qu'escortent quelques compagnons. Collatin trouve sa Lucrèce en noirs habits de deuil, et autour de ses yeux colorés par les larmes il remarque des cercles bleus, ondoyants comme des arcs-en-ciel, humides météores qui, au milieu de sinistres éléments, présagent de nouveaux orages succédant aux orages passés.

CCXXVIII

Lui trouvant cet air désolé, le mari examine avec effarement le visage triste de Lucrèce : ses yeux, trempés de larmes, sont rouges et sanglants; ses vives couleurs sont éteintes par de mortelles angoisses. Il n'a pas la force de lui demander ce qu'elle éprouve; mais tous deux restent immobiles, comme de vieilles connaissances surprises de se rencontrer loin de chez elles et stupéfaites de ce hasard.

CCXXIX

Enfin, il la prend par la main, cette main livide, et commence ainsi : « Quel étrange malheur t'est-il arrivé, que tu restes ainsi tremblante? Doux amour, quel est le chagrin qui a dévoré tes belles couleurs? Pourquoi es-tu ainsi vêtue de deuil? Chère, chère, démasque cette sombre affliction, et dis-nous ta souffrance, que nous puissions y porter remède. »

CCXXX

Trois fois elle allume par des soupirs le feu de sa douleur, avant de pouvoir décharger une parole de désespoir. Enfin, dès qu'elle est en état de répondre à la demande de son mari, elle se prépare timidement à révéler comment son honneur a été fait prisonnier par l'ennemi, pendant que Collatin et ses nobles compagnons prêtent à ses paroles une anxieuse attention.

CCXXXI

Et voilà ce pâle cygne qui, dans son nid humide, entonne le triste chant de sa fin imminente : « Quelques mots, dit-elle, doivent suffire à l'aveu d'un attentat que ne peut pallier aucune excuse. J'ai maintenant plus de douleurs que de paroles, et mes malheurs seraient trop longs à exposer si cette pauvre voix fatiguée devait les raconter tous.

CCXXXII

« Donc, que cette déclaration suffise à ma tâche : — Cher époux, un étranger est venu prendre possession de ton lit ; il a couché sur cet oreiller où tu avais coutume de reposer ta tête fatiguée ; et maintenant imagine tous les outrages qu'une odieuse violence a pu me faire, ta Lucrèce, hélas ! les a subis !

CCXXXIII

» Dans les mornes ténèbres de la nuit la plus sombre, s'est glissé dans ma chambre, armé d'un glaive étincelant, un flambeau à la main, un être qui m'a dit à voix basse : « Éveille-toi, dame romaine, et accueille mon
» amour ; ou cette nuit même j'infligerai, à toi et aux
» tiens, un éternel déshonneur, pour peu que tu résistes
» à mes désirs.

CCXXXIV

» Car, a-t-il ajouté, à moins que tu n'accouples ton
» adhésion à ma volonté, je vais égorger le plus hideux
» de tes laquais, et t'assassiner ensuite ; puis je jurerai
» que je vous ai surpris accomplissant l'acte immonde
» de la luxure et que j'ai tué les paillards sur le fait : cet
» acte fera ma gloire et ta perpétuelle infamie. »

CCXXXV

« Sur ce, je commençai à frémir et à crier ; et alors il mit son épée contre mon cœur, jurant, si je ne supportais tout avec patience, que je ne proférerais pas un mot de plus et que j'allais cesser de vivre ; qu'ainsi ma honte resterait toujours dans l'histoire, et que jamais on n'oublierait dans cette grande Rome la mort adultère de Lucrèce et de son valet !

CCXXXVI

» Mon ennemi était fort, moi j'étais une pauvre faible créature, affaiblie encore par l'excès de la frayeur. Mon juge sanguinaire m'empêchait de parler ; l'argument le plus éloquent ne pouvait obtenir justice ; sa luxure écarlate intervint comme témoin pour jurer que ma pauvre beauté avait ravi ses yeux ; et, quand le juge est le volé, l'accusé est mort.

CCXXXVII

» Oh ! apprenez-moi à m'excuser moi-même, ou du moins laissez-moi ce refuge : si mon sang grossier est souillé par cet outrage, mon âme est immaculée et sans tache : elle, du moins, n'a pas été violée ; elle n'a jamais consenti à être complice de ma faiblesse ; mais elle reste toujours pure dans sa demeure empoisonnée. »

CCXXXVIII

Voyez! le malheureux que ruine ce désastre, la tête affaissée, la voix comprimée par le malheur, l'œil triste et fixe, les bras misérablement croisés, tâche d'exhaler de ses lèvres, pâles comme la cire, la douleur qui l'empêche de répondre ; mais en vain l'infortuné fait effort, son souffle reprend ce qu'a exhalé son souffle.

CCXXXIX

Tel, sous une arche, un flot violent, rugissant, échappe au regard qui le regarde courir, puis rebondit dans le torrent par son élan même jusqu'à l'étroit goulot qui l'a forcé à tant de rapidité; précipité avec furie, il rétrograde avec une furie égale. Ainsi les soupirs, les souffrances de Collatin pressent l'explosion de son désespoir, puis le forcent à refluer sur lui-même.

CCXL

Lucrèce remarque la muette douleur de son pauvre bien-aimé, et réveille ainsi sa rage inactive : « Cher époux, ton tourment donne une nouvelle force à mon tourment ; ce n'est pas une averse qui peut tarir un torrent. Ton émotion rend plus pénible encore ma trop sensible détresse ; qu'il suffise donc de deux yeux en larmes pour noyer un malheur unique.

CCXLI

» Pour l'amour de moi, de celle qui pouvait si bien te charmer quand elle était ta Lucrèce, écoute-moi maintenant ; venge-toi sur-le-champ de celui qui s'est fait ton ennemi, le mien, le sien ; suppose que tu me protéges contre l'attentat déjà commis ; la main-forte que tu me prêtes arrive trop tard ; mais du moins que le traître meure, car ne pas faire justice, c'est fomenter l'iniquité.

CCXLII

» Mais, avant que je le nomme, dit-elle, s'adressant à ceux qui étaient venus avec Collatin, donnez-moi votre parole d'honneur que vous tirerez au plus vite vengeance de cet affront ; car c'est une action méritoire, légitime, de poursuivre l'injustice d'un bras vengeur. Les chevaliers sont tenus par leurs serments de faire droit aux dames outragées. »

CCXLIII

A cette requête, chacun des seigneurs présents s'empresse avec une noble ardeur de promettre le secours que la chevalerie les oblige à prêter ; il leur tarde d'entendre dénoncer l'odieux ennemi ; mais elle, qui n'a pas terminé sa triste tâche, coupe court à leur prière : « Oh ! parlez, s'écrie-t-elle ; comment pourrai-je me laver de cette tache forcée ?

CCXLIV

» Quelle est la nature de ma faute, de cette faute, à laquelle j'ai été contrainte par d'horribles circonstances ? Mon âme pure peut-elle se soustraire à cette dégradation, pour relever mon honneur abaissé ? A quelles conditions puis-je être acquittée d'un tel malheur ? La source empoisonnée se purifie. Pourquoi ne pourrais-je pas, comme elle, me purifier d'une souillure involontaire ? »

CCXLV

Sur ce, tous déclarent d'une voix unanime que la pureté de son âme efface l'impureté de son corps ; tandis qu'avec un sourire mélancolique elle détourne la tête, — mappemonde qui porte, gravée par des larmes, la profonde impression d'une dure infortune. « Non, dit-elle, jamais femme à l'avenir ne pourra, pour s'excuser, se prévaloir de mon excuse. »

CCXLVI

Ici, avec un soupir, comme si son cœur allait se briser, elle profère le nom de Tarquin : « C'est lui ! c'est lui ! »

dit-elle ; mais sa pauvre langue ne peut dire autre chose que : C'est lui. Pourtant, après bien des cris inarticulés, après de longs délais, après bien des sanglots étouffés, après maints efforts impuissants et convulsifs, elle ajoute : « C'est lui, c'est lui, nobles seigneurs, c'est lui qui pousse ma main à me faire cette blessure ! »

CCXLVII

A ces mots, elle rengaine dans son sein innocent le couteau funeste qui en dégaine son âme. Ce coup a délivré cette âme des anxiétés profondes de la prison souillée où elle respirait ; ses soupirs contrits ont légué aux nuées son esprit ailé ; et à travers ses blessures, une impérissable existence s'echappe d'une destinée brisée.

CCXLVIII

Collatin et tous les seigneurs, ses compagnons, sont restés pétrifiés, confondus de cet acte funèbre ; c'est alors que le père de Lucrèce, la voyant en sang, se jette sur le cadavre de la suicidée ; de la source empourprée Brutus retire le couteau meurtrier que le sang chasse violemment, comme par une triste représaille.

CCXLIX

Le sang cramoisi, sortant à gros bouillons de sa poitrine, se divise lentement en deux ruisseaux et encercle de tous côtés son corps, qui apparaît comme une île qu'on vient de ravager et de dépeupler, reste nu de ce débordement terrible ; une partie du sang est restée pure et rouge ; l'autre est noire, ayant été souillée par le perfide Tarquin.

CCL

A la surface sombre et déjà figée de ce sang noir s'étend un halo aqueux qui semble pleurer sur la souillure ; et depuis lors, comme en souvenir des malheurs de Lucrèce, le sang corrompu est toujours mêlé à quelque humeur, tandis que le sang pur reste empourpré, comme s'il rougissait de cette putréfaction.

CCLI

« Ma fille ! ma chère fille ! s'écrie le vieux Lucrétius, elle était à moi cette vie que tu viens d'anéantir. Si dans l'enfant est l'image du père, où vivrai-je maintenant que Lucrèce est sans vie ? Ce n'était pas pour cela que tu étais née de moi. Si les enfants précèdent les pères dans la tombe, nous sommes leur postérité, ils ne sont pas la nôtre.

CCLII

» Pauvre glace brisée, j'ai souvent vu dans ton doux reflet ma vieillesse rajeunie ; mais ce miroir, naguère si frais et si brillant, maintenant terni et délabré, ne me montre plus qu'un squelette usé par le temps. Oh ! tu as arraché mon image de tes joues, et tellement terni la beauté de mon miroir, que je ne puis plus voir ce que j'étais jadis.

CCLIII

» O temps, suspens ton cours, et ne dure pas davantage, si ceux-là cessent d'exister qui devraient survivre ! La mort putride doit-elle triompher des forts, et laisser la vie aux êtres faibles et défaillants? Les vieilles abeilles meurent, et leur ruche est occupée par les jeunes; vis donc, bien-aimée Lucrèce, revis ; que ce soit toi qui voies mourir ton père, et non ton père qui te voie mourir ! »

CCLIV

Cependant Collatin s'éveille comme d'un songe, et dit à Lucrétius de faire place à sa douleur; et alors il s'évanouit dans le sang glacé de Lucrèce, y baigne sa livide pâleur, et semble expirer avec elle un moment; enfin une virile honte le fait revenir à lui pour vivre et venger la morte.

CCLV

L'angoisse profonde de son âme a frappé de mutisme sa langue, qui, furieuse que le chagrin la paralyse ainsi et lui interdise si longtemps les mots qui soulagent le cœur, commence à parler; mais les accents qui affluent sur ses lèvres à la rescousse de son pauvre cœur sont si faibles, si confus, que personne ne peut distinguer ce qu'il a dit.

CCLVI

Parfois cependant il prononce nettement le nom de Tarquin, mais entre ses dents, comme s'il le déchirait. Une tempête de soupirs refoule et gonfle le flot de sa désolation jusqu'à ce que la pluie jaillisse ; la pluie tombe enfin, et les orageux soupirs cessent. Alors le gendre et le père pleurent à l'envi ; c'est à qui pleurera le plus, l'un, la fille, l'autre, la femme.

CCLVII

L'un la réclame comme son bien, l'autre comme son bien aussi ; mais ni l'un ni l'autre ne peut plus posséder ce qu'il revendique. Le père dit : « Elle est à moi. » — « Oh ! elle est à moi, réplique le mari ; ne m'enlevez pas les droits de ma douleur, que pas un affligé ne prétende la pleurer, car elle était à moi seul, et elle ne doit être pleurée que par Collatin. »

CCLVIII

« Oh ! dit Lucrétius, je suis l'auteur de cette vie qu'elle vient d'anéantir à la male heure et de si bonne heure. « Hélas ! hélas ! dit Collatin, elle était ma femme : je la possédais, et c'est mon bien qu'elle détruit. » — « Ma fille !... Ma femme ! » Ces cris remplissent l'air ambiant qui, ayant absorbé la vie de Lucrèce, leur répondait : « Ma fille !... ma femme ? ».

CCLIX

Brutus, qui vient d'arracher le couteau du flanc de Lucrèce, en présence de cette émulation de douleurs, restitue à son intelligence sa parure de fière dignité, ensevelissant dans la plaie de Lucrèce ses semblants de folie. Il était estimé chez les Romains, comme les fous de cour chez les rois, pour ses plaisanteries et ses saillies extravagantes.

CCLX

Mais maintenant il jette de côté ce masque superficiel sous lequel il déguisait une politique profonde, et arme de raison son génie longtemps caché, pour arrêter les larmes de Collatin : « Oh! s'écrie-t-il, seigneur romain outragé, relève-toi : laisse un être insondé, qu'on prenait pour un fou, donner une leçon aujourd'hui à ta vieille expérience ! »

CCLXI

« Eh quoi! Collatin, la douleur remédie-t-elle à la douleur? Les blessures guérissent-elles les blessures? les lamentations réparent-elles les actes lamentables ? Est-ce te venger que te frapper toi-même, après le crime hideux qui fait saigner ta noble femme? Une si puérile humeur procède d'une âme faible. Ta malheureuse femme a fait la même méprise en se tuant, au lieu de tuer son ennemi.

CCLXII

» Vaillant Romain, ne plonge pas ton cœur dans cette dissolvante rosée de larmes. Mais plie le genou avec moi, et aide pour ta part à réveiller nos dieux romains par des invocations : puissent-ils permettre que les abominations, qui déshonorent Rome elle-même, soient balayées de ses nobles rues par nos bras forts !

CCLXIII

» Oui, par le Capitole que nous adorons, par ce chaste sang si outrageusement souillé, par ce beau soleil du ciel qui multiplie les richesses de la terre féconde, par tous les droits de notre patrie revendiqués dans Rome, par l'âme de la chaste Lucrèce, qui tout à l'heure se plaignait à nous de son injure, et par ce couteau sanglant, nous vengerons la mort de cette épouse loyale. »

CCLXIV

Ce disant, il appuie sa main sur sa poitrine, et baise le fatal couteau pour consacrer son serment ; puis il invite tous les autres à faire le même vœu. Tous ont écouté ses paroles avec surprise ; tous en même temps plient le genou jusqu'à terre ; Brutus répète le serment solennel qu'il vient de proférer, et tous jurent de le tenir.

CCLXV

Dès que tous se furent engagés à cette sentence suprême, ils résolurent d'emporter Lucrèce morte, d'exposer à Rome son corps ensanglanté, et de publier ainsi le noir outrage de Tarquin. La chose fut faite au plus vite, et les Romains unanimes applaudirent au perpétuel bannissement des Tarquins (21).

FIN DU VIOL DE LUCRÈCE.

LES PLAINTES D'UNE AMOUREUSE

LES PLAINTES D'UNE AMOUREUSE

I

Couché au haut d'une colline dont la gorge profonde répétait le récit plaintif d'une vallée sœur, je suivais ce duo avec une attention concentrée, et j'en écoutais le triste refrain, quand tout à coup j'aperçus une étrange fille toute pâle, qui déchirait des papiers, brisait des bagues en deux, et déchaînait sur toute sa personne la pluie et le vent du désespoir.

II

Sur sa tête était comme une ruche de paille tressée qui lui garantissait le visage du soleil ; en la regardant alors, on aurait pu s'imaginer entrevoir le squelette d'une beauté usée et finie. Mais le temps n'avait pas fauché en elle toute jeunesse, et la jeunesse ne l'avait pas toute quittée ; au contraire, en dépit de la rage terrible du ciel, quelque beauté perçait encore à travers le treillis de ses rides hâtives.

III

Maintes fois, elle portait à ses yeux un mouchoir sur lequel étaient imprimés des dessins de fantaisie, et elle en trempait les images soyeuses dans l'eau amère que sa douleur débordante avait condensée en larmes ; souvent elle lisait les inscriptions qu'il portait, et aussi souvent elle exhalait une douleur inarticulée dans des cris de toute mesure, tantôt perçants et tantôt sourds.

IV

Parfois, elle levait ses yeux en feu comme pour en foudroyer le ciel ; parfois, elle en faisait retomber les pauvres flammes sur le globe terrestre ; parfois, elle étendait la vue droit devant elle ; parfois, elle prêtait ses regards à tous les lieux à la fois sans les fixer nulle part, confondant l'imagination et la réalité dans son délire.

V

Ses cheveux, qui n'étaient ni flottants ni attachés en nattes régulières, accusaient une main insouciante de coquetterie. En effet, quelques mèches dénouées descendaient de son chapeau de paille, pendant le long de ses joues pâles et flétries : d'autres tenaient encore à leur réseau de fil, et, fidèles au lien, ne s'en échappaient pas, bien que négligemment tressées dans un mol abandon.

VI

Elle tira d'un panier mille brimborions d'ambre, de cristal et de jais incrusté, qu'elle jeta un à un dans la rivière en pleurs au bord de laquelle elle était assise. Elle mêlait avec usure ses larmes à ces larmes, comme le monarque dont la main prodigue les largesses, non à la misère, qui réclame peu, mais au luxe, qui mendie tout.

VII

Elle prit nombre de billets pliés qu'elle parcourut, puis, après un soupir, mit en pièces et jeta au flot ; elle brisa beaucoup de bagues d'or et d'os couvertes de devises, auxquelles elle assigna la vase pour sépulcre ; elle tira encore d'autres billets tristement écrits en lettres de sang, précieusement enveloppés d'un lacet de soie écrue et scellés avec un secret curieux.

VIII

Elle les baigna maintes fois de ses larmes, les couvrit de baisers, et s'apprêtant à les déchirer : « O sang trompeur, s'écria-t-elle, registre de mensonges ! que de faux témoignages tu portes ! L'encre eût été mieux à sa place ! sa couleur est plus noire et plus infernale ! » Cela dit, au comble de la rage, elle met en pièces toutes ces lettres, dont elle anéantit le contenu dans l'éclat de son mécontentement.

IX

Un homme vénérable faisait paître son troupeau dans le voisinage. Cet homme avait été jadis un joyeux vivant, au courant des querelles de la cour et de la ville ; il avait traversé les heures les plus légères et remarqué comme elles s'envolent. Vite il s'approche de cette singulière affligée, et, en vertu du privilége de l'âge, demande à connaître brièvement l'origine et les motifs de sa douleur.

X

Il se laisse glisser sur son bâton noueux, et, s'asseyant près d'elle à une distance convenable, la prie une seconde fois de lui faire partager ses chagrins dans une confidence : s'il est une chose qu'elle puisse réclamer de lui pour calmer ses angoisses, la charité de l'âge la lui promet d'avance.

XI

« Mon père, dit-elle, quoique vous aperceviez en moi l'injurieuse flétrissure des heures, n'allez pas juger que je suis vieille ; ce n'est pas l'âge, mais le chagrin qui m'accable. Maintenant encore, j'aurais l'épanouissement d'une fleur fraîche éclose, si j'avais consacré mon amour à moi-même et non à un autre.

XII

» Mais, malheur à moi ! J'ai trop vite écouté les doux propos d'un jeune homme qui voulait gagner mes grâces. La nature l'avait doué de tant de charmes extérieurs, que les yeux des jeunes filles se collaient à toute sa personne. L'amour, manquant de gîte, l'avait choisi pour retraite, et, depuis qu'il était installé en si beau lieu, il était dans un nouveau sanctuaire et déifié de nouveau.

XIII

» Ses cheveux bruns pendaient en boucles frisées, et le plus léger souffle du vent en jetait sur ses lèvres les mèches soyeuses. Ce qu'il est doux de faire se fait si complaisamment ! Tout regard jeté sur lui enchantait l'âme, car sur ses traits étaient esquissées en petit les splendeurs dont l'imagination sème le paradis.

XIV

» La virilité ne faisait que poindre à son menton ; le duvet du phénix commençait seulement à paraître, semblable à un velours non tondu sur sa peau incomparable, dont la nudité ressortait sous ce voile naissant et gagnait une nouvelle valeur à ce sacrifice. Et les affections les plus méticuleuses, hésitant, ne savaient au juste si sa beauté perdait ou gagnait au changement.

XV

» Ses qualités étaient aussi rares que sa beauté ; il avait une voix virginale, et en usait généreusement ; mais, si les hommes le provoquaient, c'était une tempête, comme on en voit souvent entre avril et mai, alors que les vents, quoique déchaînés, ont un souffle si doux. La tendresse supposée de son âge couvrait ainsi d'un voile menteur sa brusque franchise.

XVI

» Qu'il montait bien à cheval ! On disait souvent que sa monture empruntait sa fougue à l'écuyer. Fière de sa servitude, ennoblie par une telle domination, comme elle savait tourner, bondir, galoper, s'arrêter ! C'était une question controversée de savoir si le cheval tenait son élégance du cavalier, ou le cavalier son adresse de la docilité du coursier.

XVII

» Mais le verdict se prononçait vite en faveur du maître. Ses manières personnelles donnaient la vie et la grâce à ce qui l'approchait et le parait. Sa distinction était en lui, non dans son luxe. Tous les ornements, embellis par la place même qu'ils occupaient, étaient autant d'accessoires qui, dans leur savante disposition, n'ajoutaient rien à sa grâce, mais tenaient de lui toute la leur.

XVIII

» De même, au bout de ses lèvres dominatrices, toutes sortes d'arguments et de questions profondes, de promptes répliques et de fortes raisons dormaient et s'éveillaient sans cesse pour son service. Pour faire rire le pleureur et pleurer le rieur, il avait une langue et une éloquence variées, attrapant toutes les passions au piége de son caprice.

XIX

» Aussi régnait-il sur tous les cœurs jeunes et vieux ; tous, hommes et femmes, enchantés, vivaient avec lui par la pensée ou lui formaient un respectueux cortége partout où il apparaissait. Les consentements ensorcelés devançaient ses désirs : tous, se demandant pour lui ce qu'il souhaitait, interrogeaient leur propre volonté, et la faisaient obéir à la sienne.

XX

» Beaucoup s'étaient procuré son portrait, pour se rappeler sa vue et y fixer leur pensée ; semblables à ces fous qui gardent dans leur imagination la perspective magnifique des parcs et des châteaux qu'ils rencontrent en route, et, se les appropriant par la pensée, trouvent dans leur illusion plus de jouissance que le seigneur goutteux qui les possède en réalité.

XXI

» Ainsi beaucoup qui n'avaient jamais touché sa main aimaient à se supposer maîtresses de son cœur. Moi-même, hélas! qui vivais en liberté, et qui m'appartenais en toute propriété, séduite par tant d'art et de jeunesse réunis, j'ai livré mes affections à son pouvoir charmeur, et, ne gardant que la tige, lui ai donné toute ma fleur.

XXII

» Pourtant, je ne voulus, comme quelques-unes de mes pareilles, rien réclamer de lui, ni rien céder à ses désirs : obéissant aux prescriptions de l'honneur, je gardai mon honneur à une distance salutaire. L'expérience me faisait un rempart du spectacle des cœurs encore saignants qui, enchâssés dans ce bijou faux, formaient son trophée d'amour.

XXIII

» Mais, hélas! à laquelle de nous les précédents ont-ils fait éviter le malheur prédestiné qu'elle doit subir elle-même? Laquelle a jamais forcé l'exemple à mettre les périls passés en travers de ses désirs ? Les conseils peuvent réprimer un instant un impérieux penchant ; car souvent, quand notre passion fait rage, un avis donné, en l'émoussant, plus d'acuité à nos esprits.

XXIV

» Mais nos sens ne sont pas satisfaits d'être ainsi courbés sous l'expérience des autres et privés des jouissances qui leur semblent si douces, par crainte des malheurs qui prêchent pour notre sauvegarde. O désir ! que tu es éloigné de la sagesse ! Tu ne peux t'empêcher de goûter à ce que tu veux, bien que la raison pleure et te crie : Tout est fini !

XXV

» En effet, je pouvais me dire d'avance : Cet homme est un trompeur, et je connaissais les échantillons de sa noire perfidie ; j'avais appris dans combien de vergers divers il jetait ses racines, et vu que de déceptions se doraient de son sourire ; je savais que les serments n'étaient pour lui que les entremetteurs du vice ; je me disais que ses lettres et ses paroles artificieuses n'étaient que les noires bâtardes de son cœur adultère.

XXVI

» Dans ces conditions, je gardais depuis longtemps ma cité, lorsqu'il se mit à m'assiéger ainsi : « Douce
» vierge, ayez pour ma jeunesse souffrante quelque sen-
» timent de pitié, et ne vous défiez pas de mes serments
» sacrés ; nulle n'a reçu jusqu'ici la foi que je vous en-
» gage ; car, si j'ai été entraîné aux festins de l'amour,
» vous êtes la première que j'y aie invitée en lui offrant
» mes vœux.

XXVII

» Toutes les fautes que vous m'avez vu faire de par le
» monde sont erreurs des sens et non du cœur ; l'amour
» n'en est pas cause ; elles ont leur raison d'être là où il
» n'y a des deux parts ni sincérité ni tendresse. S'il en
» est qui ont trouvé la honte, c'est qu'elles l'ont elles-

» mêmes cherchée, et j'ai d'autant moins de remords
» qu'elles ont plus part à ma faute.

XXVIII

» Parmi tant de femmes que j'ai vues, il n'en est
» aucune dont la flamme ait embrasé ainsi mon cœur,
» aucune qui ait apporté le moindre trouble à mon hu-
» meur, ou qui ait jamais charmé mes loisirs ; je leur ai
» fait du mal, mais elles ne m'en ont jamais fait ; j'ai
» mis ma livrée à leurs cœurs, mais le mien est resté li-
» bre et est toujours le maître souverain de son empire.

XXIX

» Voyez ces perles pâles et ces rubis rouges comme
» du sang, tributs que m'ont envoyés leurs caprices
» blessés : dans ce symbole des émotions que je leur
» causais à la fois, leur anxiété était peinte sous le blanc
» livide, et leur confusion sous les nuances cramoisies,
» — effets de la crainte et de la tendre pudeur qui,
» campées dans leurs cœurs, luttaient sur leurs physio-
» nomies.

XXX

» Et, tenez, examinez ces bijoux où des mèches de
» cheveux sont amoureusement tressées avec un lacet
» d'or ; je l'ai ai reçus de plusieurs beautés qui m'ont
» supplié en pleurant de daigner les accepter, — tout
» enrichis de pierres précieuses dont la rareté, le prix
» et les vertus étaient exposés dans des sonnets profonds.

XXXI

» Là, étaient vantées la beauté et la dureté du diamant
» et l'action de ses qualités invisibles; l'émeraude au
» vert profond dont la fraicheur soulage la vue morbide
» des yeux affaiblis, le saphir couleur du ciel et l'opale
» où mille nuances sont mêlées, chaque pierre enfin
» devenait, dans une spirituelle devise, un sourire ou
« une larme.

XXXII

» Eh bien! tous ces trophées d'affections ardentes, —
» gages de tant de désirs pensifs et suppliants, — la na-
» ture ne veut pas que je les accapare; elle veut que je
» les dépose là où je dois m'humilier moi-même, devant
» vous, origine et but de mon pèlerinage, comme autant
» d'offrandes qui vous sont dues, puisque moi, leur autel,
» je vous ai pour patronne.

XXXIII

» Oh! avancez donc votre main, cette main indescrip-
» tible dont la blancheur est impondérable à la balance
» aérienne de l'éloge. Prenez, pour en disposer à votre
» guise, ces dons symboliques qu'ont sanctifiés les sou-
» pirs sortis de tant de seins brûlants; tout ce qui dépend
» de moi, votre serviteur, vous obéit et se subordonne à
» vous; et toutes ces affections éparses viennent se com-
» combiner dans votre total.

XXXIV

» Tenez! cette devise m'a été envoyée par une nonne,
» une sainte sœur de la réputation la plus pure, qui s'est

» soustraite aux nobles galanteries de la cour, et dont
» les charmes incomparables faisaient radoter la jeunesse
» en fleur. Car elle était recherchée par des esprits du
» plus riche blason ; mais, après avoir gardé une froide
» distance, elle s'est retirée du monde pour passer sa vie
» dans l'éternel amour.

XXXV

» Mais, ô ma bien-aimée, quel mérite y a-t-il à re-
» noncer à ce qu'on n'a pas et à maîtriser ce qui ne résiste
» pas ? A murer un cœur qui n'a pas reçu d'impression
» et à supporter avec une patience enjouée des liens qui
» ne gênent pas ? Celle qui réussit ainsi à préserver
» son honneur, échappe par la fuite aux balafres du
» combat, et triomphe par son absence, et non par sa
» valeur.

XXXVI

» Oh ! pardonnez-moi, je ne me vante de rien qui ne
» soit vrai : le hasard qui m'a conduit en sa présence a mis
» sur-le-champ ses forces à bout, et maintenant elle vou-
» drait s'envoler de la cage du cloître : un religieux
» amour a fermé les yeux de la religion ; elle avait voulu
» s'enfermer pour ne pas être tentée, et maintenant, pour
» tenter tout, elle voudrait la liberté.

XXXVII

» Quelle puissance vous avez, oh ! laissez-moi vous le
» dire ! Les cœurs brisés qui m'appartiennent ont vidé
» toutes leurs fontaines dans ma source, et moi je les
» verse toutes à même dans votre Océan. Comme je
» les domine et comme vous me dominez, je suis obligé

» pour votre triomphe de condenser toutes ces larmes
» en un philtre d'amour qui vous guérisse de votre
» froideur.

XXXVIII

» Mes mérites ont pu charmer une sainte nonne qui,
» bien que disciplinée et nourrie dans la grâce, s'est
» laissé prendre par les yeux dès qu'ils ont commencé à
» l'assaillir. Adieu alors tous les vœux et tout les enga-
» gements ! O tout-puissant amour ! pas de serment, pas
» de lien, pas d'espace en qui tu trouves un scrupule, un
» nœud ou une limite, car tu es tout, et tout ce qui n'est
» pas toi est à toi.

XXXIX

» Quand tu nous presses, que valent les leçons de
» l'expérience surannée? Quand tu nous enflammes,
» comme ils résistent froidement ces obstacles de for-
» tune, de respect filial, de loi, de famille, de réputa-
» tion ! L'amour s'arme de paix contre la règle, contre la
» raison, contre l'honneur, et il adoucit, au milieu des
» angoisses qu'il cause, l'amertume de toutes les vio-
» lences, de tous les coups, de toutes les alarmes !

XL

» Et voici que tous les cœurs qui dépendent de mon
» cœur, le sentant se briser, saignent douloureusement
» et vous conjurent, par de suppliants soupirs, de déserter
» la batterie que vous dirigez contre moi, et de prêter
» une oreille favorable à mes tendres projets, en accueil-
» lant avec confiance les vœux indissolubles qui vous
» offrent et vous engagent ma foi. »

XLI

» Cela dit, il abaissa ses yeux humides dont le regard était jusque-là pointé sur mon visage. Une rivière de larmes, s'en échappant comme d'une source, s'écoulait rapidement le long de ses joues en gouttes amères. Oh! que de grâces le ruisseau empruntait à ce canal dont les roses éclatantes prenaient une splendeur nouvelle sous le cristal liquide qui les couvrait!

XLII

» O mon père, quelle infernale sorcellerie il y a dans l'étroite sphère d'une seule larme! Quand les yeux sont inondés, quel est le cœur de roc qui peut rester sec? Quelle est la poitrine assez froide pour ne pas se réchauffer? Effet contradictoire des pleurs! la passion brûlante et la chasteté glacée y perdent, l'une ses feux, et l'autre sa froideur.

XLIII

» Car, voyez! son émotion, qui n'était qu'une ruse de métier, fit sur-le-champ dissoudre en larmes ma raison. Alors je dépouillai ma blanche étole de pudeur, je rejetai toute chaste sauvegarde et tout scrupuleux décorum; et, me montrant à lui comme il se montrait à moi, je fondis toute à mon tour; avec cette différence qu'il m'avait versé le poison, et que je lui versais le baume.

XLIV

» Il employait à ses artifices une masse de matière subtile à laquelle il donnait les formes les plus étranges:

rougeurs enflammées, flots de larmes, pâleurs défaillantes ; il prenait et quittait tous les visages, pouvant, au gré de ses perfidies, rougir à d'impurs propos, pleurer de douleur, ou devenir blanc et s'évanouir avec des mines tragiques.

XLV

» Aucun des cœurs placés à sa portée ne pouvait éviter la grêle de ses traits accablants, tant il donnait à sa beauté l'air doux et inoffensif. C'est sous ce voile qu'il séduisait celles qu'il voulait frapper ; le premier à se récrier contre la chose qu'il cherchait. Au moment où il brûlait de la plus ardente luxure, il prêchait la virginité pure et vantait la froide pudeur.

XLVI

» Ainsi, il couvrait d'un unique vêtement de grâce la nudité du démon caché en lui ; si bien que les novices donnaient accès au tentateur qui planait au-dessus d'elles avec l'air d'un chérubin. Quelle naïve jeune fille ne se serait pas éprise ainsi ? Hélas ! j'ai succombé, et pourtant je me demande si je ne recommencerais pas devant de telles instances.

XLVII

» Oh ! dire que ces larmes empoisonnées, dire que cette flamme menteuse qui brillait ainsi sur sa joue, dire que ces soupirs forcés qui tonnaient dans son cœur, dire que cette haleine funeste sortie de son sein gonflé, dire que toute cette émotion d'emprunt, qui n'avait que l'apparence, séduiraient encore l'infortunée déjà séduite et pervertiraient de nouveau une fille repentie (22) ! »

FIN DES PLAINTES D'UNE AMOUREUSE.

LE PÈLERIN PASSIONNÉ

LE PÈLERIN PASSIONNÉ [23]

I

La tendre Cythérée, assise au bord d'un ruisseau, près du jeune Adonis, aimable et frais novice, le tentait par mille gracieuses œillades, de ces œillades que pouvait seule lancer la reine de la beauté.

Elle lui faisait des récits à ravir son oreille ; elle lui montrait des charmes à éblouir ses yeux ; pour gagner son cœur, elle le touchait çà et là ; des attouchements si doux triomphent toujours de la chasteté.

Mais soit que l'adolescent inexpérimenté ne comprît pas, soit qu'il refusât d'accepter ces offres provoquantes, le tendre rebelle repoussait l'appât, et répondait par un sourire moqueur à toutes ces gracieuses avances.

Alors elle se renversa sur le dos, la belle reine, et en avant !... Mais il se leva et s'enfuit ; ah ! niais trop farouche !

II

A peine le soleil avait-il séché la rosée matinale, à peine le troupeau avait-il cherché l'ombre sous la haie, que déjà Cythérée, amoureuse délaissée, attendait avidement Adonis.

Sous un saule au bord d'une source, d'une source où

Adonis avait coutume de baigner sa mélancolie. Chaude était la journée ; plus chaude encore la déesse, guettant le mortel qui si souvent était venu là.

Sur-le-champ il arrive, jette de côté son manteau, et s'arrête tout nu sur le bord verdoyant du ruisseau ; le soleil dardait sur le monde un regard splendide, mais moins ardent que celui dont la royale Vénus dévorait Adonis.

Lui l'aperçoit et d'un bond s'élance dans l'eau. « O Jupiter ! s'écrie-t-elle, que n'étais-je la source ! »

III

Belle était la matinée où apparut la belle reine d'amour, plus pâle que sa blanche colombe, de la douleur que lui causait Adonis, jouvenceau altier et farouche.

Elle prend position sur une colline escarpée ; vite Adonis arrive, au son du cor, avec sa meute. Elle, la reine affolée, avec une sollicitude plus que tendre, défend à l'enfant d'aller plus loin :

« Une fois, dit-elle, j'ai vu un beau jeune homme, ici, dans ces halliers, blessé grièvement à la cuisse par un sanglier ; spectacle douloureux ! Regarde ma cuisse, ajoute-t-elle, c'est là qu'était la plaie. »

Et elle lui montrait sa cuisse ; Adonis y vit plus d'une cicatrice, et s'enfuit rougissant, et la laissa toute seule.

IV

Vénus, ayant le jeune Adonis assis près d'elle, à l'ombre d'un myrte, se mit à l'entreprendre ; elle dit au jouvenceau comment le dieu Mars la pressait et, comme Mars se jetait sur elle, elle se jetait sur Adonis.

« Ainsi, dit-elle, m'embrassait le dieu de la guerre. »

Et alors elle serrait Adonis dans ses bras. « Ainsi, dit-elle, le dieu de la guerre me délaçait. » Et elle espérait que l'enfant aurait les mêmes tendres caresses.

« Ainsi, dit-elle, il me baisait aux lèvres. » Et de ses lèvres elle répétait le baiser sur les lèvres d'Adonis ; et, comme elle reprenait haleine, lui se dérobe, sans se rendre à ses insinuations ni à son désir.

Ah ! que n'ai-je ma dame ainsi à ma merci, pour m'embrasser et m'étreindre jusqu'à ce que je me sauve !

V

La vieillesse voûtée et la jeunesse ne peuvent vivre ensemble ; la jeunesse est pleine de plaisirs, la vieillesse est pleine de soucis.

La jeunesse est comme une matinée d'été, la vieillesse comme un temps d'hiver ; la jeunesse est splendide comme l'été, la vieillesse nue comme l'hiver.

La jeunesse est pleine d'entrain, la vieillesse a l'haleine courte. La jeunesse est agile, la vieillesse est boiteuse.

La jeunesse est chaude et hardie, la vieillesse est faible et glacée ; la jeunesse est fougueuse, et la vieillesse est apprivoisée.

Vieillesse, je t'abhorre ; jeunesse, je t'adore. Oh ! l'être que j'aime, l'être que j'aime est jeune : vieillesse, je te défie.

O doux berger, sauve-toi vite, car je crois que tu t'attardes trop longtemps.

VI

Rose embaumée, charmante fleur, cueillie avant l'heure, trop vite flétrie ! cueillie en bouton et flétrie au printemps ! Brillante perle d'Orient, hélas ! prématurément ternie ! belle créature, tuée trop tôt par le dard acéré de la mort !

Comme une prune verte qui pend à l'arbre et tombe sous un coup de vent, avant le moment où elle devrait tomber !

Je te pleure, et pourtant je n'ai pas de motif de te pleurer, car tu ne mas rien légué dans tes volontés dernières ; et pourtant tu m'as légué plus que je ne demandais, car je ne t'ai jamais rien demandé.

Oh ! si, chère amie ! je te demande pardon ; car tu m'as légué ta rancune.

VII

Jolie est ma bien-aimée, mais moins jolie que capricieuse ; douce comme une colombe, mais ni fidèle, ni digne de confiance ; plus brillante que le verre, mais, comme le verre, fragile ; plus molle que la cire, et pourtant, comme le fer, sujette à la rouille.

Pâle lis, embelli de nuances rosées ! En éclat nulle ne l'éclipse, nulle en fausseté !

Que de fois elle a joint ses lèvres aux miennes, proférant entre chaque baiser un serment d'amour ! Que de contes elle a forgés pour me plaire, redoutant mon amour, mais sans cesse en craignant la perte !

Pourtant, au milieu de toutes ces pures protestations, sa parole, ses serments, ses larmes, tout été dérisoire.

Elle a brûlé d'amour, comme la paille prend feu ; elle a brûlé l'amour, aussi vite que le feu brûle la paille. Elle a édifié l'amour, et pourtant elle en a dégradé l'édifice. Elle a fait vœu d'amour durable, et pourtant elle est tombée dans l'inconstance.

Était-ce là une amoureuse, ou une libertine ? Elle était mauvaise en ce qu'elle avait de meilleur, sans exceller en rien.

VIII

N'est-ce pas la céleste rhétorique de ton regard, à laquelle l'univers ne pourrait opposer d'argument, qui a entraîné mon cœur à ce parjure? A rompre un vœu pour toi on ne mérite pas de châtiment.

J'ai renoncé à une femme; mais je prouverai que je n'ai pas renoncé à toi qui es une déesse. Mon vœu était tout terrestre, tu es un céleste amour. Ta grâce obtenue me guérit de toute disgrâce.

Mon vœu n'était qu'un souffle; le souffle n'est qu'une vapeur. Ainsi, beau soleil qui brilles sur cette terre, aspire à toi mon vœu; en toi il s'absorbe; si alors il est rompu, ce n'est pas ma faute.

Et, quand il serait rompu par ma faute, quel fou n'est pas assez sage pour violer un serment afin de gagner un paradis (24)?

IX

Si l'amour me rend parjure, comment puis-je jurer d'aimer? Ah! les serments ne sont valables qu'adressés à la beauté. Bien qu'à moi-même parjure, envers toi je serai constant. La pensée, chêne pour moi, devant toi plie comme un roseau.

L'étude, cessant de dévoyer, fait son livre de tes yeux qui recèlent toutes les jouissances que peut contenir l'art. Si la connaissance est le but, te connaître doit suffire. Bien savante est la langue qui sait bien te louer.

Bien ignorante est l'âme qui te voit sans être éblouie. Il suffit à ma gloire d'admirer tes mérites. L'éclair de Jupiter est dans ton regard; sa foudre, dans ta voix qui, quand elle est sans colère, est musique et douce flamme.

Divine comme tu l'es, oh! tu es sans pitié pour l'insolent qui chante les louanges du ciel dans une langue si terrestre!

X

La beauté n'est qu'un bien futile et douteux; c'est un lustre brillant qui se ternit soudain; une fleur qui meurt, dès qu'elle commence à éclore; un verre éclatant qui sur-le-champ se brise :

Bien perdu, lustre terni, verre brisé, fleur morte en une heure!

Et, comme un bien perdu est rarement retrouvé, pour ne pas dire jamais, comme aucun frottement ne peut rafraîchir le lustre terni, comme la fleur morte tombe fanée à terre, comme aucun ciment ne peut réparer le verre brisé,

La beauté, une fois flétrie, est à jamais perdue, en dépit des remèdes, du fard, des peines et des dépenses.

XI

« Bonne nuit et bon repos! » Ah! souhait stérile! elle m'a dit : bonne nuit, celle qui trouble mon repos, et elle m'a rejeté dans une chambrette tendue de souci, pour y réfléchir sur les causes de mon accablement.

« Porte-toi bien, a-t-elle ajouté, et reviens demain. » Me bien porter! je ne le puis, car je soupe en compagnie de la tristesse.

Pourtant elle a souri doucement en me quittant; était-ce un sourire de dédain ou de sympathie? Je ne saurais le dire. Il se peut qu'elle se réjouît ironiquement de mon exil; il se peut aussi qu'elle se réjouît de me faire bientôt revenir auprès d'elle.

Revenir! Un mot bien fait pour un fantôme comme moi, qui prend la peine sans savoir en tirer le salaire.

XII

Seigneur! quels regards mes yeux jettent vers l'orient! Mon cœur me tient en éveil; le lever du jour arrache au repos toutes mes facultés sensibles. N'osant me fier au rapport de mes yeux,

Tant que Philomèle veille et chante, je veille et j'écoute, en souhaitant qu'elle chante les mêmes airs que l'alouette.

Car l'alouette salue l'aube de son roucoulement et chasse la sombre nuit et ses rêves terribles. La nuit une fois dissipée, je vole près de ma belle; mon cœur obtient son désir; mon regard, la vue souhaitée.

Le chagrin se change en joie, joie mélangée de chagrin; car ma belle a soupiré en me disant de revenir demain.

Si j'étais avec elle, la nuit s'écoulerait trop vite, mais maintenant les minutes ont la longueur des heures; maintenant, pour me dépiter, chaque minute semble une lune; ah! que le soleil luise, sinon pour moi, du moins pour vivifier les fleurs!

Envole-toi, nuit, brille, jour! Bon jour, empiète sur la nuit; et toi, nuit, abrége-toi cette nuit pour t'allonger demain.

XIII

C'était la fille d'un gentilhomme, la plus jolie entre trois. Elle aimait son précepteur autant que possible, jusqu'au jour où sur un Anglais, le plus beau qu'on pût voir, son inclination se tourna.

Le combat fut longtemps douteux entre ces deux amours. Que faire! Cesser d'aimer le précepteur ou sacrifier le galant chevalier? Accomplir l'une ou l'autre chose, hélas ! c'était un crève-cœur pour la candide damoiselle.

Elle dut refuser l'un des deux, et son regret fut vif de ne pouvoir les rendre heureux l'un et l'autre ; car ce fut le chevalier fidèle qu'elle blessa d'un refus. Hélas ! elle ne pouvait faire autrement.

Ainsi l'art fut victorieux dans sa lutte avec l'épée ; la jeune fille fut conquise par le prestige de la science. Le savant possède la belle, et sur ce, bonsoir ! car ma chanson finit là.

XIV

Un jour, hélas ! un jour, l'amour, dont le mois est toujours mai, découvrit une fleur ravissante, se jouant dans l'air voluptueux.

Entre ses pétales veloutées, le vent invisible se frayait un passage ; si bien que l'amoureux, languissant à mourir, se prit à envier l'haleine du ciel :

« Zéphyr, dit-il, tu peux souffler à pleines joues ; zéphyr, que ne puis-je triompher comme toi !... Mais, hélas ! rose, ma main a juré de ne jamais te cueillir à ton épine ! Serment, hélas ! bien peu fait pour la jeunesse, si prompte à cueillir les douces choses.

» Si je me parjure pour toi, ne m'en fais pas un crime. Près de toi Jupiter jurerait que Junon n'est qu'une Éthiopienne, et, pour toi se faisant mortel, il nierait être Jupiter. »

XV

Mes troupeaux n'engraissent pas, mes brebis ne nourrissent pas, mes béliers ne multiplient pas, tout va mal.

L'amour se meurt, la foi se moque, le cœur se renie ; voilà la cause de tout cela.

Tous les chants joyeux sont mis en oubli; tout l'amour de ma maîtresse est perdu pour moi, Dieu le sait; à cette tendresse que sa foi avait si fermement fixée, a succédé une insurmontable résistance.

Une stupide boutade a fait toute ma perte. O fortune ennemie, maudite capricieuse! Je le vois maintenant, l'inconstance existe bien plus chez les femmes que chez les hommes.

Je me mets en deuil; je dédaigne tout scrupule; mon amour m'a délaissé, et je reste en esclavage; mon cœur saigne, ayant besoin de secours : ô cruelle assistance! on ne l'abreuve que de fiel!

Mon chalumeau de pâtre ne rend plus de son; le grelot de mes moutons fait entendre un glas funèbre; mon chien à queue courte, qui avait coutume de jouer, ne joue plus et semble inquiet.

Poussant des soupirs profonds, il se met à pleurer, et il hurle d'un air d'intelligence en voyant mon désespoir. Comme ces soupirs résonnent contre la terre sourde! on dirait comme les gémissements de mille vaincus dans une bataille sanglante!

Les sources limpides ne coulent plus, les doux oiseaux ne chantent plus, les bruyantes cloches ne sonnent plus joyeusement; les bergers sont éplorés, les troupeaux sont somnolents, et les nymphes glissent à reculons avec effroi.

Adieu tous les plaisirs connus de nous, pauvres pâtres, toutes nos réunions joyeuses dans la plaine, tous nos ébats du soir. C'en est fait de tout notre amour, car l'amour est mort.

Adieu, douce fillette! Tes pareilles n'ont jamais eu de douces complaisances, et c'est la cause de tous mes tourments. Le pauvre Coridon doit désormais vivre seul; je ne vois pas pour lui d'autre avenir.

XVI

Quand tu as choisi des yeux ta belle et ajusté la chère proie que tu veux frapper, que la raison gouverne ta conduite pécheresse selon la convenance de ta partiale passion; prends conseil de quelque tête plus sage, qui ne soit pas trop jeune et qui connaisse l'amour.

Et quand tu feras à ta belle ta déclaration, ne polis pas ton langage par une parole trop raffinée, de peur qu'elle ne flaire quelque malice subtile : quand on est paralysé, on a bien vite fait un faux pas ! Mais dis-lui franchement que tu l'aimes, et offre-lui ta personne.

Ouvre-toi tous les accès à son amour; débourse largement, et surtout, si quelque service peut mériter sa louange, fais-le bien résonner à l'oreille de ta belle. La citadelle, la tour, la ville la plus forte sont abattues par le boulet d'or.

Sers-la toujours avec une immuable assurance, et sois dans ta requête humblement franc ; à moins que ta dame ne soit ingrate, ne te presse pas d'en prendre une autre; quand l'occasion sera favorable, va vite de l'avant, lors même qu'elle te repousserait.

Qu'importe qu'elle te montre un front irrité ! Son visage nébuleux s'éclaircira avant la nuit, et alors elle se repentira trop tard d'avoir ainsi dissimulé sa joie; et elle désirera deux fois, avant qu'il soit jour, ce qu'elle aura refusé avec tant de dédain.

Qu'importe qu'elle résiste de tout son pouvoir, qu'elle maugrée et se récrie et te dise : Non ! Ses faibles forces l'abandonneront enfin, au moment où ton art l'aura réduite à dire : « Si les femmes étaient aussi fortes que les » hommes, ma foi, vous n'auriez pas réussi. »

Les ruses et les artifices auxquels ont recours les

femmes en se dissimulant sous des dehors trompeurs, ces malices et ces enfantillages qui sont chez elles autant de piéges, le galant qui marche dessus ne les connaîtra pas. N'as-tu pas maintes fois ouï dire que le *nenni* d'une femme équivaut à néant?

Songe que les femmes aiment avoir affaire aux hommes, et non à vivre ainsi comme des saintes ; il n'y a de ciel pour elles et elles ne se convertissent que quand l'âge les y condamne. Si de froids baisers étaient toutes les jouissances du lit, une femme se contenterait d'en épouser une autre.

Mais doucement ; c'est assez, c'est même trop, j'en ai peur. Car si ma belle entend ma chanson, elle n'hésitera pas à me tirer l'oreille, pour m'apprendre à avoir la langue si longue. Pourtant elle rougira, avouons-le, mais c'est d'entendre ainsi révéler ses secrets.

XVII

C'était un jour du joyeux mois de mai ; j'étais assis dans l'ombre charmante que faisait un bosquet de myrtes. Le bétail bondissait, et les oiseaux chantaient ; les arbres poussaient et les plantes germaient ; tout bannissait la désolation, tout, excepté le rossignol.

Lui, pauvre oiseau, comme délaissé, appuyait sa gorge contre un buisson, et là chantait un lamentable refrain qui faisait peine à entendre. Tantôt il criait : *Fi! fi! fi!* tantôt : *Térée! Térée!* A l'entendre ainsi se plaindre, je pouvais à peine retenir mes larmes ; car sa douleur, si vivement exprimée, me faisait songer à la mienne.

Ah ! pensais-je, en vain tu te lamentes ! Personne n'a pitié de ta peine. Les arbres insensibles ne peuvent pas t'entendre ; les bêtes inexorables ne veulent pas te consoler ; le roi Pandion est mort ; tous tes amis sont enveloppés de plomb; tous les oiseaux, tes camarades, chantent, sans souci de ta douleur. Pauvre oiseau, je suis comme toi : nul vivant ne veut me plaindre.

XVIII

Tant que souriait l'inconstante fortune, toi et moi nous étions cajolés. Aucun de tes flatteurs n'est ton ami dans la misère.

Les paroles sont mobiles comme le vent; les amis fidèles sont difficiles à trouver. Chacun sera ton ami, tant que tu auras de quoi dépenser.

Mais, pour peu que s'épuise ta provision d'écus, personne ne subviendra à tes besoins.

S'il existe un prodigue, tous le qualifient de généreux, et l'accablent de telles flatteries qu'il perdrait à être roi.

S'il est adonné aux vices, bien vite ils l'entraîneront; s'il a du goût pour les femmes, il en aura à commandement.

Mais, pour peu que la fortune soit contraire, alors adieu sa grande réputation. Ceux qui le cajolaient naguère ne fréquentent plus sa compagnie.

Celui qui est vraiment ton ami, celui-là t'aidera dans ton besoin ; si tu t'affliges, il pleurera ; si tu as des insomnies, il ne dormira pas.

Il prendra part dans son cœur à toutes tes douleurs. Voilà des signes certains pour distinguer un ami fidèle d'un ennemi sincère.

FIN DU PÈLERIN PASSIONNÉ.

LE PHÉNIX ET LA COLOMBE

Que l'oiseau au chant sublime qui habite l'arbre unique d'Arabie, soit le héraut éclatant et grave à la voix duquel obéissent les chastes ailes.

Mais, toi, rauque messager, sombre précurseur du démon, prophète de la fiévreuse agonie, ne te mêle pas à cet essaim.

Que de cette solennité soient exclus tous les oiseaux à l'aile meurtrière, hormis l'aigle, roi des airs : telle est la règle de ces obsèques.

Que le prêtre en blanc surplis, appelé à chanter la musique funèbre, soit le cygne pressentant la mort, et qu'il solennise le Requiem.

Et toi, corbeau trois fois centenaire qui fais noire ta couvée avec le souffle que tu lui communiques, c'est toi qui mèneras le deuil.

Ici l'anthème commence : — L'amour et la constance sont morts ; le phénix et la tourterelle se sont enfuis d'ici dans une flamme mutuelle.

Ils s'aimaient à tel point que leur amour partagé ne faisait qu'un. Deux êtres distincts, nulle division. Le nombre était anéanti dans leur amour.

Cœurs séparés, mais non disjoints ! on voyait la distance, et non l'espace, entre la tourterelle et son roi. Mais en eux c'était un prodige.

L'amour rayonnait entre eux de telle sorte que la tourterelle voyait son être flamboyer dans le regard du phénix. Chacun était le moi de l'autre.

Effarement de la logique ! l'identité n'était pas la parité. Avec leur nature, unique sous un double nom, ils ne faisaient ni un ni deux.

La raison, confondue d'elle-même, voyait l'union dans leur division ; absorbés l'un dans l'autre, distincts l'un de l'autre, ces êtres étaient si bien assimilés,

Quelle se demandait comment leur duo formait cet harmonieux solo. L'amour n'a pas de raison, non, pas de raison, si ce qui est séparé peut être ainsi mêlé.

L'amitié a composé ce chant funèbre en l'honneur du phénix et de la colombe, astres suprêmes du ciel d'amour, — faisant l'office de chœur dans leur scène tragique :

Chant funèbre.

La beauté, la loyauté, la perfection, la grâce dans toute sa simplicité, gisent ici réduites en cendres.

La mort est maintenant le nid du phénix ; et le sein loyal de la colombe repose sur l'éternité.

Ils n'ont pas laissé de postérité, et ce n'était pas chez eux infirmité : leur union était le mariage de la chasteté.

Désormais la loyauté peut sembler être, elle n'est plus ; la beauté peut se vanter d'exister, elle n'existe plus ; car loyauté et beauté sont ensevelies ici.

Inclinez-vous devant cette urne, vous tous qui êtes loyaux ou beaux, et murmurez une prière pour ces morts (25).

FIN DES POÈMES.

NOTES

sur

LES SONNETS ET LES POÈMES.

---

(1) Le caractère intime et tout personnel des sonnets se montre dès les premiers vers. Ici nous ne voyons plus Shakespeare à travers son œuvre, nous le voyons directement. Ce n'est plus le poëte qui parle, c'est l'ami, c'est l'amant; ce n'est plus l'homme public, c'est l'homme. Ce grand nom se familiarise et devient un petit nom. William devient Will. Ceux qui aimaient et approchaient l'auteur d'*Hamlet* l'appelaient Will : aussi est-ce sous cette appellation que Shakespeare se présente ici. Mais *Will* n'est pas seulement le petit nom de Shakespeare, *Will* est un mot anglais qui signifie volonté, désir. C'est sur cette double signification que sont faits les trois premiers sonnets.

(2) L'instrument dont il s'agit ici était fort à la mode au temps d'Élisabeth : on l'appelait *Virginal*. Il a précédé le clavecin, qui a lui-même précédé l'épinette, laquelle, à son tour, a précédé le piano.

(3) Ce sonnet est emprunté à un recueil de poëmes imprimé en 1599, avec le nom de Shakespeare, sous ce titre : *le Pèlerin passionné*. Il nous a paru complétement isolé dans

la collection, où le hasard et peut-être la fraude l'ont fait entrer, et nous croyons l'avoir remis ici à sa véritable place.

(4) Dowland était un musicien fort en vogue en 1590. On peut croire que les premiers sonnets ont été écrits vers cette époque.

(5) En 1590, Spenser n'avait encore publié que les trois premiers livres de son fameux poëme : *la Reine des Fées*. Les trois autres furent imprimés en 1596.

(6) Pour bien comprendre ce sonnet, il faut se rappeler que le mot anglais *fair*, qui signifie *blond*, signifie également *beau*. En Angleterre donc, dire à une femme qu'elle est blonde, c'est aussi lui dire qu'elle est belle. La langue britannique adresse là une flatterie à la pâle race d'Albion, et Shakespeare se plaint ici de la préférence systématique qu'elle accorde ainsi à la blonde au détriment de la brune. Il s'élève aussi contre cette manie trop modeste qu'avaient les brunes de son temps de porter des perruques blondes pour ne pas paraître ce qu'elles étaient.

(7) *She's beautiful, and therefore to be wooed;*
She is a woman, therefore to be won.

Elle est belle, donc faite pour être courtisée ; elle est femme, donc faite pour être séduite.
(*Henry VI*, première partie.)

(8) C'est le commentateur Drake qui a, le premier, fait remarquer le rapport singulier qui existe entre ce sonnet et la dédicace du poëme de *Lucrèce*. Il en a conclu, comme nous, que ce lord Southampton, à qui ce poëme fut dédié, est aussi le personnage mystérieux que Shakespeare appelle ici le *lord de son amour*.

(9) C'est à propos de ce sonnet que plusieurs critiques anglais, entre autres Coleridge, ont cru nécessaire de défendre la mémoire de Shakespeare contre certaines insi-

nuations honteuses. Nous avouons franchement que nous ne pouvons voir ici la nécessité d'une telle apologie.

(10) Le moyen âge, répétant l'antiquité, faisait consister la création, comme la vie humaine, dans la combinaison de quatre éléments, l'eau, l'air, la terre et le feu. Shakespeare rappelle souvent dans ses œuvres cette théorie de la chimie de son temps. Exemple, ces lignes de *Henry V* :

« *He is pure air and fire; and the dull elements of earth and water never appear in him.* Il est pur air et pur feu ; et les grossiers éléments, terre et eau, n'apparaissent jamais en lui. »

Le moyen âge manichéen croyait voir la guerre du bien et du mal entre ces quatre éléments : l'air et le feu emportaient l'homme vers l'idéal ; l'eau et la terre l'enchaînaient à la matière.

Shakespeare fait dire à Cléopâtre :

I am fire and air; my other elements
I give to baser life.

Je suis feu et air ; mes autres éléments, je les donne à une vie inférieure.

(11) Malone conjecture que ce sonnet accompagnait l'envoi d'un album dont toutes les pages étaient blanches. C'est sur ces pages que Shakespeare invite son ami à écrire ses mémoires.

(12) On se souvient qu'un des sonnets traduits plus haut (XLVII) se termine par les deux mêmes vers.

(13) Un tel langage était certes audacieux à l'époque où la toute-puissante coquette Élisabeth, luttant contre la vieillesse qui l'envahissait, se coiffait de faux cheveux, et permettait qu'on ouvrît les tombeaux pour couper les chevelures des mortes et en faire des perruques. Shakespeare a protesté maintes fois contre ces violations sacriléges. Dans le *Marchand de Venise*, il fait dire à Bassanio :

> *So are those crisped snaky golden locks,*
> *Which make such wanton gambols with the wind,*
> *Upon supposed fairness, often known*
> *To be the dowry of a second head,*
> *The skull that bred them in the sepulcre.*

Ainsi ces tresses d'or serpentines qui jouent si coquettement avec le vent sur une beauté supposée, sont souvent connues pour être le douaire d'une seconde tête, le crâne qui les a nourries étant dans le sépulcre.

Ailleurs, Shakespeare, s'adressant aux vendeuses d'amour de son temps par la voix formidable de Timon d'Athènes, s'écrie :

> *Thatch your poor thin roofs*
> *With burdens of the dead; — some that were hanged,*
> *No matter : wear them, betray with them; whore still.*

Donnez pour chaume à vos pauvres toits dénudés la dépouille des morts ; quelques-uns ont été pendus, qu'importe ! portez-la, servez-vous-en pour trahir et vous prostituer encore.

Dans Shakespeare, ce n'est pas l'homme seulement qui s'indigne contre cette mode impie, c'est l'artiste.

Ce qui le révolte, ce n'est pas seulement la violation des tombeaux, l'outrage fait à la mort; c'est la violation de la nature, l'outrage fait à la beauté vivante. Dans l'expression passionnée de sa haine contre tout ce qui est postiche, ne semble-t-il pas que le poëte obéisse à quelque pressentiment? Le faux, une fois entré dans la mode, ne va-t-il pas envahir l'art? On dirait que l'auteur d'*Hamlet* voit déjà se projeter sur le ciel de l'idéal comme une ombre de la solennelle perruque portée par la tragédie de Louis XIV.

(14) Ce sonnet mystérieux est resté jusqu'ici une énigme pour les commentateurs. Tout récemment, en avril 1864, un critique anonyme en a donné une explication fort ingénieuse dans la *Revue trimestrielle* de Londres (*Quarterly Review*). Selon ce critique, le poëte qui provoque ici la jalousie de Shakespeare n'est autre que Marlowe, identifié

allégoriquement avec le héros de son principal drame, le docteur Faust. Voici comment cette conjecture fort plausible est développée :

« M. Brown, dans ses *Remarques sur les poëmes autobiographiques de Shakespeare*, dit : « Quel est ce poëte rival qui » excite ainsi la jalousie de Shakespeare ? Je ne puis le » deviner, mais peu importe. » La chose pourtant importe beaucoup ; car si ce poëte se trouvait être Marlowe, ce fait seul suffirait pour porter le coup de mort à l'hypothèse, soutenue si laborieusement et, croyons-nous, si vainement par M. Brown, qui fait de William Herbert l'inspirateur des Sonnets de Shakespeare ; car Marlowe mourut en juin 1593, quand William Herbert n'avait encore que treize ans et quatre mois. Dans notre opinion, la croyance la plus aveugle dans l'hypothèse Herbert a pu seule obscurcir ce fait, si patent pour nous, que Marlowe est le poëte ici désigné. La preuve de ce fait se retrouve à chaque ligne, à chaque détail de la description donnée par Shakespeare. Marlowe était une célébrité dramatique avant Shakespeare, et il y eut une époque, nous n'en doutons pas, où Shakespeare le regardait avec admiration et se laissait captiver par son style emphatique et flamboyant. Shakespeare devait apprécier pleinement la beauté, pour ainsi dire, sensuelle de la poésie de Marlowe... Aucun poëte anglais n'a pu, aussi bien que Marlowe, poser pour ce portrait tracé par l'auteur des *Sonnets* :

Car il est de haut bord et de grandiose voilure.

» Cette grandiose voilure est bien l'image même, la *viva effigies* de la poésie de Marlowe ; elle caractérise à merveille cette poésie pour tous les lecteurs familiers avec le style du *Roi Cambyse*. Qui ne reconnaît ici Faust, sa nécromancie, et les prétendus services qu'il prétend recevoir des esprits ? Qui ne voit pas que Shakespeare a, par un symbole dramatique, identifié *Marlowe* avec *Faust* et l'a jeté sur une scène imaginaire où son esprit familier Méphistophilis intervient « pour le leurrer nuitamment de ses inspirations ? » Le drame du *docteur Faust* est représenté à nouveau dans ce sonnet de Shakespeare. Ailleurs encore nous reconnaissons Marlowe comme l'homme que désigne Shakespeare, quand il nous parle des « touches forcées de sa rhétorique » et de « sa peinture grossière, » faisant sans doute allusion à quelque énorme flatterie adressée par son rival à son protecteur. Très-probablement le comte de Southampton avait vu le *Faust* de Marlowe en manuscrit, et lui avait fait quelques observations dont cet auteur avait pu tirer vanité. Voilà, de l'aveu de Shakespeare, ce qui l'a réduit à l'impuissance, en provoquant sa jalousie et en le forçant au silence. Nul émule ne pouvait, autant que Marlowe, exciter la jalousie de Shakespeare. Marlowe était l'auteur privilégié d'un théâtre qui faisait concurrence au théâtre de Shakespeare, — le Théâtre du Rideau (*Curtain Theatre*). Il était alors dans le plein épanouissement de son éphémère et brillant triomphe, consacré par les succès répétés de *Tamerlan*, de *Faust*, du *Juif de Malte* et d'*Édouard II.* »

(15) Cette antipathie de Shakespeare contre « les méthodes nouvelles et les innovations étrangères, » explique la vive opposition faite par lui à la tentative pseudo-classique de l'école Euphuïste, — opposition qui s'est manifestée, dans *Peines d'amour perdues*, par la création de Don Adriano de Armado, le représentant grotesque de cette école.

(16) Ces mots *made lame by fortune's dearest spite* ont été cités par beaucoup de commentateurs pour prouver que Shakespeare était en réalité *boiteux*. Mais il est évident, d'après le sens général du sonnet, que le mot *boiteux* est pris ici au figuré. Shakespeare dit à son ami : « Je suis vieux et tu es jeune; je suis pauvre et tu es riche; je suis méprisé et tu es noble. » C'est uniquement pour exprimer l'impuissance à laquelle le réduit la destinée que Shakespeare se représente comme *rendu boiteux par la rancune acharnée de la Fortune*. Dans un des sonnets traduits plus haut, le sonnet XCII, il dit à son ami : « Dis-moi que tu m'as quitté pour un défaut quelconque, et j'ajouterai un commentaire à ton accusation ; *dis que je suis boiteux, et vite*

je trébucherai, sans faire aucune défense contre tes arguments. » Ce passage, que l'on a invoqué comme décisif pour établir que Shakespeare marchait comme Byron et comme Walter Scott, nous paraît décisif dans le sens contraire.

(17) La plupart des commentateurs ont conclu de ces vers que l'auteur avait alors une pensée de suicide.

(18) Nous avons dit dans l'introduction que les *Sonnets* de Shakespeare étaient publiés par nous dans un ordre tout nouveau. A ceux de nos lecteurs qui désireraient rapprocher notre traduction du texte original, le tableau suivant indiquera le numéro d'ordre qui appartient à chaque sonnet dans l'édition anglaise.

Édition française.	Édition anglaise.	Édition française.	Édition anglaise
I.	135	XXV.	151
II.	136	XXVI.	129
III.	143	XXVII.	133
IV.	145	XXVIII.	134
V.	128	XXIX.	144
VI.	*	XXX.	33
VII.	139	XXXI.	34
VIII.	140	XXXII.	35
IX.	127	XXXIII.	40
X.	131	XXXIV.	41
XI.	132	XXXV.	42
XII.	130	XXXVI.	26
XIII.	21	XXXVII.	23
XIV.	149	XXXVIII.	25
XV.	137	XXXIX.	20
XVI.	138	XL.	24
XVII.	147	XLI.	46
XVIII.	148	XLII.	47
XIX.	141	XLIII.	27
XX.	150	XLIV.	30
XXI.	142	XLV.	31
XXII.	152	XLVI.	121
XXIII.	153	XLVII.	36
XXIV.	154	XLVIII.	66

* Extrait du recueil intitulé : *Passionate Pilgrim*.

Édition française.	Édition anglaise.	Édition française.	Édition anglaise.
XLIX.	39	XCIII.	90
L.	50	XCIV.	91
LI.	51	XCV.	92
LII.	48	XCVI.	93
LIII.	52	XCVII.	57
LIV.	75	XCVIII.	58
LV.	56	XCIX.	78
LVI.	27	C.	79
LVII.	28	CI.	38
LVIII.	61	CII.	80
LIX.	43	CIII.	82
LX.	44	CIV.	83
LXI.	45	CV.	84
LXII.	97	CVI.	85
LXIII.	98	CVII.	86
LXIV.	99	CVIII.	87
LXV.	53	CIX.	32
LXVI.	109	CX.	146
LXVII.	110	CXI.	100
LXVIII.	111	CXII.	101
LXIX.	112	CXIII.	102
LXX.	113	CXIV.	103
LXXI.	114	CXV.	105
LXXII.	115	CXVI.	76
LXXIII.	116	CXVII.	106
LXXIV.	117	CXVIII.	59
LXXV.	118	CXIX.	126
LXXVI.	119	CXX.	104
LXXVII.	120	CXXI.	1
LXXVIII.	77	CXXII.	2
LXXIX.	122	CXXIII.	3
LXXX.	123	CXXIV.	4
LXXXI.	124	CXXV.	5
LXXXII.	125	CXXVI.	6
LXXXIII.	94	CXXVII.	7
LXXXIV.	95	CXXVIII.	8
LXXXV.	96	CXXIX.	9
LXXXVI.	69	CXXX.	10
LXXXVII.	67	CXXXI.	11
LXXXVIII.	68	CXXXII.	12
LXXXIX.	70	CXXXIII.	13
XC.	49	CXXXIV.	14
XCI.	88	CXXXV.	15
XCII.	89	CXXXVI.	16

NOTES. 325

Édition française.	Édition anglaise.	Édition française.	Édition anglaise.
CXXXVII.	17	CXLVII.	74
CXXXVIII.	18	CXLVIII.	81
CXXXIX.	19	CXLIX.	64
CXL.	60	CL.	63
CXLI.	73	CLI.	65
CXLII.	37	CLII.	54
CXLIII.	22	CLIII.	55
CXLIV.	62	CLIV.	108
CXLV.	71	CLV.	107
CXLVI.	72		

(19) Ce poëme, pour la composition duquel Shakespeare paraît s'être inspiré du dixième livre des *Métamorphoses* d'Ovide, fut enregistré au *Stationers' Hall* en 1593, comme « autorisé par l'archevêque de Cantorbéry et par les surveillants (*Wardens*), » et publié la même année par l'imprimeur Richard Field. Le succès en fut considérable, si nous en jugeons par le nombre des éditions qui se succédèrent pendant un demi-siècle : ce poëme fut réimprimé en 1594, en 1596, en 1599, en 1602, en 1607, en 1617, en 1620, en 1624, en 1627, en 1630 et en 1640.

Au mois de juillet dernier (1864), à la vente aux enchères de la bibliothèque de feu M. Daniel, à Londres, un exemplaire de la première édition de *Vénus et Adonis* s'est vendu 315 liv. sterl. (7,875 fr.); un exemplaire de la seconde édition a été acquis moyennant 240 liv. sterl. (6,000 fr.). A la même vente, un exemplaire de la première édition du poëme *le Viol de Lucrèce* (1593), a été payé 110 liv. sterl. 19 shillings (2,774 fr. 75 cent.). Un exemplaire de l'édition princeps des *Sonnets*, acquis pour un shilling, au siècle dernier, par Narcisse Luttrell, a été adjugé à un amateur pour la somme de 225 liv. sterl. 15 shillings (5,743 fr. 75 cent.).

Le lecteur sera sans doute curieux de connaître les prix qu'ont atteints aux mêmes enchères les exemplaires originaux des diverses œuvres dramatiques de Shakespeare. Voici le relevé exact de ces chiffres éloquents :

In-quarto.	Livres sterl.	shillings.	francs.	cent.
Richard II (éd. 1597)	341	5	(8,531	25)
Richard II (éd. 1598)	108	3	(2,703	75)
Richard III (éd. 1597)	351	5	(8,781	25)
Peines d'Amour perdues (éd. 1598)	346	10	(8,662	50)
Première partie de Henry IV (éd. 1599)	115	10	(2,887	50)
Le Marchand de Venise (éd. 1600)	99	15	(2,493	75)
Roméo et Juliette (éd. 1599)	52	10	(1,312	50)
Henry V (éd. 1600)	231	»	(5,775	»)
Beaucoup de Bruit pour Rien (éd. 1600)	267	15	(6,693	75)
Le Songe d'une Nuit d'été (éd. 1600)	241	10	(6,037	50)
Les joyeuses Épouses de Windsor (éd. 1602)	346	10	(8,662	50)
Le Roi Lear (éd. 1608)	29	8	(735	»)
Periclès (éd. 1609)	84	»	(2,100	»)
Troylus et Cressida (éd. 1609)	114	9	(2,860	25)
Hamlet (éd. 1611)	28	7	(708	75)
Titus Andronicus (éd. 1611)	31	10	(787	50)
Othello (éd. 1622)	155	»	(3,875	»)
In-folio.				
Théâtre complet de Shakespeare (éd. 1623 *)	716	2	(17,802	50)
Dito (éd. 1632)	148	»	(3,700	»)
Dito (éd. 1664)	46	»	(1,150	»)
Dito (éd. 1685)	21	10	(537	50)

(20) Philomèle, fille de Pandion, roi d'Athènes, violée par Térée, le mari de sa sœur Progné, fut changée en rossignol, pendant que Progné était métamorphosée en hirondelle et Térée en vanneau. Voir le sixième livre des *Métamorphoses* d'Ovide.

(21) Ce poëme fut enregistré au *Stationer's Hall* sous ce titre : *Le rapt de Lucrèce*, à la date du 9 mai 1594. Il fut publié in-4° la même année, et mis en vente par le libraire John Harrison, « à l'enseigne du *Levrier-Blanc*, dans le cimetière de saint-Paul. » De nouvelles éditions parurent successivement en 1598, en 1600, en 1607, en 1616, en 1620 et en 1632. L'édition de 1616, dont M. Halliwell possède un exemplaire, divise le poëme en douze parties, résumées ainsi par une table des matières :

1. *Tarquin s'éprend de Lucrèce en entendant louer sa chasteté, sa vertu et sa beauté.*
2. *Tarquin est accueilli par Lucrèce.*

* Exemplaire acquis par Miss Burdett Coutts.

3. *Tarquin fait céder tous les scrupules à sa détermination.*
4. *Il met en pratique sa résolution.*
5. *Lucrèce s'éveille, et est stupéfaite d'être ainsi surprise.*
6. *Elle plaide pour la défense de sa vertu.*
7. *Tarquin, tout impatient, l'interrompt et la viole de force.*
8. *Lucrèce se lamente sur cet outrage.*
9. *Elle se demande si elle se tuera ou non.*
10. *Elle se résout au suicide, mais envoie d'abord chercher son mari.*
11. *Collatin revient chez lui avec ses amis.*
12. *Lucrèce révèle l'attentat; tous jurent de la venger, et elle se tue, pour rendre la catastrophe irréparable.*

(22) La traduction du poëme Les plaintes d'une Amoureuse a été publiée pour la première fois dans la Revue de Paris du 15 novembre 1856, précédée de ces quelques lignes :

« L'authenticité de l'œuvre que voici n'est pas douteuse. Publiée pour la première fois par l'éditeur Thomas Thorpe dans le même volume que les Sonnets, elle parut en 1609 avec cette signature : *William Shakespeare.* Bien que daté de 1609, ce poëme nous semble avoir été composé longtemps auparavant. Il est, selon nous, de la première manière de Shakespeare et doit être assigné, ainsi que les Sonnets eux-mêmes, à cette période de la vie du poëte où il subissait, malgré lui peut-être, l'influence encore si puissante de la littérature italienne.

» On retrouve dans ces vers la même forme que dans ses premiers poëmes et dans ses premières pièces, la même profusion d'images, le même cliquetis de mots, le même *esprit* qui caractérise son style jusqu'à la fin du seizième siècle. A partir du dix-septième siècle, la langue de Shakespeare change : elle lui devient plus personnelle; elle se simplifie et s'agrandit; elle est, pour ainsi dire, moins spirituelle et plus passionnée, moins didactique et plus dramatique. *Roméo et Juliette* nous apparaît comme le type de la première manière, *le Roi Lear* comme le type de la seconde.

» Quoi qu'il en soit de notre interprétation, le public français ne lira pas sans émotion ces quatre cents vers, qui sont traduits ici pour la première fois et qui ont par conséquent l'attrait d'une chose inédite. Devant ce morceau fruste, découvert par nous dans les fouilles d'une littérature disparue, il se sentira pris de la même curiosité respectueuse qu'il aurait devant le fragment de quelque marbre antique nouvellement exhumé. Et, en reconnaissant dans cette composition inachevée la main souveraine du maître, il s'écriera : Ceci est de Shakespeare, comme, devant un bas-relief du Parthénon, il s'écrie : Ceci est de Phidias.

« François-Victor Hugo. »

(23) Sous ce titre de fantaisie, *le Pèlerin passionné*, un libraire, nommé Thomas Jaggard, édita en 1599 les dix-huit pièces de vers ici réunies, après avoir mis le nom de Shakespeare en tête de cette compilation incohérente. La critique est aujourd'hui unanime pour déclarer que la plupart de ces pièces ont été faussement attribuées à notre poëte. C'est tout au plus si nous pouvons reconnaître la main du maître dans cinq ou six de ces opuscules, qui paraissent n'avoir été publiés sous ce nom glorieux que dans un but de spéculation frauduleuse.

(24) Ce sonnet, ainsi que la neuvième et la quatorzième pièce de vers, se retrouve avec de légères variantes dans la charmante comédie de *Peines d'amour perdues*.

(25) Cette belle ode, divisée en dix-sept strophes de quatre vers, parut pour la première fois en 1601 avec le nom de Shakespeare, dans un recueil publié par Robert Chester sous ce titre : *Le martyr de l'amour* ou *Les Plaintes de Rosaline*. L'authenticité n'en paraît pas douteuse.

FIN DES NOTES.

APPENDICE.

TESTAMENT.

Vicesimo quarto die Martii, Anno Regni Domini nostri Jacobi nunc Regis Angliæ, etc., decimo quarto, et Scotiæ quadragesimo nono. Anno Domini 1616.

« Au nom de Dieu, amen.

» Moi, William Shakespeare, de Stratford-sur-Avon, dans le comté de Warwick, genleman, en parfaite santé et mémoire (Dieu soit loué!), je règle et arrête mes dernières volontés et mon testament de la manière et dans la forme suivante, à savoir :

» *Premièrement*, je remets mon âme dans les mains de Dieu, mon créateur, espérant et comptant fermement être admis à participer à la vie éternelle par les seuls mérites de Jésus-Christ, mon Sauveur; et je remets mon corps à la terre dont il est fait.

» *Item*, je donne et lègue à ma fille Judith [1] cent cinquante livres de monnaie anglaise légale, qui devront lui être payées de la manière et dans la forme suivante : à savoir, cent livres pour solde de sa dot, dans l'année

---

[1] Judith, seconde fille du poëte, était la sœur jumelle d'Hamlet, mort à l'âge de douze ans. Baptisée le 2 février 1584, elle épousa en 1616 Thomas Quincy, eut de lui trois fils auxquels elle survécut, et mourut en 1661.

qui suivra mon décès, sous la réserve d'une rente de deux shillings par livre, qui lui sera servie pendant tout le temps que ladite somme restera non payée après mon décès ; et les cinquante livres restant, dès qu'elle aura cédé ou pris, à la satisfaction des exécuteurs de mon testament, l'engagement de livrer ou de céder à ma fille Susanne Hall et à ses hoirs tous les biens et propriétés qui doivent lui échoir après mon décès, ainsi que tous les droits qu'elle a maintenant sur un tènement et ses dépendances, situés dans le susdit bourg de Stratford-sur-Avon, dans ledit comté de Warwick, faisant partie ou relevant du manoir de Rowington.

» *Item*, je donne et lègue à madite fille Judith cent cinquante livres de plus, si elle, ou quelque enfant issu de son corps, survit à la fin des trois années qui suivront le jour de la date de ce testament, durant lequel temps mes exécuteurs testamentaires auront à lui payer la rente dudit capital suivant le taux susdit ; et si elle meurt dans ledit terme sans laisser d'enfant issu de son corps, alors, telle est ma volonté : je donne et lègue cent livres, prélevées sur ladite somme, à ma petite-fille Élisabeth Hall [1] ; et j'entends que les cinquante livres restant soient placées par mes exécuteurs durant la vie de ma sœur Jeanne Hart, et que les intérêts et rente en soient payés à madite sœur Jeanne, et qu'après son décès, les cinquante livres susdites restent aux enfants de madite sœur, pour être également partagées entre eux. Mais, si madite fille Judith, ou quelque enfant issu de son corps, survit à la fin des trois années susdites, alors, telle est ma volonté : j'entends que les cent cinquante livres susdites soient placées par les exécuteurs de ce testament pour le plus grand bénéfice de madite fille et de ses enfants, et

---

[1] Fille de John Hall et de Suzanne Shakespeare ; baptisée le 21 février 1608, elle épousa en 1626 Thomas Nash, puis, en 1649, John Barnard, qui fut fait chevalier par Charles II, et mourut sans postérité en février 1670.

que le capital ne lui en soit pas payé, aussi longtemps qu'elle sera en puissance de mari ; mais ma volonté es qu'elle en perçoive annuellement les intérêts sa vie du rant, et qu'après son décès, le susdit capital et les intérêts soient pays à ses enfants, si elle en a, et, si elle n'en a pas, aux exécuteurs de son testament ou à ses mandataires, dans le cas où elle survivrait audit terme après mon décès. Toutefois, si l'époux auquel elle sera mariée à la fin des trois années susdites, ou dans un temps ultérieur quelconque, assure à madite fille et à ses enfants un bien-fonds, en garantie de la portion que je lui lègue, — bien-fonds reconnu suffisant par mes exécuteurs testamentaires, — alors ma volonté est que ladite somme de cent cinquante livres soit payée, pour qu'il l'emploie à son propre usage, à l'époux qui aura donné cette garantie.

» *Item,* je donne et lègue à madite sœur Jeanne[1] vingt livres et toute ma garde-robe, qui devront lui être livrées dans l'année après mon décès ; et je lui affecte et lui attribue, sa vie durant, la maison de Stratford, où elle demeure, ainsi que ses dépendances, sous réserve de la rente annuelle de douze pence.

» *Item,* je donne et lègue à chacun de ses trois fils, William Hart, — Hart[2] et Michel Hart, une somme de cinq livres, qui devra leur être payée dans l'année après mon décès.

» *Item,* je donne et lègue à ladite Élisabeth Hall toute la vaisselle plate (à l'exception de ma grande coupe en argent doré), que je possède à la date de ce testament.

---

[1] Baptisée le 15 avril 1569, enterrée le 30 novembre 1646. Elle épousa, vers 1599, William Hart, chapelier de Stratford, dont elle eut trois fils et une fille.

[2] « Il est singulier, remarque Malone, que Shakespeare, ni aucun membre de sa famille, ne se soit rappelé le nom de baptême de son neveu, qui était né à Stratford onze ans seulement avant que le poëte fît son testament. Ce neveu, baptisé le 24 juillet 1605, avait nom Thomas. »

» *Item*, je donne et lègue aux pauvres dudit bourg de Stratford dix livres; à M. Thomas Combe [1], mon épée; à Thomas Russel, esq., cinq livres, et à Francis Collins, du bourg de Warwick, dans le comté de Warwick, gentleman, treize livres six shillings et huit pence, lesquelles sommes devront être payées dans l'année après mon décès.

» *Item*, je donne et lègue à Hamlet Sadler [2] vingt-six shillings huit pence, pour qu'il s'achète une bague; à William Reynolds, gentleman, vingt-six shillings huit pence, pour qu'il s'achète une bague; à mon filleul William Walker [3] vingt shillings en or; à Anthony Nash, gentleman, vingt-six shillings huit pence; et à M. John Nash, vingt-six shillings huit pence; et à chacun de mes camarades, John Heminge, Richard Burbage et Henry Cundell [4], vingt-six shillings huit pence, pour qu'ils s'achètent des bagues.

» *Item*, je donne, cède, lègue et attribue à ma fille Susanne Hall [5], pour la mettre à même d'exécuter mon testament et pour assurer cette exécution, tout l'immeuble principal ou tènement (avec ses dépendances), situé dans ledit bourg de Stratford, et appelé *New-Place*, où je demeure maintenant, et les deux immeubles ou tènements (avec leurs dépendances), situés, étendus et existant dans Henley-Street, en ledit bourg de Stratford, ainsi que tous mes vergers, jardins, granges, étables, biens-fonds, tène-

[1] Bourgeois de Stratford, voisin et ami de Shakespeare. Né en 1589, mort en 1657.

[2] Parrain du fils unique de Shakespeare. Né vers 1550, mort en 1624.

[3] Le filleul de Shakespeare fut baptisé le 16 octobre 1608. Malone infère de cette circonstance que Shakespeare était dans sa ville natale pendant l'automne de cette année-là.

[4] Heminge et Cundell, acteurs du théâtre du Globe, éditeurs du grand in-folio de 1623; — Burbage, le fameux tragédien qui créa Richard III.

[5] Susanne, fille aînée de Shakespeare, née en 1583, épousa en 1607 John Hall, médecin alors célèbre, eut de lui une fille, Élisabeth, perdit son mari en 1635, et mourut en 1649.

ments et héritages quelconques, situés, étendus et existant, ou devant être acquis, exploités et recueillis, dans les villes, hameaux, villages, prairies et terrains de Stratford-sur-Avon, du vieux Stratford, de Bishopton et de Welcombe, en ledit comté de Warwick; et aussi tout cet immeuble ou tènement (avec ses dépendances), qu'habite un John Robinson, et qui est situé dans Blackfriars, à Londres, près la Garde-Robe [1]; — entendant que la propriété pleine et entière desdits biens-fonds, ainsi que de leurs dépendances, soit dévolue à ladite Susanne Hall, pour et durant le terme de sa vie naturelle; et, après son décès, au premier fils légitimement issu de son corps, et aux héritiers mâles légitimement issus du corps dudit premier fils; et, à défaut d'une telle lignée, au second fils légitime de ladite Susanne, et aux héritiers mâles légitimement issus du corps dudit second fils; et, au défaut de ces héritiers, au troisième fils légitime de ladite Susanne, et aux héritiers mâles légitimement issus du corps dudit troisième fils; et, à défaut d'une telle lignée, successivement au quatrième, au cinquième, au sixième et au septième fils légitime de ladite Susanne, et aux héritiers mâles légalement issus des corps desdits quatrième, cinquième, sixième et septième fils, dans le même ordre qui a été spécifié ci-dessus à l'égard du premier, du second et du troisième fils légitime de ladite Suzanne et de leurs enfants mâles; et, à défaut d'une telle lignée, j'entends que la propriété desdits biens-fonds soit et reste dévolue à madite petite-fille Élisabeth Hall et aux héritiers mâles légalement issus de son corps; et, à défaut d'une telle lignée, à ma fille Judith et aux héritiers mâles légalement issus de son corps; et, à défaut d'une telle lignée, aux héritiers légitimes, quels qu'ils soient, de moi, William Shakespeare.

[1] La Garbe-Robe (*the Wardrobe*) était un hôtel royal, situé près de Puddle-Wharf, qu'Édouard III avait acheté de sir John Beauchamp, qui l'avait construit.

» *Item*, je donne à ma femme le second de mes meilleurs lits avec la garniture [1] (*my second best bed with the furniture*).

» *Item*, je donne et lègue à madite fille Judith ma grande coupe d'argent doré. Tout le reste de mes biens, — meubles, baux, argenterie, bijoux, objets de ménage, — je le donne et lègue, mes dettes et mes legs une fois payés, les dépenses de mes funérailles une fois soldées, à mon gendre John Hall, gentleman, et à ma fille Susanne, sa femme, que je nomme et institue les exécuteurs de mes dernières volontés et de mon testament. Et je choisis et désigne comme surveillants adjoints lesdits Thomas Russel, esq., et Francis Collins, gentleman. Et je révoque tout legs antérieur, et je déclare que ceci est ma dernière volonté et mon testament. En foi de quoi j'ai apposé ici ma signature, le jour et l'année ci-dessus indiqués.

Par moi:
WILLIAM SHAKESPEARE.

Témoins de la présente déclaration :
FRA. COLLYNS,
JULIUS SHAW,
JOHN ROBINSON,
HAMLET SADLER,
ROBERT WHATTCOAT.

Probatum fuit testamentum suprascriptum apud London, coram magistro William Bryde, Legum Doctore, etc., vicesimo secundo die mensis Junii, Anno Domini 1616; *juramento Johannis Hall unius ex. cui, etc., de bene, etc., jurat. reservata potestate, etc. Susannæ Hall, alt. ex. etc., eam cum venerit, etc., petitur, etc.*

[1] « On voit dans le testament original de Shakespeare, aujourd'hui déposé dans les archives du *Prérogative-Office*, Doctor's Commons, qu'il avait d'abord omis sa femme, le legs fait à mistress Shakespeare étant indiqué par une interpolation, ainsi que les legs faits à Heminge, à Burbage et Condell. » — *Malone.*

FIN DE L'APPENDICE.

TABLE

DU TOME QUINZIÈME.

Introduction. 7
Sonnets. 49
Vénus et Adonis. 147
Le Viol de Lucrèce 203
Les Plaintes d'une Amoureuse 285
Le Pèlerin passionné. 301
Le Phénix et la Colombe 315
Notes. 317

    Appendice :
Testament. 329

FIN DE LA TABLE.

St-Denis. — Imp. Ch. Lambert, 17, rue de Paris.

www.ingramcontent.com/pod-product-compliance
Lightning Source LLC
Chambersburg PA
CBHW060656170426
43199CB00012B/1816